中国教育科学

ZHONGGUO JIAOYU KEXUE

2013年

第2辑

中国教育学会教育学分会　组编

人民教育出版社

·北京·

图书在版编目（CIP）数据

中国教育科学．2013年．第2辑／中国教育学会教育学分会组编；郭戈主编．—北京：人民教育出版社，2013.6
ISBN 978-7-107-26504-4

Ⅰ.①中… Ⅱ.①中… ②郭… Ⅲ.①教育科学—中国—文集
Ⅳ.①G40-03

中国版本图书馆CIP数据核字（2013）第113619号

人民教育出版社 出版发行
网址：http://www.pep.com.cn
北京汇林印务有限公司印装　全国新华书店经销
2013年6月第1版　2013年6月第1次印刷
开本：787毫米×1 092毫米　1/16　印张：12.25　字数：270千字
定价：30.00元

如发现印、装质量问题，影响阅读，请与本社出版科联系调换。
（联系地址：北京市海淀区中关村南大街17号院1号楼　邮编：100081）

中国教育科学

2013年第2辑

目 录

联系电话
010-58758980
传真
010-58758991
电子邮箱
zgjykx@pep.com.cn
邮编地址
100081 北京市海淀区
中关村南大街17号院1号楼

大家论坛

教育学科研究

学习科学

教育史学

学科教育学

顾明远　1929年生，江苏江阴人。北京师范大学资深教授，国家教育咨询委员会委员，国家教育考试指导委员会委员，中国教育学会名誉会长，教育部社会科学委员会副主任，国家基础教育课程教材咨询委员会副主任，国家教育发展研究中心专家咨询委员会副主任，教育部教师教育专家委员会主任。曾任北京师范大学副校长、研究生院院长、教育管理学院院长，世界比较教育学会联合会副主席。荣获全国优秀教师、北京市人民教师等称号。香港教育学院、澳门大学、日本创价大学名誉博士，美国哥伦比亚大学师范学院名誉教授。主要研究领域包括比较教育、教育哲学、基础教育等，出版专著30余部，发表论文400余篇。培养中外硕士博士60余名。许多著作对中国教育理论和政策有着巨大的影响力，同时也获得了多项奖励。

《教育的文化研究》导读

【编者按】顾明远先生和胡德海先生于1949年分别从江浙同时考取北京师范大学教育系，是新中国培养起来的第一代教育学家。顾先生一直就教于北师大，学贯中西，领引学界，在比较教育、教育理论、教育政策等领域著作等身；胡先生1953年毕业分配到西北师院工作，在皋兰山下、黄河岸边，致力教学和研究整整60载，尤其是在教育学原理方面成就卓著。他们为新中国教育特别是改革开放以来的教育学术事业作出了突出贡献，而且耄耋之年仍在辛勤耕耘，堪为新生一代教育学人的楷模。我们特在“大家论坛”栏目同时刊发顾先生和胡先生的大作，并配发项贤明教授和高闰青教授评介两位大家教育学术成就的论文，以飨读者。

教育的文化研究

顾明远

【摘要】教育与文化有着密切的关系，文化对教育的影响比政治经济对教育的影响更深远、更持久。教育是传承文化的主要途径。文化影响到教育的价值观、教育内容和方法；教育则对文化有传播、选择、改造的作用。教育现象总是发生在某种文化之中。因此，教育的文化研究是教育研究的重要方法论。教育的文化研究要坚持几个基本原则：一是质的研究和量的研究相结合原则；二是客观性原则；三是全面系统性原则；四是在发展中看问题原则。

【关键词】教育；文化；教育的文化研究

一、提倡教育的文化研究的意义

大家知道，教育是人类社会传承文化、创造知识、培养人才的活动。教育受一定社会的政治、经济、文化的影响。教育离不开经济，一个国家的经济发展水平决定了教育发展的规模和水平。在人均国民生产总值不足300美元的情况下，恐怕不大可能普及教育；经济增长的方式也决定了教育培养人才的目标和规格。教育离不开政治，一个国家的政治制度规定着教育发展的方向和人才培养的目标要求，决定着教育体制的建立和教育内容的选择。但是教育更离不开一个国家或者一个民族的文化影响。教育是文化的一部分，但又相对独立于一般文化。教育受文化的影响比受经济、政治的影响要深刻得多，久远得多。经济和政治的变革是快速的，而民族文化的变化是缓慢的，民族文化具有相对的凝固性、传承性。我们在比较教育研究中常常遇到这样的问题：不仅东西方国家的教育观念有很大不同，而且不同文化圈的教育观念也不相同。在西方，北美文化圈国家的教育与欧洲大陆文化圈的教育不同；即使在欧洲大陆，法国与德国的教育也迥异。而在东方，儒家文化圈国家的教育观念却大致相同，都沉溺在追求名校、激烈考试竞争之中。文化对教育的影响是持久的，虽然有时因社会的剧烈变革，有些文化传统会隐匿起来，但一有气候又会很快复苏起来。最典型的例子是俄罗斯东正教的文化传统，虽然在苏联期间被大大削弱了，但苏联解体以后又立即恢复起来。我国延续一千三百年的科举制度虽然在一百多年以前就废除了，但科举文化的观念至今还残留在人们的脑海中。因此，研究教育必须研究影响教育的文化传统。

教育的文化研究由来已久。著名比较教育学家萨德勒（M. E. Sadler，1861—1943）在一次讲演中就提出文化研究对比较教育的重要意义。他的一句名言是："在研究外国教育制度时，我们不应当忘记，学校之外的事情甚至比学校内部的事情更重要，它们制约并说明校内的事情。"他说的校外的事情主要是指一个国家的民族精神。在他指导下发表的《教育问题专题报告》（1897—1914年）就详细分析了各国教育的文化背景。① 英国比较教育学家汉斯（Nicholas Hans，1888—1963）提倡因素分析法，把影响教育制度的因素分为自然因素、宗教因素和世俗因素。自然因素包括种族因素、语言因素、地理因素和经济因素；宗教因素包括天主教传统、英国国教传统和清教徒传统；世俗因素包括人文主义、社会主义、民族主义和民主主义。②可以看出，在三类因素中文化因素占了主要地位。因此，大到一个国家，要了解这个国家的教育就要了解这个国家的文化背景；小到一个地区，要了解这个地区的教育就要了解这个地区的文化背景。

中国是一个多民族国家，56个民族分布在960万平方公里的土地上。新中国成立前，只有21个少数民族有自己的文字（包括通用汉文的回、满、畲3个民族）。各民族的社会发展很不平衡，甚至在同一个民族内部的不同地区之间也不平衡。有的少数民族从事畜牧经济，有的从事农业经济。56个民族虽然语言不同，生活方式、生产水平也不同，但都统一在中华民族的文化大传统中。研究中国的教育就不能忘记这些。

我国教育要走向现代化，要为社会主义现代化建设服务，培养具有国际视野、时代精神的创新人才。但是我们的"教育观念相对落后，内容方法比较陈旧，中小学生

①② 王承绪主编：《比较教育学史》，人民教育出版社1999年版，第63—66、91页。

课业负担过重，素质教育推进困难”。（见《国家中长期教育改革和发展规划纲要（2010—2020年）》）原因是什么？原因虽很复杂，但其中之一不能不说与我国的传统文化密切相关。我国有悠久的历史文化传统，其中的精华是优秀的，但不能不承认其中也有落后的东西。中国传统文化是中国旧时代的文化，据学者认定，它从先秦时期就开始形成，在两千多年的封建社会里没有根本的改变。虽然它起到了团结中华民族和统一国家的作用，它的基本精神影响着中国人的思想、价值观和行为方式，但它毕竟是旧时代的文化。它如果不能与时俱进，不能吸收时代的新精神，就会阻碍现代化的进步。因此我国要实现教育现代化，就要克服上述教育现实中的缺点，就必须研究形成这些缺点的文化基础。研究中国传统文化中哪些应该继承和发扬，哪些需要摒弃或改造，以便促进教育现代化的发展。这也是我从20世纪90年代开始从事“中国教育的文化基础”研究的初衷。① 我在后来出版的该书的前言中开门见山地这样写道：“有一些教育问题常常困扰着我：为什么素质教育在我国如此难以推行？为什么学历主义在中国人头脑中经久不衰？为什么职业技术教育在我国发展不起来？近些年来我国大力提倡教师和家长都要转变教育观念，但转变什么观念？旧的观念产生的根源是什么？新的观念又如何才能产生？改革开放以来，我们引进了许多外国的教育理论和思潮，哪些理论切合我国的国情？又如何使它本土化？思来想去，觉得这些问题都与中国的文化传统有关。”②

以上是就中国教育而言的，对于外国教育，也需要开展文化研究。我们提倡教育国际化，吸收世界文明的一些优秀成果。但哪些是优秀的，其优秀的教育经验是在什么文化背景下产生和发展起来的？这也需要做深入的文化研究。我们曾承担了“八五”国家社科基金重点项目“民族文化传统与教育现代化”的课题，选择了中国、日本、美国、英国、德国和俄罗斯六个国家，分析了这六个国家的文化传统及其在现代化的过程中对教育的影响。后来形成《民族文化传统与教育现代化》一书，由北京师范大学出版社于1998年出版。

我们所做的教育文化研究还是极其初步的，在我国教育科学研究中仅仅开了一个头。我认为，无论是进行多国教育的比较研究，还是对我国教育现实的研究，都必须重视其文化背景的研究。本文也想引起教育研究者对文化研究的重视。

二、文化与教育的关系

为了开展教育的文化研究，需要厘清文化与教育的关系。

首先我们对文化要有一个认识。文化的内容很广泛，对于文化的理解也是多种多样的，据说文化的定义有二百多种。我们采纳其中几种较有代表性、权威性的说法。

---

① 该研究成果《中国教育的文化基础》于2004年10月由山西教育出版社出版。

② 顾明远著：《中国教育的文化基础》，山西教育出版社2004年版，第1页。

国学大师钱穆先生认为："文化必由人类生活开始，没有人生，就没有文化。文化即是人类生活之大整体，汇集起人类生活之全体即是文化。"① 又说："此所谓人生，非指各人之分别人生，乃指大群体之全人生，即由大群体所共同集合而成的人生，包括人生的各个方面、各部门，无论物质的、精神的均在内，此始为大群体人生的总全体。"② 梁漱溟先生说的与此有点相似：文化"不过是那一民族的生活的样式罢了"③。这里梁漱溟先生提出了民族的概念，也就是说钱穆先生说的大群体也可以理解为民族，当然不限于民族，集居在不同地区的群体也会有自己的文化。张岱年、程宜山两位先生合著的《中国文化与文化论争》一书给文化下的定义是："文化是人类在处理人与世界关系中所采取的精神活动与实践活动的方式及其所创造出来的物质和精神成果的总和，是活动方式与活动成果的辩证统一。"④ 这是指文化的大概念，没有具体说哪一民族或哪一群体的文化。以上几种对文化的界说都强调了文化是人类活动的方式。人类活动的内容有多种多样，有物质活动，有精神活动。教育是人类的重要活动，是文化的一部分，教育又是文化传承的载体。大家都知道，教育是培养人的社会活动，教育就是用文化来培养人，培养具有文化的人。

人类一开始就是分成族群存在的，后来逐渐组成为国家。文化存在于每个族群之中，因此，文化总是一个民族、一个种族拥有的文化，没有抽象的文化，文化具有很强的民族性。同时文化又具有时代性。一个民族的文化不是凝固不变的，而是随着时代的变化不断发展变化的，只有这种变化才使得民族文化有活力。因此，文化具有民族性和时代性两大特征，而民族性包含着该民族的基本精神，是民族文化的核心。

文化的内涵极其丰富，包括科学、艺术、教育、宗教、道德、法律、制度、建筑、思想、价值观、风俗、习惯等。学术界对文化的构成有多种分类。一是二分法：精神文化与物质文化，或者分为观念与实体、内隐与外显。二是三分法：物质文化、制度文化、精神文化。三是四分法：物态文化、制度文化、行为文化、心态文化。⑤

教育是文化的一部分，又相时独立于文化。教育是文化传承的载体，教育的本质就是传承文化，把文化传授给下一代，使人类得以延续和发展。同时文化对教育又起着重要的影响。下面我们来分析一下文化与教育的相互关系。

（一）文化对教育的影响

文化对教育的影响大致有以下几个方面。

第一，文化的价值观和民族心理影响到教育的价值观。有的学者认为，东方文化是求善的文化，西方文化是求真的文化；有的学者认为，东方文化比较重视人与自然

---

① 钱穆著：《文化与生活》，台湾乐天出版社1969年版，第1页。

② 钱穆著：《中国历史研究法》，九州出版社2011年版，第125页。

③ 梁漱溟著：《东西文化及其哲学》，《中国现代学术经典·梁漱溟卷》，河北教育出版社1996年版，第33页。

④ 张岱年、程宜山著：《中国文化与文化论争》，中国人民大学出版社1990年版，第3—4页。

⑤ 张岱年、方克立主编：《中国文化概论》，北京师范大学出版1994年版，第5—6页。

的和谐，西方文化则强调征服自然、战胜自然。① 这种文化价值观的差别必然会影响教育的价值观。中国文化是一种伦理型文化，其价值取向是追求人格的完善。西方文化则以个人为本位，注重个人的自由和权利。细分起来，东西方文化圈内，各国各民族的文化价值观也有所不同。例如美国文化与英国文化就不相同。美国是一个移民国家。这些移民来到美洲新大陆，为了生存和发展，就要靠个人的奋斗和开拓，因而个人主义融于每个美国人的血液中，深深影响到美国教育的价值观。英吉利民族文化的价值取向与美国大不相同，他们崇尚传统。这是由于传统在英国没有受到强烈的冲击和彻底否定，所以英国人生性保守，许多古老的制度和观念保留至今。他们的教育价值观也趋于保守，贵族式的教育制度、培养绅士风度的教育目标至今仍是英国教育的追求。在东方儒家文化圈内中国文化的价值观与日本文化的价值观又有不同。中国文化重视和谐、中庸、宽容，中国的教育价值观历来强调“立人”、“达人”，培养学生自我修养、关心别人。日本文化是一种岛国文化，强调一个“忍”字。这个“忍”字反映了一种压抑的、狭隘的心理。日本学者南博就认为，作为日本人社会行为动机的主要特征，是存在着一种自我不确定感。② 这种文化价值观必然影响到他们的教育价值观。

第二，作为制度文化的国家文化政策影响到教育制度和教育内容。一个国家在一定时期总会制定一定的文化政策。这种文化政策当然受到一定时期经济发展方式和政治制度的制约，同时影响到当时的教育，并形成相对凝固的教育制度。欧洲大陆在工业革命时期形成的双轨制教育制度一直延续至今。虽然随着教育的普及双轨制正在逐渐淡化，但重视技术教育是其传统。法国是中央集权制国家，从法国大革命时期形成的大学区教育管理体制延续至今。中国汉武帝接受董仲舒的建议，制定了“罢黜百家，独尊儒术”的文化政策，影响中国的教育制度和教育内容长达两千年；中国的科举考试制度作为一种制度文化也影响中国教育一千三百年，而且至今还有其影响。日本明治维新采取全盘西化的文化政策，提出“和魂洋才”的主张，培养了日本一代精英。

第三，作为物质文化的文化产品，包括物质产品和精神产品及其生产方式和呈现形态，也影响着教育制度、教育内容、教育方法和组织形式。文字的产生和发展，不仅影响到文化本身的发展，也影响到学校教育；印刷术的发明和普及使得典籍能够广泛传播和保存，学校教育开始有了教学用书；工业生产的出现促进了班级授课制（课堂教学）的创立。科学技术的发展促进了学校课程的改革。英国教育家斯宾塞（Herbert Spencer，1820—1903）反映工业发展的要求，提出“什么知识最有价值”，认为

① 张岱年、程宜山著：《中国文化与文化论争》，中国人民大学出版社1990年版，第51页。

② ［日］南博：《日本人的精神构造》，转引自顾明远主编：《民族文化传统与教育现代化》，北京师范大学出版社1998年版，第78页。

要把有用的科学知识传授给学生。① 现代科学技术的迅速发展，更是使学校教育的内容、方法和手段发生了很大的变化。当前信息技术正在冲击着课堂，迫使传统教育发生革命性的变革。

第四，历代哲学家、思想家、文学家的著作是文化的精神产品，这些著作无不影响到教育的观念、内容和方法。古希腊的苏格拉底、柏拉图、亚里士多德等的哲学思想，文艺复兴时期夸美纽斯、卢梭、裴斯泰洛齐等的教育著作，近现代的赫尔巴特、杜威等的教育思想，中国以孔子为代表的儒家教育思想，至今仍在影响着不同国家的教育。

第五，宗教文化影响着教育的价值观、教育的内容和方法。西方早期大学都有宗教背景，因此西方教育研究很重视宗教因素的研究。英国比较教育学家汉斯就把宗教因素作为影响教育的三大重要因素之一。中国的少数民族多数都有自己的宗教信仰，虽然宪法规定，教育与宗教分离，但民族的宗教信仰无形中影响着教育。

第六，民族语言影响到教育。语言是民族的标志，承载着民族的文化。一个民族的语言是这个民族世代创造文明的结晶，它反映着民族精神、民族生活的全部历史。正如俄国伟大教育家乌申斯基所说："语言不仅表现为一个民族的生命力，而且它正是民族生命的本身。民族的语言一旦消失，这个民族也就不复存在了。"② 因此，每个国家、每个民族都重视本国、本民族语言的教育。但是一个民族要与其他民族交往交流，又必须学习其他民族的语言，特别是一个国家的少数民族必须学习主流文化的语言，才有利于民族的交流、融合与发展，因此在少数民族地区实行双语教学就是十分重要的课题。

（二）教育的文化功能

下面我们来讨论教育对文化的作用，或者叫教育的文化功能。教育具有下列几方面的文化功能。

第一，教育具有文化传播的功能。文化的传播有多种渠道，有横向传播、纵向传播两种方式。横向传播主要通过民族之间友好交往、婚配、贸易、战争；而纵向传播主要依靠教育。当然现代媒体，报刊、图书、电视、手机、网络等也在横向、纵向地传播着文化，但文化的继承和发展主要依靠教育。教育从产生之日起，它的任务就是向下一代传播文化，使下一代能够从一个自然的人成长为社会的人。原始社会的教育是年长一代向年青一代传授狩猎、捕鱼、采集、养殖等生产知识和技能，同时传授祭祀、敬祖、交往、战争等社会活动经验。学校出现以后，学校教育的主要任务就是传授保存于典籍中的物化知识和价值观。同时，学校还通过各种制度和教师的言传身教向下一代传递价值观念、行为规范、民族礼仪，使得民族文化世代相传。随着近代教育国际化的发展，在教育领域进行国际交流，学者互相往来、互派留学生、参加各种国际学术会议，教育也起到横向传播文化的作用。

---

① ［英］赫·斯宾塞著，胡毅、王承绪译：《斯宾塞教育论著选》，人民教育出版社1997年版，第53页。

② 张焕庭主编：《西方资产阶级教育论著选》，人民教育出版社1979年版，第488页。

第二，教育具有文化选择的功能。教育在传播文化的时候，并非把前人所有的活动经验都传授给下一代，总是有选择地，把有益于下一代健康发展的文化内容传授给他们。教育的选择有多种出发点。

一是从阶级利益、意识形态出发，教育对文化有选择。人类进入阶级社会以后，统治阶级总是把有利于它统治的内容作为教育的内容。我国秦始皇的焚书坑儒、汉武帝的“罢黜百家，独尊儒术”都是一种文化选择。秦始皇的焚书坑儒当然是对文化的一种破坏，而独尊儒术则影响了我国教育两千多年。近代以来，中国的洋务运动在学习西方文化时提出的“中学为体，西学为用”，也是一种文化选择。这些都是从意识形态的角度教育对文化的选择。

二是从教育规律出发，教育要根据儿童青少年的年龄特点，选择有益于儿童青少年身心健康发展，且适合于他们学习的文化内容。课程改革历来是教育改革的内容，课程的设计就是对知识的一种选择。随着社会的进步，科学文化知识不断增长，学校教育不可能也没有必要把人类创造的所有知识都传授给学生，必须选择最基本的、最新鲜的知识传授给学生。从我国语文课本中的课文变化就可以看出不同时期对文化的选择。

三是从育人的目标出发，选择优秀的文化内容传授给学生。任何一个民族文化总会有优秀的内容，也会有某些低俗的内容，特别是随着时代的变迁，有些文化在旧时代可能被大家所接受，但后来变成落后的东西，就会被社会所淘汰。学校教育总是会选择优秀的、高雅的文化来陶冶学生，避免社会上流传的低俗文化进校园。

对待外来文化，教育更有一种选择的功能。文化总是在各民族间交流发展的，教育既要弘扬本民族的文化传统，又要吸收世界上一切文化的优秀成果。这就需要对外来文化的深入研究，认真选择，把外来的优秀文化，或者符合本民族文化传统的内容传授给学生。

第三，教育具有创造文化的功能。教育通过选择而传播的文化已经不完全是原来的文化，因此教育总带有文化创造的意义。就拿儒学来讲，经过董仲舒、朱熹等诠释的儒学已经不是原本的儒学。古文经学、今文经学都对儒学经典作了不同的解释。这种解释是对儒学文化的一种选择，也是一种创造。宋明理学吸纳了佛教的思想内容，更是对儒学文化的一种创造。

学校教育在文化创造中起着重要作用。学校的任务，特别是大学的任务，一是培养人才，二是创造知识，两者紧密结合。学校在培养人才的过程中开展学术研究，创造出新的知识、思维方式和价值观，丰富和创造了人类文化。中国古代的书院、欧洲中世纪的大学都在人类文明发展史上起到了不可估量的作用。现代高等学校更是文化知识的策源地，许多新的科学技术都是在学校的实验室里首先创造出来的。即使是中小学校，在课程改革、教育改革中也在创造着新的文化。①

---

① 参见顾明远著：《中国教育的文化基础》，山西教育出版社2004年版，第35—38页。

三、教育的文化研究是教育研究的重要方法论

教育研究是研究教育现象的，要了解某种教育现象的本质，它的发生发展，评价这种教育现象的优劣，或者分析它的经验和教训，就需要研究这种教育现象发生的文化背景。我过去曾经写过几篇文章，主要讨论比较教育的文化研究。但是，文化研究不限于比较教育研究领域，任何教育研究都需要文化研究，文化研究应该是教育研究的重要方法。尤其像我国这样一个多民族国家，56 个民族都有自己的民族文化传统，虽然他们都生活在中华民族的大家庭中，但各民族仍然保持他们的文化特点。因此，不研究一个民族的文化传统，很难理解这个民族的教育。据有的学者的研究发现，不同民族在智力和非智力因素方面会有差异。例如狩猎民族的空间知觉辨别能力较强，农业民族的重量守恒能力比较发达。① 贵州师范大学吕传汉、汪秉彝教授带领一个团队多年开展少数民族地区跨文化数学教育研究，发现许多有趣的问题，不同的民族有不同的思维方式，许多数学概念在不同民族中有不同的理解。② 例如，侗族有语言没有文字，母语中没有“零”（用“无”或“完”来表达）和负数的读法，没有无理数概念，但计数原理与现代数学相符。③ 苗族的服饰中充满着几何图形。不了解他们的文化，就不能了解他们的学习，不了解他们的教育。不仅不同的民族有不同的文化，不同的地域也有不同的地域文化，即使是汉民族，在不同地区也有不同的文化传统。就拿食文化来说，各地都不相同，中国号称有八大菜系，就是不同地域的食文化。其他文化形态也各不相同，如安徽人喜欢黄梅戏，陕西人喜欢秦腔，河南人喜欢豫剧。这些文化因素都会影响到教育的价值观、教育内容和方法。因此，研究当地的教育不能忽视当地的文化传统。

教育的文化研究是一种广泛的教育研究方法。宏观上可以作跨国跨民族的比较教育研究，微观上对一个地区、一个学校的研究也需要采用文化研究。就拿学校来说，由于学校发展的历史不同，学校的办学理念的差异，就有不同的学校文化。例如清华大学与北京大学就有不同的学校文化。因此，即使研究一所学校也需要从文化学的视角来分析，只有这样才能理解它呈现出来的教育现象。

有的学者把我提倡的教育文化研究的文化观称为“文化民族主义”文化观，其实不够确切。按照作者引用杨思信的概念，“文化民族主义，是指表现文化领域内的一种强调本民族共同文化认同，维护本民族文化独立性的民族主义倾向。”④ 其实我只是把民族文化作为一种研究视角。第一，我并不坚持民族主义倾向。我认为文化既有民族

① 王军、董艳主编：《民族文化传承与教育》，中央民族大学出版社 2007 年版，第 18 页。

② 吕传汉、汪秉彝主编：《中小学数学情境与提出问题教学探索》，贵州人民出版社 2002 年版。

③ 罗永超：《侗族数学文化中的 2 与 1/2 及其概念计算》，《凯里学院学报》2008 年第 3 期。

④ 朱旭东：《比较教育研究的文化主义范式》，王英杰、曲恒昌主编：《教育人生　明志致远》，教育科学出版社 2009 年版，第 93—102 页。

性，又有时代性，民族文化总是在各民族交往中互相吸收、冲突、融合而发展起来的。当然，强调本民族的共同文化认同，维护本民族文化独立性是每个民族都会坚持的。但这种态度是不是就叫“文化民族主义”，值得商榷。第二，我提倡的教育文化研究并非只限于跨民族文化的研究，也包括跨地区文化的研究。我是把文化研究作为教育研究的方法论提出来的，当然在论述文化概念的时候，突出了它的民族性，因为文化总是存在于某个民族中，民族也总是依存于它的独特的文化而存在。至于讲到地域的文化，这是一种亚文化，它也必定存在于某一个民族的主流文化之中。但在教育研究中也不能不研究亚文化对教育的影响。例如重庆市谢家湾小学校长提出小学“六年影响一生”的理念，并运用电影《红岩》主题曲“红梅花儿朵朵开”作为其校园文化的标志。这就是利用了重庆这个抗日战争大后方和革命城市的文化来构建学校文化。我们要研究这所学校，就需要研究这所学校的文化背景。

教育研究的方法是很多的，有文献法、历史法、实验法、问卷调查法、访谈法、测量法等等。教育的文化研究也就是运用文化学的方法来研究教育现象，是方法论的概念。开展教育的文化研究，要注意几个基本原则。

一是质的研究和量的研究相结合原则。现在国外都重视量的研究，中国更重视定性的研究、质的研究。我认为，这两者应该结合起来，量的研究也为了说明质的性质，没有质的分析，光有量是没有意义的。反之，质的研究需要有数量来支持，没有数量的支持，质就没有依靠。科学研究讲真实，但有些真实并不全面反映事物的本质。最近看到《报刊文摘》中一篇从《环球时报》上摘编的小文章，很有启发。现抄录如下：

> 有位保安在一家公司里一干就是三年，从未出过差错。但是有一天，这位保安在值夜班时喝醉了。这对于他来说是头一次。值班经理发现了这位喝得醉醺醺的保安，于是在值班日志上写了一句话：“这名保安在今天值夜班时喝醉了。”
>
> 等保安醒过来，看到经理记下的这句话，知道这在他的职业生涯中是个抹不掉的污点，所以，他来到经理的办公室，请求经理删掉这句话，或者添上一句：“这在他的三年工作期间是第一次。”但经理拒绝了保安的请求，说道：“你说的是实话，但我说的也是实话，你今天夜里确实是喝酒了！”保安很是恼火，可无言以对。
>
> 第二天，轮到这位保安写值班日志了，他在日志上写了这样一句活：“经理今天值夜班时没喝醉。”经理看到这篇日志时急了，他找到这位保安，让他修改或者补完一句话加以解释，因为保安记下的这句话是暗示说，经理只有今天夜里没喝醉，平时都是喝醉了的。保安笑了笑，对经理说：“我说的也是实活，你今天夜里确实没喝醉！”经理终于明白了，片面的实话未必就是实情，于是只好同意，互相修改了给对方的工作记录。①

① 孙开元编译：《“片面的实话”》，《报刊文摘》2013 年 2 月 27 日（摘自 2013 年 2 月 18 日《环球时报》）。

这个故事虽然不是讲的教育问题，但对理解教育研究的方法论很有帮助。“你今天晚上喝醉了”，这是质的判断；“这在他的三年工作期间是第一次”，这是量的概念。两者结合起来才能全面了解那位保安，否则都是片面的。因此，任何研究都要把量的研究和质的研究联系起来。教育中对学生、老师、学校的评价也要把量和质结合起来，不能由一两次表现来评价他的全部，所以我们提倡全面性、经常性、发展性的评价。教育的文化研究是质的研究，但也要重视量的研究，才能充分说明问题。

二是客观性原则。客观性原则也就是实事求是的原则。对教育现象的判断要从实际出发，从调查研究入手，充分了解其存在的背景，这样才能了解到真实的情况并发现它的本质特征。文化研究切忌唯情绪化，用研究者的主观情绪去判断，不能先入为主，设定了框框；切忌用自己的文化观念去判断研究对象，需要坚持客观的态度，才能了解事物的真相。当然研究者应有自己的立场和观点，对事物的判断不是纯粹客观主义的，而是要做到主客观的统一。文化研究中的主客体关系，我们还将在后面讨论。

三是全面系统性原则。教育不仅是文化的一部分，而且是社会活动的一部分。我们在强调教育的文化研究时，不能忽视教育活动与其他社会活动的联系。前面讲到文化传统对教育的影响至深至远，但不排斥社会的经济生产方式和发展水平、政治制度对教育的直接影响。因此，我们在进行文化分析时要全面系统地分析各种因素对教育的影响。因为文化作为上层建筑，毕竟是经济基础的反映，不过它一旦形成，就有相对凝固性。例如中国职业教育不发达，固然与中国旧的传统观念“学而优则仕”有关，也与我国经济不发达有关。我国长期处于小农经济社会，因而不重视职业技术人才的培养。改革开放以来，特别是进入本世纪以来经济发展方式的调整，技术工人的短缺就凸显出来。因此，职业技术教育的发展才提上议事日程。但人们的旧的观念并未改变，因此严重影响了职业教育的发展。最近，长江教育研究院发表了2013年度教育报告《中国教育黄皮书》，其中有一篇论述“建议放缓全面实施中等职业教育免费政策”的文章。作者作了大量的调查研究，运用大量统计数据，发现中等职业教育实施免费以来，报名招生的人数并未增加，免费政策并未起到激励青年报考职业学校的效果，因此建议放缓全面实施中等职业教育免费政策。文章还详细深入地分析了免费政策未取得期望效果的多种原因。① 我认为这是一篇很有说服力的量的研究和质性分析的好文章，许多论点我是赞同的。但是我觉得美中不足的是，文章只运用了经济学的方法来分析中等职业教育报告招生下降的原因，缺乏文化学的分析。其实，歧视职业教育在中国由来已久。前面已经讲到，“学而优则仕”的旧观念影响着我国职业教育的发展，而这种旧的传统观念不是短时间就能改变的。中等职业教育的免费政策正是为了扭转这种观念，让全社会都来重视职业教育。但作为文化的旧观念影响太深，再加上我们长期不重视职业教育，其教育质量较低，家长不放心把孩子送入中等职业学校。要改变这种状况，恐怕并非朝夕。但我相信随着我国经济的发展和经济发展方式的转型，随着职业学校毕业生就业前景看好，

① 周洪宇、雷万鹏主编：《中国教育黄皮书》，湖北教育出版社2013年版，第116—128页。

加上免费政策的鼓励，人们的观念才能逐步转变。从这个例子也可以看出教育的文化研究的重要性。

四是在发展中看问题原则。教育是发展的，时时在变化，只有坚持发展的观点才能了解教育现象的真相。教育的文化研究特别要重视教育现象发展的来龙去脉，了解它是在什么文化背景下发生和发展的，现在还有什么因素影响着它的发展。例如我们要研究杜郎口中学教育改革的经验，就不能走马观花地到那里去参观一下，而是要研究其教育改革的背景，这20年来发展的情况。据我了解，杜郎口中学的改革，开始时并非是自觉的，但经过多年的实践总结提炼，逐渐由不自觉到自觉，认识到学生在教学中的主体地位。这些年来他们的教改已有很大的发展，已经不是原来那种规定老师在课堂上只能讲多少分钟，主要让学生自学讨论的情况。他们经过总结提升，确立了“学生主体”的教育观念，提出学生“自学、共学、再学”的教学方式。同时，这是一所农村学校，它与城市学校有不同的文化背景。只有研究了当地的文化背景，从发展的观点出发，才能真正理解这所学校。我对它没有深入研究，因此也只能说出一些皮毛。近几年来我国高等学校出现并校风、升格风，中小学出现集团化、超大规模化，恐怕都需要从文化学的视角来分析。

四、教育文化研究中的主体和客体关系

教育的文化研究中有主体和客体两者的关系。教育研究的对象是教育现象。一般来说，教育现象就是研究的客体，研究者是主体。但是在文化研究中还隐藏着两种文化：一种是研究者自身的文化，我们称它为主文化；另一种是教育研究对象拥有的文化，我们称它为客文化。研究者本身对研究对象来讲，是另一种文化（主文化）的主体，他自身已经具有主文化的传统，也就是说已具有主文化的思维定式。如果不克服自身的思维定式去研究客文化，就不能得出客观的科学的结论。所以前面我们说到文化研究切忌用自己的文化观念去判断，也就是说，我们不能用主文化的观点、思维方式去理解、判断客文化的教育现象，要考虑到客文化的思维方式和价值观。

在比较教育研究中这个问题比较突出。因为比较教育主要进行跨国跨文化研究。研究者主体（主文化）就需要对客文化有所了解。另外，比较教育首先是在西方国家开展起来的，特别是20世纪七八十年代，西方比较教育持现代化理论，以西方文化为标准来讨论各国教育问题，表现出很强的西方中心主义。我们历来反对西方中心主义的文化观。英国著名比较教育家埃德蒙·金（E. J. King，1914—2002）比较客观，他持文化相对论观点，论述了主、客文化观在比较教育研究中的作用。他曾经批判西欧文化中心的观点，他说：“至少从18世纪的技术革命和政治革命以来，准自动性‘进步’的观点在西方思想界一直是一个基本观点，这种观点对我们了解如何产生变革并不总是有所帮助的。长期以来人们都认为，一旦人们从政治奴役或工厂田间的艰苦劳动的生活中解放出来，进步几乎会自动出现。因此有些人把西欧教育或西欧文化看作许多小国和不发

达国家可以追求的几乎不可避免的‘文化’顶峰。或者……他们就不可避免达到美国的生活方式……”① 我赞同他的观点。

当然我们也不赞成东方中心主义。有些学者认为东方文化才是救世之主，特别在西方世界经济危机爆发之际，似乎要用东方文化来拯救。这恐怕也是不切实际的。东西方文化都有可取之处，可以互相学习、互相借鉴。为了做到互相学习、互相借鉴，就要真正了解客文化的实质。教育的文化研究也是这样，不能用哪一种教育模式作为研究的标杆。

正确处理主、客文化的关系也适用我国国内的教育研究。我国是多民族国家，研究民族地区的文化，研究主体就要充分考虑到和尊重研究客体的文化，要避免“大汉民族主义”的文化观。

当然，要做到纯粹的客观性也是不容易的，正如埃德蒙·金所说的：“我们必须承认任何‘科学的’研究中都带有主观成分——特别是研究像教育这种涉及个人的、和文化密切关联的东西。”他主张在研究中两个主观都应该加入，即“在有关教育的辩论中我们自己主观的卷入；想解决其他国家的问题的人的同样主观的卷入”②。因此，我们在研究某一教育现象时最好请客文化的研究者一起参加。

教育的文化研究强调研究的客观性并不是持客观主义立场。研究者本身要有自己的立场、观点。失去了自己的立场观念，也就失去了研究的意义。在比较教育研究中要借鉴别国的经验，在教育的文化研究中更需要有自己的立场、观点来取舍，以便能融入到主文化中，即所谓本土化。但研究时对客体的认识应该是全面的、客观的，不带有主观性、片面性。

五、教育文化研究中的文献研究和田野研究

教育的文化研究为了真实了解某种教育现象的文化背景，最好的方法当然莫过于田野研究，也即文化人类学的研究方法。正如萨德勒曾经说过的，研究外国教育制度时，不能只把眼光放在看得见摸得着的建筑物上，也不能仅仅盯着学校的教师和学生，而是要深入到学校之外的街头、家庭中去寻求“维系着实际上的学校制度并对其取得的实际成效予以说明的那种无形的、难以捉摸的精神力量”③。但是这种方法对中国学者来说比较困难。一是语言问题，中国学者一般只掌握一门或两门外语，在比较教育的跨国跨文化研究中，语言就是最大障碍。欧洲学者比我们有优越性，他们能掌握十多门语言，许多原殖民地独立国家也都用欧洲语言。所以他们文化人类学的研究比我们发达。二是东西方文化差别太大，没有较长时期的生活经验，难以理解。

进行教育的文化研究需要运用历史学的方法，与已有研究结合起来，因为文化传统

---

①②③［英］埃德蒙·金著，王承绪等译：《别国的学校和我们的学校——今日比较教育》，人民教育出版社1989年版，第36、15、64页。

总是在历史长河积淀起来的。不了解一个国家、一个民族、一个地区的历史，就不可能了解这个国家、这个民族、这个地区的文化是怎样形成和发展的，也就不能了解它的文化实质及其对教育的影响。进行历史研究就要运用文献学方法，研究梳理该国家、该民族、该地区的有关文化历史资料。

文献研究要与田野研究结合起来，从文献研究中找到文化的源头和线索，从田野研究来验证文献中的真伪，起到互相补充、互相引证的作用。历史遗承下来的文献大多是由史官记录下来，有时与实际有很大出入。因此，鲁迅曾经提倡研究历史还需看看野史和杂记。因为正史往往是“官修”或“钦定”的，粉饰太多，不可信。野史和杂记自然免不了有讹传，但也可以从中看到一些真实情况。① 即使现在的一些文献也有与实际相出入的。联合国教科文组织的统计数据应该是最权威的，但那些统计数据也都是各国政府报上去的，里面难免有水分。例如，1990 年美国布什总统提出要“重建美国学校”，要建 1 000 所新学校。1991 年我访问美国时，问那里的教授，新学校建得怎样了？他们说，那是政治家的口号。可见，文献研究必须和实地考察相结合才能了解真实的教育现象。

总之，文化研究作为教育研究的方法，在教育研究中应该占有重要的位置。长期以来我们对教育的文化研究比较忽视，因此对一些教育现象难以透彻地理解。本文就是想抛砖引玉，引起研究者对教育的文化研究的重视。

（责任编辑　韩华球）

① 鲁迅：《华盖集·这个与那个》，《鲁迅全集》第 3 卷，人民文学出版社 1972 年版，第 136 页。

项贤明 1965年生，安徽芜湖人。教育学博士。中国人民大学教育学院学术委员会主任，校学术委员会委员，《中国人民大学教育学刊》主编。1994—1997年在南京师范大学教育科学学院师从鲁洁教授攻读教育学原理专业博士学位，1997—1999年在北京师范大学教育科学博士后流动站师从顾明远教授从事比较教育研究，后留北师大任教；2001年破格评为教授；2007年首批被评为二级教授。曾担任北京师范大学国际与比较教育研究所所长，教育部人文社会科学重点研究基地北京师范大学比较教育研究中心主任。荣获2000年全国优秀博士论文奖、北京市哲学社会科学一等奖、教育部哲学社会科学优秀成果奖等多项学术奖励。2005年入选教育部新世纪优秀人才支持计划。现担任国家马克思主义理论研究与建设工程重点编写教材《教育学原理》首席专家。主要研究方向为教育基本原理和比较教育。代表性学术专著有《泛教育论——广义教育学的初步探索》、《比较教育学的文化逻辑》等。

《“特型学者”的特殊学术贡献——顾明远先生的教育学术成就述略》导读

“特型学者”的特殊学术贡献

——顾明远先生的教育学术成就述略

项贤明

【摘要】顾明远先生是一位在我国教育学界扮演着特殊角色的“特型学者”。他为我国比较教育研究奠定了“立足中国，放眼世界”的学术范式，提出了教育科学特别是比较教育的文化研究方法论。他在全国率先提出学生在教育活动中的主体地位问题，在我国教育界思想解放运动的进一步深化过程中起到了思想先锋的作用。他在教育界一贯倡导“以人为本”的思想，逐步使“人”成为我国教育科学研究在历史新时期的基本主题之一。不满足于坐而论道，而是身体力行，以大量的社会实践和社会活动直接推动我国教育科学和教育事业的发展。即便年过古稀，他还秉承锲而不舍的治学精神，继续探析中国教育的文化基础，为我国教育科学尤其是比较教育，探寻未来发展的新路。

【关键词】顾明远；教育学；比较教育；学者研究

一般说来，一名学者的学术贡献主要体现在其学术创新成果中，即他在相关学术领域提出的新问题和能够有效解释和解决问题的新理论、新思想、新方法等。有一些特殊的学者，正如那些特型演员在影视剧作中扮演特殊角色一样，他们在学术发展中也扮演着特殊的角色，其学术成就不仅表现在一般理论成果上的贡献，而且表现在学术范式的建构和学术人才培养上，更表现在其组织和引导相关学科发展方面。顾明远先生就是中国教育科学界这样一位“特型学者”。

作为一名“特型学者”，顾明远先生经历了我国教育改革开放的整个过程，亲自参与了我国一系列重要教育政策和法规的制定，组织和领导了我国比较教育学科的重建和教育界多次关于重要教育理论和教育思想的大讨论，为中国教育科学发展作出了很多重要贡献。这里只择其要者，略述其一二。

一、立足中国，放眼世界，奠定中国比较教育研究的学术范式

美国科学史学家库恩（Thomas Sammual Kuhn）在其1962年出版的《科学革命的结构》一书中，用“范式”（paradigm）一词来指称在一个学科各个不同发展阶段中发挥

理论基础和实践规范等核心作用的内在理念结构。他认为，只要“对某一时期某一专业做仔细的历史研究，就可以揭示出各种理论在其概念的、观察的和工具的应用中反复出现而类标准式的一系列实例（illustrations）”①。对改革开放以来我国比较教育学科发展的历史作一点简单的梳理，我们就不难发现顾明远先生与全国同行一道努力建构我国比较教育研究学术范式的诸多实例。

顾明远先生1964年起即在北京师范大学新成立的外国教育研究室工作，筹备并编辑出版《外国教育动态》杂志。1974年，先生以教育顾问的身份作为我国代表团成员参加了联合国教科文组织第18届大会。1979年，顾先生任北京师范大学教育系主任。同年，北京师范大学外国教育研究所成为独立建制的研究所，顾先生又担任第一任所长。1983年，顾明远先生担任中国教育学会外国教育研究会（后改名中国教育学会比较教育分会）理事长，直到2002年卸任此职。他主持和领导中国比较教育学科唯一的一个全国性学术团体工作长达20年之久。在此期间，特别是改革开放以后的几十年里，顾先生为重建我国比较教育学科作出了卓越贡献。

1999年，作为教育部首批高校人文社科重点研究基地之一，北京师范大学比较教育研究中心成立，顾明远先生为该中心题词“立足中国，放眼世界”。这一题词，概括表达了顾先生对中国比较教育学科学术范式和社会责任的基本理解。多年来，顾先生曾在多种场合以多种形式阐述这一基本理解，并在自己的学术研究中践行这一理念，使其逐步形成了中国比较教育研究的学术范式之一。

“立足中国，放眼世界”，首先是说我国比较教育研究应当从中国教育实际和中国国情出发，站在中国教育的立场上去研究国外的教育，并且研究成果要以为中国教育改革和发展服务为目的。改革开放前，中国教育界对国际教育改革和发展的实际状况知之甚少。1974年，顾先生和中国代表团的其他成员一起参加联合国教科文组织第18届大会时，大家连“终身教育”这样的理念都“从来没听说过”，认为“既然终身教育是发达国家提出来的，发达国家全都是资本主义国家，因此终身教育肯定是资产阶级教育思想”，据此便对终身教育提案投了弃权票②。在当时的中国，比较教育研究还被称作“外国教育研究”，并且是一个多少带有一点准情报工作秘密色彩的研究领域。在那个时期，中国比较教育研究者们的主要任务是翻译介绍国外教育改革和发展的动态，对各类国际教育信息进行搜集、整理、翻译和初步分析是比较教育学者们的主要工作，比较教育的研究特征并不明显。随着改革开放的不断深入，我国教育改革和发展不仅对国际教育信息的需求日益扩大，而且这种需求还逐步从信息获取转而更多地要求比较教育学者们对这些信息进行分析和研究，结合我国教育实际情况，为我国教育体制改革和重要

---

① Thomas S. Kuhn, *The Structure of Scientific Revolutions*, 3rd edition, Chicago and London: The University of Chicago Press, 1962, p. 43.

② 顾明远口述，李敏谊等整理：《顾明远教育口述史（增订本）》，北京师范大学出版社2012年版，第73—74页。

教育政策的制定提供经验借鉴和决策参考。面对新时期新任务，顾先生在我国比较教育学界不断强调，"比较教育要改变以往的研究重点，将单纯研究外国教育转移到从中国教育的实际出发，研究中外教育的比较上"①。顾先生从比较教育研究目的的高度阐述这种学科重点变化的意义。他在1986年中国教育学会比较教育分会年会上发表论文，认为比较教育研究"归结起来还是一个目的，就是推动本国教育的改革和发展"②。比较教育研究要为本国或本地区的教育改革服务，"首先要把本国或本地区的实际问题作为比较教育研究的出发点"③。要实现推动我国教育改革和发展这一目的，我国比较教育研究者们当然就要改变过去那种简单翻译介绍外国教育的研究模式，转而立足我国的教育实际，从中国教育的实际出发来进行教育现象的跨国比较研究。确定了比较教育研究的目的，也就确定了我国比较教育学科的根本任务，同时也确定了比较教育学术研究的基本范式。

其次，"立足中国，放眼世界"还包含了超越本国和本地区的地域局限，从世界的视角来审视中国教育问题的含义。顾先生早年留学苏联莫斯科列宁师范学院，学习教育学原理专业，回国后又长期从事比较教育研究。他把对国外教育现象的研究与对国内教育现象的研究结合起来，认为比较教育学者既要研究外国教育，更要研究本国教育。从研究中国教育的角度，顾明远先生曾对"立足中国，放眼世界"这一理念作出了这样的阐述："我觉得'立足中国、放眼世界'应该具有两重含义。'立足中国'，一方面要求中国的教育研究一定要从中国实际出发，与实践紧密结合，具有中国特色；另一方面，中国的教育研究必须为中国的教育发展和国家建设服务，具有现实的指导意义。'放眼世界'，一层含义是建设具有中国特色的教育理论应当批判地借鉴世界各国的现有理论成果，但不照搬、不迷信；另一层含义是以世界为舞台，从宏观入手，综合研究世界教育演变和发展的客观规律。"④他认为，"立足中国"和"放眼世界"是比较教育研究中相互联系、辩证统一的两个方面。比较教育研究既不是单一地从研究本国教育现象中发现教育规律，也不只是简单地从外国教育现象研究中发现教育规律，"而是从对不同国家教育对象的比较中去探索教育的规律"⑤。就此而言，研究本国教育现象与研究外国教育现象，在比较教育研究中就显得同样重要了。只有在研究外国教育现象的同时，深入本国教育现象，才有可能从中发现其他教育学科难以发现的重要教育规律；也只有这样的比较教育研究，才有可能对教育科学的发展真正作出自己独特而有价值的贡献。针对比较教育研究如何促进我国教育科学发展的问题，顾先生进一步提出："建设具有中国特色的教育理论不能囿于中国一隅，要用富有特色的立场、观点，研究教育现象的本来面目。在这个过程中，特别要注重观察和分析国际上的新情况、新问题、新动

---

① 顾明远：《比较教育的回顾与展望》，《外国教育动态》1991年第1期。

②⑤ 顾明远：《谈谈我国比较教育发展中的几个问题》，《外国教育》1986年第6期。

③ 顾明远：《中国比较教育的名和实》，《外国教育资料》1991年第1期。

④ 顾明远：《高举教育改革旗帜，弘扬教育名家精神》，《中国教育报》2005年2月3日。

向，对中国的对外交流积极参与，促进有中国特色的教育理论不断创新。”① 顾明远先生在建构“立足中国，放眼世界”这一比较教育研究范式的过程中，把构成比较教育跨文化研究视野的国内和国外两个方面辩证地统一了起来，这既是对比较教育学科任务的重要拓展，也是比较教育研究范式的重要创新。

“立足中国，放眼世界”，既是对比较教育研究目的的阐释，更是对比较教育方法论的一种引导。顾先生不仅带头践行了这一理念，而且领导着全国大多数同行在各自的比较教育学术研究过程中努力实践这一理念，使得这一理念在与中国比较教育学术实践广泛结合的过程中，逐步形成了有一定中国特色的比较教育学术研究范式。

二、首倡学生主体地位，为我国教育界的思想解放推波助澜

在改革开放过程中，我国社会经历了一场有着重要历史意义的思想解放运动，这场运动由“实践是检验真理的唯一标准”的提出而发端，包括围绕着“社会主义市场经济”等一系列重要理论问题而展开的争论。其中“主体性”理论问题的提出，以及人的主体性得到承认和肯定，则是一个更加深入的思想解放过程。由于受到苏联凯洛夫《教育学》强调间接经验在教育过程中的重要性、忽视学生在教育过程中主动性和创造性等思想的影响，我国教育学界也长期忽视学生在教育活动中的主体地位。在改革开放之前和初期，主体性理论问题在我国思想理论界还是一个禁区，教育界在主体性问题上更是噤若寒蝉。1980年，顾明远先生在主持编写全国中等师范学校《教育学》统编教材时，在“学生”一章中专门列出一节来论述学生在教育活动中的主体地位问题。先生希望将这一思想作为全书的基本思想，但由于当时我国教育界对学生主体性的认识不足，“这个精神在全书中贯彻得并不是很多”②。1981年，顾明远先生在《江苏教育》第10期上发表题为《学生既是教育活动的客体，又是教育活动的主体》的文章，在全国率先提出了“学生在教育活动中的主体地位”的问题，在我国教育理论界引起了一场关于学生主体地位问题的争论。由于当时我国教育界思想解放尚有待进一步深化，对顾先生提出的这一新观点，赞成者有之，反对者甚众。不少学者对顾先生的观点提出质疑，发表不同看法。顾先生也在不同场合对自己的观点进行辩护和进一步阐述。1991年，应《华东师范大学学报（教育科学版）》主编瞿葆奎先生之约，顾先生在该刊发表题为《再论教师的主动作用和学生的主体作用的辩证关系》的文章，对这场争论过程中涉及的重要理论问题做了更加系统深入的分析和论述。此后，随着我国思想教育解放运动的不断深入，以及教育界一些相关重要基本理论问题研讨的逐步展开，学生在教育活动中的主体地位逐渐被我国教育界大多数人所接受，在教育教学过程中激发学生积极

① 顾明远：《高举教育改革旗帜，弘扬教育名家精神》，《中国教育报》2005年2月3日。

② 顾明远口述，李敏谊等整理：《顾明远教育口述史（增订本）》，北京师范大学出版社2012年版，第106页。

性和主动性的重要作用和意义也日益为广大教育工作者所认识。回顾这一历史过程，顾先生在其中作出的重要贡献，值得称道。

顾先生首先是从现代教育基本特性的角度来肯定和强调学生在教育活动中的主体地位的。他在《再论教师的主动作用和学生的主体作用的辩证关系》一文中明确指出：学生是教育的主体这个命题“已经超越了教师是中心还是学生是中心的历史上教育命题的争论，向新的认识跨越了一大步”①。顾先生不再局限于教学过程中的师生关系问题来探讨学生在教育活动中的主体地位问题，而是将其提升到现代教育基本特性的高度来加以论述。按照历史唯物主义理论联系实际的思想方法，先生把学生在教育活动中的主体地位问题，与我国教育改革和发展要“面向现代化”这一重要发展方向相联系，与改革开放之后我国教育的现代化发展历史进程紧密联系在一起。这就为学生在教育活动中的主体地位这一理论问题找到了可靠的政策依据和坚实的现实基础。

从“教育要面向现代化”这一政策依据和我国教育现代化发展的现实基础出发，先生提出，民主性是现代教育区别于传统教育的重要属性之一，并且认为，现代教育的这一特征其实在国际教育学界早就得到了承认。如苏联1976年出版的由巴拉诺夫等编写的《教育学》② 中就有专门一章“儿童是教育的客体和主体”，顾先生说自己深受其启发。从国际国内教育现代化发展的历史经验和实际情况出发，顾先生系统地论述了现代教育的民主性特征，认为在现代教育中，学生的主动性和创造性得到空前的重视，而要保证学生主动性和创造性的真正实现，师生关系就应当是民主化的。在《关于教育现代化的几个问题》一文中，顾先生这样写道：“现代教育观念是民主的，认为师生是平等的，在教育过程中要充分发挥学生的主体性、主动性；教师的主导作用在于启发、引导、帮助学生，并设计有利于学生学习的环境。”③ 从现代教育的民主性特征，顾先生自然而然地推导出应当承认学生在教育活动中主体地位的结论，认为教师在教育活动中的主体地位，与学生在教育活动中的主体地位并不矛盾，教师对学生的引导和学生自身的能动性是教育过程中相互联系且同等重要的两个方面。

顾先生不仅把承认学生在教育活动中的主体性看作现代教育的特性，更把这种特性视为教育的内在规律。在系统阐述学生在教育活动中主体地位的问题时，顾先生把教师、学生、认识对象看作教育过程中的“三要素”，认为教师和学生在教育过程中都既是主体又是客体，在具体的教育过程中，三个要素之间构成了“教师主导作用和学生主体作用辩证统一”的复杂关系，并且认为这种辩证关系是教育内部重要的规律，“正确认识这个规律才能使教育过程处于最佳状态，获得较好的教育效果”④。作为教育的内

① 顾明远：《再论教师的主动作用和学生的主体作用的辩证关系》，《华东师范大学学报》（教育科学版）1991年第2期。

② ［苏］巴拉诺夫等编，李子卓等译：《教育学》，人民教育出版社1979年版。

③ 顾明远：《关于教育现代化的几个问题》，《中国教育学刊》1997年第3期。

④ 顾明远：《再论教师的主动作用和学生的主体作用的辩证关系》，《华东师范大学学报（教育科学版）》1991年第2期。

在规律，肯定和强调学生在教育活动过程中的主体地位，就成了教育活动本身获得成功的最为重要的前提之一。肯定和强调学生在教育活动中的主体地位，主要在于其本身就是一条教育规律，这是一种对待教育实际问题的一种科学态度；肯定和强调学生的主体性，有利于教育活动更好地开展并获得更好的教育效果，这是一名教育科学工作者的社会责任。在这种科学精神和社会责任感的激励下，顾先生敢于在全国率先提出学生在教育活动中的主体地位问题，在我国教育界教育思想解放运动的进一步深化过程中，起到了重要的引领风气和推波助澜的作用。

为了让学生在教育活动中的主体地位不仅在教育理论界，而且在教育实践部门为广大教育工作者，特别是为中小学教师所接受、理解和掌握，顾先生还从新时期我国教育方针的高度来审视和阐发学生在教育活动中的主体地位问题。当时我国的教育方针强调要让学生在德智体诸方面都得到“生动活泼地发展”，顾先生在《北京教育》上发表文章，用通俗易懂的语言向中小学教师阐述学生主体性理论，强调要“使学生生动活泼地发展，关键是‘主动’二字”①，只有学生在教育活动中由被动变为主动，“生动活泼的发展”才能成为可能。先生这里用“主动”而非“主体”一词来阐发学生教育教学过程中的主体地位这一理论性很强的问题，主要是想让中小学教师更容易理解这一理论问题，尽快在教育实践中把这一理论贯彻到具体的教育活动中去。顾先生还进一步将教育活动中学生的主体性分解为“主动性、积极性、创造性”，并且将“培养学生自我教育的能力”作为在教育界提倡重视学生主体性问题的直接目的。他在文章中这样写道：“在教育过程中充分发挥学生的主动性、积极性、创造性，才能有助于培养学生自我教育的能力，更好地促进学生在德、智、体、美诸方面生动活泼地发展。”②顾先生把学生的“主体性”问题转化成学生“主动”的问题，进而将学生在教育过程中的主体性问题分解为“主动性、积极性、创造性”，并将其与我国教育方针中关于学生“生动活泼地发展”的论述结合起来，一方面降低了中小学教师接受和理解这一理论的难度，同时又突出了学生在教育活动中主体地位的重要性，以期广大教师能在自己的教育教学具体活动中把学生的主体性落到实处。

顾先生强调，提出“教师主导和学生主体的作用”的问题，对我国教育改革和发展来说有着重大的现实意义。对我国教育界普遍存在的不承认、不尊重学生在教育活动中主体地位的错误观念和做法，先生提出了严厉的批评，希望这种错误倾向能够尽快得到纠正。1991年，当我国部分中小学尝试开展“快乐教育”时，顾先生立刻发表文章肯定这一做法，认为“快乐教育”值得在全国教育界大力提倡，并把“快乐教育”与学生在教育活动中的主体地位问题联系起来。顾先生认为，我国教育改革中的一大思想

① 顾明远：《“快乐教育”的实质是使学生在德智体诸方面生动活泼主动地得到发展》，《北京教育》1992年第1、2期。

② 顾明远：《再论教师的主动作用和学生的主体作用的辩证关系》，《华东师范大学学报》（教育科学版）1991年第2期。

障碍就是"在教学过程中，教师总是把自己放在重要地位，不认为学生才是学习的主人，不善于启发学生的积极性主动性"①，快乐教育在清除这一思想障碍方面有积极意义。在从理论上论述学生主体性问题时，顾先生也明确指出："学生负担过重，学习消极被动，学习方法死记硬背，已经成为我国教育实际中的痼疾"，要改变这种现状，首先必须变革教育观念，"其中一个重要的教育观念，就是要把学生看作教育过程的主体"②。

三、以人为本，回归本源，确立新时期我国教育科学的基本主题

承认和强调学生主体地位的理论，与顾先生在其教育思想中一以贯之的"以人为本"是紧密联系在一起的。顾先生在中国教育家年会上曾明确提出："什么是好教育？我认为应该是坚持以人为本的教育，回归到教育的本源。"③他把"以人为本"看作教育的本源，认为在教育工作中坚持以人为本，这是教育本质的要求。由此出发，针对我国教育实际中存在的一些积重难返的沉疴，顾先生一再强调"以人为本"，和教育界有识之士一起，共同抵制教育界出现的先生称之为"反教育"的现象，呼吁拯救在教育过程中沦落为奴隶的"人"，努力从思想上转变我国教育界的基本倾向，旨在逐步使"人"成为我国教育科学在新的历史时期的基本主题。

在我国教育领域改革开放初期，"教育现代化"是教育界普遍关注的一个话题。在邓小平"三个面向"思想的指导下，受我国大搞经济建设和推进社会现代化发展的宏观社会背景影响，全国教育领域的理论和实践工作者都把教育现代化问题当作一个重要的教育理论和实践问题加以探讨。在关于教育现代化的一系列讨论中，顾先生从社会现代化关键在于人的现代化的角度，对教育现代化问题展开了深入的论述。他认为，我国要实现社会发展的现代化，关键在人的现代化，而人的现代化又主要靠教育。教育现代化是人的现代化的条件，也是我国社会现代化最重要的组成部分。关于教育的现代化，顾先生高屋建瓴地指出："教育现代化的内容很多，包括教育思想、教育内容（课程）、教育制度、教育手段和教育方法、教育管理等的现代化，而它的最终目的是要把人的素质提高到空前的高度。"④在这里，顾先生始终把"人"放在高于一切的核心位置上，认为教育各个方面的现代化，虽然其直接目标是要全面促进我国教育事业的发展，但归根结底是要培养现代化的人，高素质的"人"才是教育现代化的最高目标和最终结果。在顾先生看来，"人"是教育现代化和社会现代化的根本。因此，在我国现代化建设过

---

① 顾明远：《"愉快教育"值得提倡》，《学科教育》1991年第2期。

② 顾明远：《再论教师的主动作用和学生的主体作用的辩证关系》，《华东师范大学学报》（教育科学版）1991年第2期。

③ 顾明远：《不要把教育当作工具》，中国网 http：//www. china. com. cn/education/2013-01/10/content_ 27649 323. htm，2013年5月18日查阅。

④ 顾明远：《教育现代化与素质教育》，国家高级教育行政学院编：《素质教育：新世纪的教育使命》，学苑出版社2000年版，第292页。

程中，人始终应当是教育现代化乃至整个社会现代化的主人，而不应当沦为教育现代化的奴隶、社会发展的工具。顾先生这样的思想见诸报刊和各类重要会议，加之教育学界同行的共同为之鼓与呼，润物无声地将“以人为本”的思想渐渐渗透进了我国教育现代化的思想进程和历史进程之中，并随着我国社会政治经济等各方面的发展，“以人为本”如今已经成为我国教育界理论研究和实践探索的重要基本主题之一。

面对我国教育重视知识教学而轻视人其他方面素质培养的错误倾向，顾先生也高举“以人为本”的旗帜，带领全国教育科学界同道齐心协力予以抵制和批判。他在很多场合都以不同形式针砭时弊，批评那些在教育过程中用“分数”、“升学率”等指标取代“人”、压迫“人”的错误做法，指出“人”才是教育的最高目标。顾先生特别反对在教育工作中把考试分数和所谓“知识”凌驾于“人”之上，反对在教育过程中把教师和学生都变成考试分数和所谓“知识”的奴隶。他在《中国教育报》上撰文指出：“学习不是为了学到一点书本知识，而是为了增进才智，使自己变得更聪明，有智慧，以便去认识自然，创造知识，促进社会的改革与进步。”①学习知识最终是要运用知识和创造新知识来为“人”服务，是人创造知识、进而创造历史，而不是相反。

基础教育课程改革在我国教育改革和发展进程中影响巨大，也是扭转我国教育界以过度强调知识教学而忽视人其他方面发展的错误倾向的重要机遇。抓住这个机遇，顾先生再次强调“人”在课程改革中的重要地位，努力让“以人为本”的思想逐步成为我国基础教育课程改革的重要指导思想之一。在论述课程改革的根据和原则问题时，顾先生回顾并分析了20世纪60年代课程改革的经验教训，认为“本世纪60年代的课程改革，虽然取得了很大的成绩，但是当时编写的课本，都没有能被广泛地、长期地采用，原因就在于当时的所谓‘新数学’、‘新物理’、‘新化学’等只考虑了学科的发展，没有考虑学生的接受能力和社会的需要”②。在顾先生看来，课程改革仍然必须以人为本，即以学生为本，要遵循学生的身心发展规律，而不是用学科的内在逻辑来取代学生的身心发展规律。尽管学科的内在逻辑在课程和教学中具有重要意义，但了解、运用和遵循学科逻辑，其目的还是要促进课程和教材能够更好地为“人”的发展服务。课程改革的主题应当是“人”，而不能只是“学科”和“知识”之类。

顾明远先生积极论述并广泛传播“以人为本”的教育思想，是希望我国教育界能够认识到，包括知识教学在内的所有教育活动，其最终目的是要为“人”的发展服务，“人”才是教育活动的根本。只有以人为本的思想在我国教育界得到广泛认同，我国教育界存在的以“知识”压迫“人”的错误倾向才能得到纠正，素质教育的指导思想才能真正得到贯彻落实。

顾先生在总结苏霍姆林斯基教育思想时，也特别强调苏氏思想的人本主义特质。顾先生在文章开篇就写道：“苏霍姆林斯基教育思想的核心是人道主义。相信人，相信每

① 顾明远：《谈谈高等学校的学风问题》，《中国教育报》1986年6月5日。

② 顾明远：《试论课程改革的依据和原则》，《学科教育》1991年第2期。

一个孩子，是他的教育信条。"他还引用苏霍姆林斯基的原话说："我认为，对人漠不关心是最不能容忍、最危险的一种缺点。"①顾先生在这里是引用苏霍姆林斯基的话来批评我国教育界那些只关心"分数"不关心"人"、用"知识"和考试分数压迫"人"的错误思想，倡导教育教育过程中"以人为本"，希望我国教育工作者们在教育过程中能够处处关心"人"、相信"人"、尊重"人"、为了"人"，让学生成为我们教育活动真正的主人，让学生发展成为完整的"人"真正成为我们教育工作的最终目的。他认为教育原本就是应当以人为本的，因而他把这种从以知识为中心向以人为中心的转变看作是向教育本源的回归。

我国教育界很多人把以"分数"压迫"人"的倾向归咎于我国传统文化和传统教育思想，认为我国从607年开始实行的科举制度是如今一切错误教育思想的罪魁祸首，铲除这一社会思想根源十分困难，因此，认为要在我国真正实施素质教育难如登天。顾先生也从我国传统文化和传统教育思想入手来探讨一系列现实教育问题的根源，但他并不因此简单地否定我国传统文化和传统教育思想，而是以辩证法的思维方法从我国传统文化中探寻出一系列思想亮点，为当前我国教育界的新理论和新思想找到了深厚的文化基础。在探讨中国教育的文化基础时，顾先生曾言简意赅地总结道："中国传统文化的一大特点是'以人为本'。这与西方文化有截然的不同。"②他把"以人为本"归结为中国文化的特点，希望从我国传统文化中为教育变革找到力量的源泉。

在学习顾先生教育思想的过程中，我曾经对先生"以人为本"的教育思想进行过专门的研讨③，当时只是对先生"以人为本"的教育思想进行单独的研究，从文字上得出了一些表面上的认识。如今看来，必须把先生的这一思想与其他方面的思想联系起来看，才能真正理解其中的真谛，才能真正认识到"以人为本"在顾明远先生的教育思想中是如何"一以贯之"的。

四、实事求是，身体力行，在教育改革的实践中直接推动教育发展

老子《道德经》说："上士闻道，勤而行之"④。作为一个有社会责任感的"特型学者"，顾先生对我国教育科学的贡献并不限于坐而论道，而是更体现于先生起而行之的教育实践之中。顾先生自1956年从莫斯科学成回国后，一直坚持在教育实践一线为我国的教育发展和人才培养努力工作。特别是改革开放以后，顾明远先生更是直接参与了我国一系列重要教育法规和政策的制定，建立并经营过众多教育机构，领导了一系列

---

① 顾明远：《苏霍姆林斯基教育思想在中国的传播及其现实意义》，《比较教育研究》2007年第4期。

② 顾明远著：《中国教育的文化基础》，山西教育出版社2004年版，第67页。

③ 项贤明：《顾明远先生"以人为本"的教育思想初探》，《比较教育研究》2008年第9期。

④ 老子《道德经》第四十一章："上士闻道，勤而行之；中士闻道，若存若亡；下士闻道，大笑之。不笑不足以为道。"不被"下士"嘲笑的，就不足以成其为道了。足见坚持真理之难，践行真理之更难。

学科发展和学术队伍建设工作。1978 年 7 月，当时担任北京师范大学文科处处长的顾先生与我国 5 所建有外国教育研究机构的院校有关同人一道，在北京师范大学召开了全国第一次外国教育研讨会，1979 年在上海召开了第二次外国教育研讨会并成立了中国教育学会外国教育研究会，这对我国比较教育学科建设和发展具有十分重要的促进作用。1979 年初，顾先生担任北京师范大学教育系主任，不久又兼任外国教育研究所所长。苏联的列宁师范学院设有特殊教育专业，培养了一位名叫斯科罗霍多娃的全盲、全聋的教育学副博士，先生曾听过她的报告，对此事印象深刻，因而积极筹备组建了北京师范大学特殊教育专业。这是我国第一个能授予本科学历的特殊教育专业。在此期间，顾先生还完成了《教育学》和《比较教育》两本教材的编写工作，在相关课程教学和学科建设中产生了重要影响。1984 年，顾先生又被任命为北京师范大学副校长，兼任设在北京师范大学内的教育部高等学校干部培训班的主任。海外留学经历和自身比较教育研究经验使顾先生认识到，“教育管理学是一门科学，国外早有这个专业”，“应该让我国教育行政干部都受到教育管理理论的训练，具有现代管理的能力”，因而“要把教育管理作为一门学科来建设，不能只是培训班的形式”①。为此，顾先生建议并在 1985 年领导建立了北京师范大学教育管理学院。这是我国第一所在师范大学内独立建制的教育管理学院。从此，教育管理作为一门重要的学科和专业，在我国建立并逐渐发展壮大起来。在这一系列开创性的工作过程中，顾先生在领导学科建设的同时，也亲身参与教学和研究生培养工作，为相关学科培养了一大批优秀的高等专门人才。

除了领导和亲身参与上述教育实践，作为一名在国内外都有重要影响的教育专家，顾先生还参与了我国一系列教育立法和教育政策的制定工作，为全国的教育改革和发展作出了贡献。

改革开放之初，我国教育界百废待兴，教育事业发展的一些基本条件得不到保障，因而教育立法成为我国迫在眉睫的一项重要历史任务。1982 年，顾先生在《教工月刊》第 1 期上发表题为《教育立法刻不容缓》的文章，呼吁加快教育立法进程。1985 年，国家教育委员会委托时任北京师范大学副校长的顾明远先生组织力量开展教育立法研究。后来，国家教育委员会专门成立了教育法规司，顾先生和他领导的教育立法研究团队部分成员作为咨询专家，参与了一系列政策法规的研究和制定工作。从上个世纪 80 年代初开始，顾先生参与了我国“教育法”、“高等教育法”和“学位条例”等一系列重要教育法律法规的制定。在此过程中，顾先生以其深刻的教育科学思想和开阔的国际学术视野，作为重要咨询专家发挥了具有历史意义和学术价值的社会作用。

学制问题是一个国家学校教育制度的重大问题。“文革”期间，我国的学校教育制度受到了严重的冲击和扰乱。因此，重建学校教育基本制度就成了我国教育界在改革开放初期拨乱反正的一项重要而紧迫的任务。1979 年，顾先生在《中国教育报》上发表题为《各国中

---

① 顾明远口述，李敏谊等整理：《顾明远教育口述史（增订本）》，北京师范大学出版社 2012 年版，第 58 页。

小学学制的比较——兼谈我国学制改革中的几个问题》的文章，从国际比较的视角，对学制建设问题展开了全面而深刻的论述。顾先生在文章中提出，学制须遵循青少年身心发展规律，同时要考虑各国传统，以及各级教育之间的联系。综合考虑各方面因素，特别是受到苏联赞科夫小学教育五年制实验的启发，先生在赞成恢复"六三三"制的同时，主张可以探索"五四三"制，即小学五年、初中四年、高中三年，并在北京师范大学附属实验小学和第二附属中学开展了"五四三"学制实验。虽然这一实验后来由于各种因素而停止了，但它在我国学制建设中的作用和意义，却是显而易见、不言自明的。

1986 年，国家教育委员会成立了全国中小学教材审定委员会和各学科教材审查委员会，提出并实行"一纲多本"和"编审分开"的教材编写管理的新制度。教材审定委员会由 20 人组成，顾先生连续三届担任该委员会副主任。在领导全国中小学教材审定委员会工作期间，顾先生在我国中小学教材建设的这次重大改革过程中作出了重要贡献。他极力主张义务教育阶段的教材应当面向全体适龄儿童，而不应只是关心那些天资优异儿童，要难易适当，有利于教育普及，而对一些学有余力的学生，则可以用增设选修课和开展课外小组活动来弥补。顾先生认为，"没有爱就没有教育，没有兴趣就没有教学"①。因此，要纠正我国中小学教材编写中"繁、难、偏、旧"的弊端，努力做到"让胃口小的吃饱、胃口大的吃好"，保护和激发学生的学习兴趣。顾先生的这些思想，在新时期我国中小学教材建设过程中发挥了重要而积极的作用。

此外，针对我国教育改革和发展过程中出现的一些重大教育实践问题，顾先生也及时地发表自己的意见，推动相关实际问题的解决。譬如，"三好学生"评选是我国中小学长期实行的一项教育制度，虽然起到了激励部分学生的作用，但同时却伤害了大多数学生。因此，顾先生在《教育参考》1998 年第 6 期上发表题为《不要把学生分成三六九等》的文章，2000 年又在中央人民广播电台午间节目中参与座谈，明确指出评选"三好学生"的做法不符合青少年身心发展规律，不利于大多数学生的健康发展，因而应当适时废止。2004 年 5 月，顾先生又在上海教育论坛上公开呼吁废除"三好学生"评选制度。顾先生的这一观点，引起了我国社会各界的广泛关注，并引发了一场以教育界为主、社会各界广泛参与的大讨论。随着讨论的不断深入，"三好学生"评选制度的利和弊逐渐在全社会面前被揭示出来，其弊大于利的事实也为逐渐社会各界广泛认识。现在，"三好学生"评选这项在我国中小学实施多年的制度，终于逐渐式微，更加多种多样的、有利于多数学生个性化发展的评优制度在全国中小学逐渐建立起来。

顾先生用他的实际行动，践行了他一贯奉行的一条治学原则，那就是辩证唯物主义的"理论联系实际，实事求是"的思想原则②。正是在贯彻这条原则的过程中，顾先生

---

① 顾明远先生2005 年秋为中国教育学会实验幼儿园题词："没有爱就没有教育，没有兴趣就没有教学"。这是先生"以人为本"教育思想的形象表达。

② 顾明远先生把自己的书房命名为"求是书屋"，以明其志。可见先生对"理论联系实际，实事求是"这一辩证唯物主义思想方法的推崇和信奉。

在实践中直接为推动我国教育改革和发展作出了积极的贡献。

五、锲而不舍，笔耕不辍，探寻教育的文化根基

鲁迅先生在与夫人许广平的通信中曾说过，要解决好中国的问题，“只有一法，就是‘韧’，也就是‘锲而不舍’”①。或许是在研究鲁迅先生的过程中受到这种思想的影响，顾明远先生在探索中国教育的发展道路过程中，也一直秉承了这种“锲而不舍，金石可镂”的“韧”的精神。2004年，75岁高龄的顾明远先生出版了另一本新著——《中国教育的文化基础》。这本专著是顾先生对我国教育问题进行进一步深入思考的智慧结晶，也是锲而不舍、坚持不懈的科学探索精神的集中体现。面对中国教育的诸多现实问题，顾先生开始进行更加深入的思考，并试图从文化的视角来探寻问题的答案。

在《中国教育的文化基础》一书的前言中，顾先生列举了有关我国教育改革和发展的一系列重要问题，说这些问题常常“困扰”着他，迫使他不停地思考，“想来想去，觉得这些问题都与中国的文化传统有关”②。于是，顾先生在年逾古稀的高龄时仍笔耕不辍，推陈出新，开始了对我国教育之文化基础的深入开掘和不懈探索。

虽然《中国教育的文化基础》成书于2004年，但顾先生对这一问题的思考却很早就开始了。顾先生曾从教育本质的角度，对教育现代化和中国传统文化之间的关系进行深入的理论探讨，在厘清教育在其本质上与民族文化传统之内在联系的基础上，论证了教育现代化与中国传统文化之间对立统一的辩证关系。顾先生在文章中指出：“教育的本质就是通过传播文化来培养人才，中国教育工作者肩负着培养中华民族优秀后代的重任，因此必须从培养人、塑造人的角度来重视弘扬中国文化传统问题。”③他把文化传承当作教育本质内在包含的一项重要内容，认为教育的基本社会功能之一就是要在文化传播中来培养造就人才。从这种观点出发，要科学地认识教育领域里各种理论问题和实际问题，认清教育的文化基础就成了其重要前提之一。

顾先生在教育学界一贯积极倡导教育科学研究的文化学方法，认为这是教育研究的一个行之有效且有重要学术价值的科学研究方法。他认为，教育和文化这两种社会现象之间内在的紧密联系，决定了教育科学研究有必要运用文化学的方法。在《中国教育的文化基础》一书的序言中，顾先生用一个生动的比喻说明了这个道理，他说：“教育犹如一条大河，而文化就是河的源头和不断汇入河中的活水。研究教育，不研究文化，就不知道这条河的表面形态，摸不着它的本质特征。”④正因为文化是教育之源，所以必须通过文化研究的方法才能真正透过教育的表面现象触及其本质。教育科学只有运用文化

---

① 鲁迅：《两地书·致许广平十二》，鲁迅：《鲁迅全集》第11卷，人民文学出版社2005年版，第479页。

②④ 顾明远著：《中国教育的文化基础》，山西教育出版社2004年版，第1页。

③ 顾明远：《现代化与中国文化传统教育》，《北京师范大学学报》1995年第5期。

研究的方法，才能真正把握深藏于教育现象之中的教育规律，从而得出对教育现象的深刻而科学的认识。在《中国教育的文化基础》一书中，顾先生身体力行，亲自运用文化研究的方法，对我国教育改革和发展过程中出现的一系列重要问题，进行了发人深省的研究和反思。

为了适应我国教育改革和发展对比较教育研究提出的新要求和新挑战，作为国际知名的比较教育学家，顾先生还特别强调要在比较教育研究中运用文化的研究方法，并在我国比较教育领域倡导一种以文化研究为基本特征的比较教育方法论。1991 年，顾先生在《外国教育资料》第 1 期上撰文指出："我们提倡要作深层次的比较，即不是表面制度、方法方面的比较，而是要找出制度背后指导思想，文化观念方面的比较，这种比较更需要对本国的政治、经济、文化、历史传统有较深的了解。"①顾先生从教育与文化的本质联系出发，以教育科学的文化学方法为中介，自然推导出比较教育研究的文化学方法论。

在顾先生看来，随着我国教育改革开放的不断深入，以翻译介绍为主要特点的比较教育研究已不能适应教育实际需要，比较教育研究要想在教育改革和发展过程中继续发挥作用，就必须进行新的方法论探讨，特别是要探索建立文化研究的比较教育方法论。这是比较教育研究对不同国家教育现象获得更加深刻认识的前提。顾先生 2010 年在接受采访时曾这样解释道："我在比较教育方法上提出文化研究的方法论，是基于一个国家或者一个民族的教育离不开该国或该民族的文化传统，不研究他们的文化就很难理解他们的教育。"②只有运用文化研究的方法进行跨文化比较教育研究，才能保证比较教育研究结论的科学性，使比较教育在为教育改革和发展提供参考方面发挥应有作用。这也是比较教育摆脱目前面临的学科同一性危机，从而使其不同于教育科学其他学科的独特学术价值得以凸显的重要途径。

美国著名学者威尔·杜兰特（Will Durant）曾在其《历史上最伟大的思想》第四章中为我们推荐了人类有史以来 100 本最好的教育类书籍。在这一章推荐语的末尾，杜兰特这样写道："当生活变得苦涩，友谊从身边溜走，孩童也不再相伴我们左右，我们还可以与莎士比亚和歌德一起坐在桌边，和拉伯雷一起嘲笑世界，和济慈一起欣赏秋日的美丽。这是一些向我们奉献了最好事物的忠实朋友，他们从不要求回报，却永远等待我们的召唤。只要我们和他们一起行走片刻，静静聆听他们的讲述，我们的虚弱就可以治愈，我们也就能真正感受到相互理解之后内心的平静。"③作为中国教育学界一名"特型学者"，顾先生在教育科学领域学术成就是多方面的、极其丰富的，先生关于教育问题的各种真知灼见，必将对我国教育理论发展和教育改革实践产生更加广泛而深远的影响。就此而言，顾先生也是杜兰特所说的那种"向我们奉献了最好事物的忠实朋友"。

（责任编辑　韩华球）

---

① 顾明远：《中国比较教育的名和实》，《外国教育资料》1991 年第 1 期。

② 熊建辉（记者访谈）：《立足中国，放眼世界，促进新时期比较教育创新与发展》，《世界教育信息》2010 年第 11 期。

③［美］威尔·杜兰特著，王琴译：《历史上最伟大的思想》，中信出版社 2003 年版，第 93 页。

胡德海　1927 年生，浙江金华人。西北师范大学教育学院教授、教育学原理博士生导师。1953 年自北京师范大学教育系毕业后至今 60 年来一直在西北师范大学任教。1986 年曾以访问学者身份在美国康涅狄格州州立中央大学教育学院讲学、考察美国教育一年，并被康涅狄格州新不列颠市授予荣誉市民。曾任全国教育科学规划领导小组及教育基本理论学科规划组成员、国家教委中小学教材审定委员会审查委员、甘肃省高等学校教师高级职称评审委员会委员、《教育研究》杂志编委等职。现任中国教育学会教育学分会学术顾问、甘肃省教育学会教育学研究会名誉理事长、甘肃省中小学教材审定委员会副主任委员。曾荣获第二届西北师范大学教学名师奖和甘肃省高等学校教学名师奖。著有《教育学原理》、《人生与教师修养》、《教育理念的沉思与言说》等。论著曾获省、部级奖多次。《教育学原理》一书先后荣获第四届国家图书奖提名奖、第一届全国教育图书奖一等奖、中国教育学会"东方杯"优秀科研成果一等奖及第四届甘肃省优秀图书奖特别优秀奖。2005 年，此书入选教育部学位管理与研究生教育司遴选推荐的"研究生教学用书"。《雷沛鸿与中国现代教育》在第七届中国西部地区教育图书评奖中荣获汉文教育图书一等奖。

《关于什么是教育学的问题》导读

关于什么是教育学的问题

胡德海

【摘要】在当今，一个由众多教育学科组成的教育学学科群（即教育学体系）已经在全球范围内出现和流行，大教育和大教育学的出现和发展已成历史发展的必然。教育学和教育科学二者其实是同义语、同义词，指的是同一事物。在教育学体系中，旨在研究教育规律、原理和方法的学科，不应称之为“教育学”，而应称之为“教育学原理”。教育学原理在教育学体系中居于其他学科不可替代的主干的、基础的地位。它具有统观教育全局的哲学性格，其主要任务是明确研究对象和范围、厘定术语和概念、阐明客观事实、揭示基本的教育规律。教育学体系与教育学原理等各门分支学科之间是整体与局部的关系，教育学原理与教育学体系中其他各门分支学科之间是普遍与特殊的关系。整体与局部、普遍与特殊是两对既同又异的范畴。我们既不能把教育学原理和教育学混同起来，也不能把教育学原理同其他各门分支学科等同起来。这是正确把握教育学原理在教育学体系中的地位的基本要求，也是正确构建教育学体系、认识教育学原理的作用与任务的重要前提条件。

【关键词】教育学；教育科学；教育学体系；大教育学观；教育学原理

在当今的中国教育学界，应该说，客观上存在着为数不少属宏观层次的重要教育理论问题，需要学习、工作在这个学术领域的人们去关注、去思考、去辨认，以期能在这些问题上取得较为一致的认识。其中，在我看来，什么是教育学的问题就首先赫然地摆在了我们的面前，迫切地要求我们去深究和弄清它。

什么是教育学，它作为一个摆在教育学界面前存在的问题，已非一日，而是个年深日久的老问题了。从理论上把它弄清楚，对我们这些为之学习和工作付出了毕生时间、精力和心血的人们来说，自然是最具切身和直接意义的了；为之继续求索，也理所当然，义不容辞。不仅如此，它实际上对整个教育学术事业来说，意义尤为重大。它不仅关乎教育学术事业存在和发展的命运，也关乎整个教育学术的尊严和形象，即它能否以一种较为科学的面目和较为正常的身姿出现在世人面前，也是一个十分重大的关键问题。所以，特别值得人们予以正视和严肃地对待它。

教育学这个问题存在什么问题呢？说得直接明白一点，是多年来人们对它的认知和界定、解释并不准确，并不正确，需要我们为之花些力气，用点心思从理论上去辨明它、纠正它。也就是说，需要在基本理念上进行拨乱反正、正本清源的工作。

一、概念错位，需要语意辨析

对于什么是教育学、什么是教育科学及对教育学和教育科学二者之间究竟存在什么关系问题的不准确认识，在当今我国普遍存在于们的思想观念之中。而对于教育学和教育科学二者之间关系问题以文本的形式作了界定和表述的，我们可以从有较大代表性、权威性的著作《中国大百科全书·教育卷》一书中见之。于1985年由中国大百科全书出版社出版的《中国大百科全书·教育卷》（以下称《教育卷》）的目录中，人们就可以看到“教育科学”和“教育学”这样两个条目，又于该书的第162页和第181页分别对“教育科学”和“教育学”作了这样的界定和解释：“教育科学是研究教育规律的各门教育学科的总称”；而教育学不过是“教育科学中重要的基础学科之一，旨在研究教育规律、原理和方法。”此外，由南京师范大学教育系编的《教育学》中，在谈到教育科学和教育学这两个概念时也持与《教育卷》大体一致的见解，也认为“在教育科学体系中教育学主要是探讨教育的一般原理”。这就是说，在这两本很有代表性的著作的作者看来，教育学和教育科学是两个并不相同的概念，教育学只是教育科学体系中的一个分支学科、一个子系统。教育科学较之教育学来说，具有更高的层次、更广泛的外延，是教育学的上位概念，它是一个由众多分支学科所组成的学科群，属于综合科学，而教育学则不是。故此二者不可同日而语，不是一回事，不能混为一谈。不仅如此，《教育卷》还指出二者英译也是不一样的。“教育学”一词的英译为“pedagogy”，因此词在西方系从希腊语 pedagogue，即“教仆”一词派生出来，而“教育科学”的英译则为 science of education。

看到以上的有关表述，坦率地讲，我是不能同意的。因为在这里，概念的错位是明显的，教育学明明是个“老子”，却被放在了“儿子”的位置。这里，我首先要表示的是如下一些有关语意辨析的意见，以与同志们交流，并求教正。

在笔者看来，我们在21世纪的今天（其实也可包括20世纪下半叶在内）来看这个问题，所谓教育科学和教育学二者实际上是同义的，说的都是一回事，指的是同一事物。也就是说，所谓教育学也就是教育科学，反过来，所谓教育科学也便是教育学，二者完全是同一的，是同义词。如果说，二者也有什么不同之处，用我们中国人的说法，那便是教育学是教育科学的简称，而教育科学则是教育学的全称而已。这两个概念如果用英语来表示就完全一样了，其英文名称都应是 science of education。这个情况和人们说的北大，便是北京大学，说北京大学也便是北大是一样的。北大和北京大学二者虽字数多寡不一，但二者完全是一回事，是同义语、同义词。因为，道理很简单，这里“教育学”这三个字中的“学”指的便是科学、学问或学科之意。所以，如同在中国，在北京，并不存在一个北大以外的北京大学和也不存在一个北京大学以外的北大的道理一样；在中国学术界，也不存在一个教育学之外的教育科学或者教育科学之外的教育学的。这种情况在学术界、科学界来说，都是如此，可以说是表述学术科目的一个通则，一个惯例，一个必须共同遵守的学术规范，不是随心所欲地可以不顾及的。比如，物理学也便是物理科学，生物学也便是生物科学，经济学也便是经济科学，语言学也便是语言科学，心理学也便是心理科学之意；而不能说物理学只是物理科学中的一门学科，只是其中的一个子系统，在物理科学之外还有一门叫物理学的学科的，也不能说在生物科学之外还有一门生物学的学科或学问的。还有，我们可以看到，现在我国不少高等学校中均有教育学院之设，这个教育学院，也可称教育科学学院。有的学校原来叫教育科学学院，后来改称教育学院，这都是正常的事，因为这两者完全是同义的，都是一回事，指的是同一事物。也正因为这个道理，凡是在教育学院攻读研究生学位的学生，不管他学的是哪门教育课程，最后授予的都必须是也只能是教育学硕士或教育学博士学位，难道这里也非要叫教育科学硕士、教育科学博士不可吗？这都是再清楚不过的事情，而不能在语意上首先为自己设下迷魂阵的。如果一定要这么说，一定要说在教育科学之外还有一门教育学的学科，教育学只是教育科学中的一门学科而已。那只能说这是无中生有和主观臆造的结果，不仅会从关键处误导学界，使大批年轻一代的学习者大惑不解、一头雾水、误入歧途，迷失在一片奇谈怪论之中，并且也必然会遭到有识者所讪笑，使教育学的尊严和形象受到不应有的损失。

二、人们从两个不同的实例中或可得到某种省悟

也许有人会这样提出问题，苏联不是就有教育学和教育科学之别，苏联不是就有教育科学之外的一门叫教育学的学科的吗？这个问题问得很好，真正问到我们这个问题之所以出现和存在的根源上去了。必须指出，中国教育学界的人们之所以长期认为在教育科学之外还有一门叫教育学的学科，说句公道话，也不是中国学者自己的原创，也不是中国人所独自发明的，而是受了苏联教育理论误导的结果，这种教育理念的发明权正是这位当年的“老大哥”。那么，在苏联教育理论领域，是不是真的就有教育科学和教育学这两个教育学术领域的呢？是不是真的在教育科学领域存在一个教育学的学科的呢？回答是否定的。可以肯定地说，这是他们对什么是教育学的问题从概念到理念，从内涵到外延都搞错了。在这种错误理念引导下的苏联教育理论界，事实上也不存在一个清晰的、比较完整、系统的教育科学（即教育学）体系的。在这方面常常显得偏狭、无序，故步自封，乃至思维、逻辑混乱不堪。而他们并无自知之明，却常常表现得十分自信和自负，往往以其昏昏使人昏昏，从基本的概念和理念上误导了别人。而中国学者在接触苏联教育理念的过程中所表现出的盲从迷信、依样葫芦、亦步亦趋、思想僵化、不能与时俱进、缺乏独立思考和判断是非的能力也是显然的。这种不堪局面在中国社会的出现，具有其特定的历史条件和时代特点。

如果说苏联曾经被视为是一个教育学大国，那么应该说美国更是，美国在这方面的表现情况又是怎样的呢？完全相反。在美国高校教育学院的课表中，人们可以看到五花八门的课程名称，如教育哲学、比较教育、教育评价、课程论等，但其中绝对看不到一门叫“教育学”或“教育”（即 education）的课程，就凭这一点，人们就可以判定美国对什么是教育学这个概念的认识和苏联是大异其趣、大不相同的。美国人的认识要准确、要高明、要正确得多。因为在美国人看来，这些开设的课程都可包容在“education”（即教育或教育学）之中，而这个“教育学”则在苏联和深受苏联教育理念影响的中国学者看来，不是“教育学”而应称之为“教育科学”。

那么在苏联所谓“教育科学”这个综合学科下的“教育学”，是不是如《教育卷》和有的《教育学》书中所说的“主要是探讨教育的一般原理”、“旨在研究教育规律、原理和方法”的呢？也没有。苏联教育学家凯洛夫主编的《教育学》就不是如此。现在的问题是：如果在《教育学》中，真的“主要是探讨教育的一般原理”了，其对“教育学”此概念的误用也是绝对不能容许的，因为它不应该称为“教育学”，而应称之为“教育学原理”一类名称。

三、教育学发展过程中若干历史事实告诉了我们些什么

教育学作为一门学问或科学，是有其自身发展的历史的。它的发展的历史过程，如果作为《教育学原理》之类教育著作中的一章，可以写成洋洋数万言，如果写成一本专著，甚至可达十数万言。其中的文字，可以向人们传达多方面的学术信息，而围绕着关于什么是教育学的问题，它集中地可以使我们知道这些历史事实，并因此不无启发的作用。

第一，教育学是以人类教育为对象的。没有教育便没有教育学。这就是说，比起教育学来，教育是第一位的。教育作为人类社会生活的一种形态和内容，属于社会现象的范畴，教育学作为反映和研究这种活动和现象的理论形式与结果，属于知识理论范畴。世界上总是先有社会生活、社会现象，才有对这些社会生活、社会现象的理论研究及其结果。生活与活动在先，知识学问在后，现象在先，理论在后，普遍如此，历来如此。人类有教育活动和教育生活，至今已有三百万年之久。而对教育活动、教育生活和教育现象的考察与研究，乃至使之成为一门专门的学问和科学，为时甚晚。正如曾有植物而无植物学，有动物而无动物学，有历史而无历史学等情况的存在一样，都属寻常普遍之事。

第二，人类教育理论的出现是以学校教育为基础的，是在学校教育实践的基础上得以产生和获得发展的。在西方，“教育学”一词系从古希腊“教仆”（pedagogue）一词派生出来，但真正可以说明教育学这门学问和学科得以正式产生和出现的，其代表人物是19世纪前期德国教育家赫尔巴特，具有标志意义的著作是其《普通教育学》。因为，随着资本主义经济、社会的空前发展与进步，这时的学校教育实践也获

得了空前的发展与进步，人们的教育视野也有了空前扩大，于是有了产生教育学的主客观条件。但赫尔巴特及其教育学著作也同样受到时代和其认识能力的严重局限。在赫尔巴特教育理念中，“教育学”只是一本书，还不可能成为一个体系。他的“教育学”一词用英文来表示便是“pedagogy”。

第三，在西方，教育学首先产生、出现在 19 世纪前期的德国，德国是世界上第一个教育学故乡。但是到 19 世纪后期，特别到了 20 世纪，世界教育重镇就从德国移到美国去了，美国人杜威和其《民主主义与教育》一书，可视为是标志性人物和代表性著作。《民主主义与教育》是杜威的一本教育哲学专著，其中所用的“教育”和“教育学”具有同义性，均为“education”，没有沿用欧洲人常用的“pedagogy”一词。杜威的教育视野比起赫尔巴特来要开阔得多，他的教育理念不限于学校教育，已经从学校看到学校以外的社会和社会生活中存在的教育。在美国实用主义教育思想影响下，美国大学中有关教师教育开设的课程五花八门，但并无一门叫“education”（可称为“教育”或“教育学”）课目出现在课程表上。这种情况可从杜威教育理念中得到解释，所有这些教育课程都已包含在“education”之中了。可见，杜威所持的是一种包括学校教育又不局限于学校教育的大教育观。杜威的这种教育学理念和美国大学教育课程开设的这种情况也曾影响 1919—1949 年中国高师、中师学校中所曾开设的教育课程。在这三十年间，中国的师范学校也开设有多门教育课程，如教育概论、中外教育史、教育行政、学校行政、各科教材教法、教育统计、中等教育、小学教育、教育测验等，但也没有一门叫“教育学”的课程。

第四，20 世纪前十年，“教育学”作为一门新学问和新学科，开始引进中国，中国自此有了“教育学”，并迅速在师范学校开设。在此过程中，日本是教育学的出口国，从日本传输到中国来的教育学，不是日本的原产，而是从德国学来的赫尔巴特的教育学。所以，在中国师范学校开设的教育学，在 20 世纪前一二十年中，都是德国赫尔巴特的教育学理念。从日本引进的教育学，其英文名称即为 pedagogy，但后来日本人也不用 pedagogy 这个英译名，而用 education 代之了。

第五，20 世纪 50 年代初，从苏联引进的凯洛夫主编的《教育学》著作，其基本精神理念和 19 世纪德国赫尔巴特的教育学思想一脉相承。“教育学”一词的英译亦为 pedagogy，认为教育学是一个科目、一本书，是和教育科学并不相同的概念。这本凯洛夫《教育学》一书，包括教育总论、教学论、教育论和学校管理与领导四部分。这种内容结构显然和有人以为教育学“主要是探讨教育的一般原理”的要求并不一致，反映的是一种与世界教育学发展主要趋势大相违异、大相径庭的气味，具有很明显的保守性和理论的不成熟性。自 20 世纪 50 年代后，苏联教育学在中国留下了深刻的影响。至今为止，我国不少学者仍以 pedagogy 来指称“教育学”，而不是用 education 一词，便可作为其中的一个例证。

第六，在近代，教育学从古代哲学中分化出来进入独立发展的阶段，成为独立的学科，是以学校教育在一些早期资本主义国家开始普遍发展为基础的。在此时代背景下，刚刚独立的教育学，还是一个包罗万象的“教育知识总汇”，容纳于只有一个学科的教育学之内。教育学的对象主要是关于儿童的教育教学的学问，仍仅限于对年轻人的学校教学活动之中。教育学发展到今天，情况已今非昔比，它已经成为一门内容丰富的学科体系，除了作为它的主体或基础的教育学原理以外，还包括在历史发展过程中逐渐被分化出来的种类繁多的新兴学科、交叉学科、边缘学科，例如，有教育史、教育心理学、儿童心理学、教育社会学、教育文化学、教育经济学、教育政治学、家庭教育学、社会教育学、初等教育学、中等教育学、高等教育学、教育未来学、教育管理学，等等。它们在教育科学领域中，都反映和解决着某些理论的或实践的问题，发挥着各自特有的作用，并形成了一个规模空前庞大的教育科学体系。这个教育科学体系是教育学历史发展的结果和今天教育学的现状。它反映的是教育学在其发展阶段中的某种情况。而不能视为它可包容教育学成为教育学异己的东西。在这里，教育科学和教育学仍是同义的。如果误认为此时出现的教育科学体系（或称教育学体系）和教育学是两回事，教育科学和教育学是两个不同的概念，只能表明自己对教育学历史发展过程状况的无知。

那么，以上所述及的教育学在其发展过程中所呈现的诸项历史事实，在这里，它可以集中告诉我们些什么呢？它确切地告诉人们，曾经在欧洲、日本盛行一时的用以指称“教育学”的“pedagogy”已渐趋淡出、与时隐退，取而代之的在今天是“education”这个词汇。这也表明，标志着一个科目、一本书的教育学时代的结束，一个由众多教育学科组成的教育学学科群（即教育学体系）顺应着时代发展的要求与时俱进地在全球范围内出现了，也流行了。

四、时代告诉我们的教育理念

从人类认识史上讲，任何概念都有一个进化的历程。概念的进化是一个深化过程。深化的方式有多种，其中之一就是扩展旧概念的含义。概念得到扩展之后，具备了新的含义，但概念的旧含义并没有被废弃，而是仍在特定的范围内使用着，从而出现了同一概念的新旧含义并存的局面。这也就是同一概念的广义与狭义并存的局面。旧含义是狭义的，而新含义则是广义的，教育学概念的演变就是如此进行的。目前，人们关于教育学一词的狭义理解，基本上是关于教育学的传统理解，而大教育学的概念基本上是20世纪中期后的产物。

人们为了论证一个概念含义的合理性，往往从词源上去找论据，或者从人们自发的运用上去找论据。实际上，这样找的多半是该概念的传统的含义。

下面让我们对教育学研究的历史过程作一简略的考察和回顾。

在西方，最早出现的教育学一词，通常是指古代希腊语中的pedagogue，其原意为“教仆”。教仆在古代希腊系指奴隶主家中某种有专门职务和身份的成年奴隶，专门为奴隶主到学校负责接送孩子，帮助携带学习材料、学习用品，并监督他们在学校中的行为举止等事。教育学一词，首先和教仆一词联系在一起，并且是由教仆一词派生而来的。可见，教育理论、教育学的萌芽不仅是以学校教育为前提条件，是在学校教育实践的基础上得以产生和获得发展的，并且，照此词源的意思，教育学在其萌芽时期，是曾经仅仅被视为一种关照儿童、监护儿童学习的学问。历史事实也正是这样，教育学在其开始时期，只是被作为一种教育教学中的“引导术”来考虑和对待的。引导术、教育术便是那个时期被赋予的教育学的对象和范围。人们所认识到的教育现象、教育问题由此产生。

现在，在一些英语国家中，pedagogy 一词已很少出现，而普遍以 education 一词代之。这就是说，在这些国家，教育和教育学几乎已成为同义词。而欧洲大陆国家，则把教育（education）理解为对儿童培养的过程，把教育学（pedagogy）理解为研究、教育儿童的学问。

在近代，教育学从古代哲学中分化出来进入独立发展的阶段，成为独立的科学，是以学校教育在一些资本主义国家开始普遍发展为实践基础的，是以资本主义社会商品经济和文化的初步繁荣，科学生产及其劳动内部分工日趋细化，人类抽象逻辑思维的发展为条件的。在此时代背景下，刚刚独立的教育学还是一个包罗万象的“教育知识总汇”，并容纳于只有一个学科的教育学之中，人们的教育视野仍然严重局限于学校教育范围之内。教育学的对象虽然有所扩大，但仍仅被理解为是关于儿童教育、教养的学问，仍仅限于对青年人的学校教学活动。

从 18 世纪下半叶开始的近代自然科学发展、分化的趋势一直占优势，新的学科不断从旧学科中分化出来。到 19 世纪中叶开始，日益分化的自然科学已经作为一种把一切自然过程联系成一个整体的科学出现，科学发展中的综合趋势越来越明显。19 世纪末 20 世纪初，科学的分化与综合这两种趋势明显地加快。现代自然科学发展的鲜明特点是既高度分化又高度综合。社会科学的发展也是这样，已经出现了分化与综合的高潮。自然科学和社会科学两大领域以及门类繁多的各个学科，日益相互渗透，紧密地联系在一起，形成一个统一的科学体系。

教育学领域的情况也与上述情况相适应。在科学的第二次大分化、大分工和大改组中，近代教育学趋于解体，即近代教育科学被“扬弃”，而分化出一大批现代教育分支学科，如教育哲学、教育经济学、教育社会学、教育管理学等，使得教育科学形成学科系统，教育科学因此进入了一个发达成熟的现代阶段。现代教育科学的发展同样以学校教育为土壤，以学校教育在现代资本主义各国普遍发展的实践为基础，以现代资本主义的商品经济、文化全面繁荣、生产及劳动的分工、人类辩证逻辑思维的发展为条件。所不同的是，在今天，随着科学技术和社会生产力的进一步发展，人们的教育视野从学校扩展到全社会，认识到教育现象在人类社会有着十分广泛和普遍的意义，它是一个包括各个教育阶段、多层教育关系的整体，教育学必须以教育现象的总体作为自己研究的对象，对教育的全面的包罗无遗的研究，需要一个拥有众多分支的学科群来实现。因此，教育学必然并且应该是一个学科群，一个由众多教育学科组成的科学体系。

1913 年，在美国教育家孟禄主编的《教育百科全书》中，出现了以 education 代替 pedagogy 的倾向。他认为新的“教育学”（education）（这里是指“教育学”而非“教育”），至少有两点不同。第一，教育学的范围变广了，内容充实了，远不限于教学方法和学校管理这两方面。它探讨社会的所有教育功能和教育机构，既一般又具体地探讨教育目的和课程，也研究教育与公共福利之间的关系。第二，教育学使用了更为完善和科学的研究方法：一方面注意吸收更为广泛的基础科学的研究成果；另一方面认真地寻找事实材料，探讨实际问题。① 在 20 世纪五六十年代，西方关于“教育学”是不是一门科学的讨论中，明确地用 education 一词指称“教育学”。② 日本在解释“教育学”时，把它的英文对应词定为 education。③

西方国家近年来已出现了一个新词用以指代教育学，即 educology。这是由于西方学术界认识到，pedagogy 主要是指教学的方法和艺术，而 education 一词又“一身兼有两义”，既表示教育活动，也表示教育学科，在讨论问题时，常因人们理解不同造成语义上的混乱。因此，1951 年美国俄亥俄州立大学哈丁（L. W. Harding）教授按学科构词的惯例，以 education 为词根，创造出了“educology”一词。④这个词在 20 世纪 60 年代经由美国印第安纳大学的斯坦纳（M. E. Steiner）等人的大力提倡，而逐渐推广开来。

法国的一些研究者如米阿拉雷等人为了消除“教育学”（pedagogie）一词的歧义和不科学性，曾从瑞士借用了“教育科学”（sciences de education）这一术语，用复数形式的教育科学取代单数形式的教育科学。⑤这种变化表明对教育学学科性质的认识发生了转变。

教育学在今天，其研究对象，不仅不能局限在对儿童教育的引导术、教育术之类方式、方法问题上，也不能只理解为研究如何教育儿童的学问或科学，它以人类社会一切教育现象及其规律为研究对象。

从根本上说，教育学是人类在学校教育的实践基础上，对社会的教育本质的认识。教育科学的发展史，也就是人类基于学校教育的实践，对教育本质认识的发展史。教育科学对象及其理论的产生，以学校教育的存在为前提，奴隶社会有了学校教育，也就有了教育理论的萌芽；从资本主义社会开始，人类进入学校教育的新时代，因此，教育科学也就产生了。人们把学校教育当作教育学的研究对象，这自然是不可避免的，而随着人类教育实践范围的扩大，教育学对象的外延也扩大了，这又是教育学对象发展的又一显著特点。

海德格尔在其《存在与时间》一书中说：“真正的科学运动是通过修正基本概念的方式发生的。”⑥

---

①③ 瞿葆奎主编，瞿葆奎、沈剑平选编：《教育学文集·教育与教育学》，人民教育出版社 1993 年版，第 297—298、320 页。

②④⑤ 郑金洲：《教育学终结了吗？——与吴钢的对话》，《教育研究》1996 年第 3 期。

⑥［德］海德格尔著，陈嘉映、王庆节译：《存在与时间》，生活·读书·新知三联书店 1987 年版，第 12 页。

恩格斯在马克思《资本论》第一卷之《英译本第一卷编者序》中也说道：任何一种科学，每当有新解释提出时，总不免要在这个科学的术语上发生革命。

英国学者席勒在其《人本主义研究》一书中指出："一个真正的定义要恰如其分，确乎牵涉到对被定义事物的性质的全面认识。"他又说："当我们必须从事那些我们的认识或它们的性质正在迅速发展以至我们的定义刚下定便过了时的题材的时候，恰如其分地下定义的困难便无限增加了。虽然如此，那些致力于这些题材的人的责任，就是利用每个机会，首先解释它们意味着什么，并且当知识的增长扩大了它们的概念时，决不要厌倦重新界定这些概念。"①

无疑，根据以上阐述所展现的，是一种真正意义上的大教育学观和大教育学的理论体系。它的确是通过修正其自身的基本概念的方式发生的，在对教育学这个基本术语的认识上，人们真正要经历根本性的改变。其实，在今天，也不仅仅教育学这门科学是如此。

现代社会的明显标志是从"小生产"发展到"大生产"，从"小经济"发展到"大经济"，从"小科学"发展到"大科学"，社会传媒从"小媒质"发展到"大媒质"，等等。与这一切发展的情况相适应，人类教育必然会随之由"小教育"发展到"大教育"，从"小教育学"发展到"大教育学"，这种"大教育观"和"大教育学"的出现，在今天，乃是历史的必然趋势。这里所说的"小"，不是"渺小"、"微小"之意，而是指"单一"、"分割"、"孤立"和"封闭"；这里说的"大"，不是"伟大"、"高大"，而是指"系统"、"整体"、"开放"、"进化"，从简单到复杂，从单一到系统，从局部到整体，从孤立、封闭到开拓、开放，正是今天的教育事业和教育科学存在和发展的基本特色。凡此，都存在着深刻的经济、社会原因，以及文化背景和科学理论根据。这一发展过程正是今日大教育学所要研究的，并且正是大教育学之所以出现在20世纪中期以后的最终的客观依据。总之，有了大教育的客观事实，才有人们主观上的大教育观，也才有可能出现当代的理论上的大教育学和现代庞大的教育学体系。大教育学建立在大教育观的基础之上，而大教育观又正是今天客观存在的大教育现实在人们思想观念上的反映。

当代教育学，是人类对自己基本存在方式的自觉的产物。在21世纪的今天，一个既具有鲜明时代特征，又能够超越现实局限，且符合当今世界实际和我国国情的教育学理论体系，正为整个教育界、教育学界所期待，这是一个填补空白的时代，也是一个教育理论工作者理应有所作为和建树的时代。

五、历史要求我们今天应有一个广阔的教育视野和大教育学观

教育学产生于19世纪前期的德国，德国历史地成为教育学的故乡和发源地。但到了19世纪末、20世纪初，德国赫尔巴特教育学就被美国进步主义教育学家称为传

---

① [英] 席勒著，麻乔志等译：《人本主义研究》，上海人民出版社1996年版，第2页。

统教育学。到了20世纪下半叶，由于人们对教育事业的空前重视，教育实践获得前所未有的发展，人类文化科学不断繁荣进步，许多新学科门类不断出现，人们的教育视野获得了空前的解放和阔大起来。在教育领域，许多新兴学科、交叉学科、边缘学科纷纷涌现。这时的教育学，不仅在其结构规模上空前膨胀了、扩大了，在教育理念上也进入了一个崭新的境地，教育学终于水到渠成地形成了一个结构比较完整的学科体系，一个由众多教育学科组成的学科群，呈现出和赫尔巴特时代教育学仅是一个科目、一本书不同的新景观。

教育学这种新面貌，既是人类教育实践发展的结果，具有深刻的历史意义和时代背景，也和人们的教育理念密切相关。因为正是这些比较正确的教育理念可以解读教育学此时被赋予的历史使命和时代给教育学提出的要求，并且敢于拿出理论勇气给教育学重新作界定和下定义，最关键的是确定教育学今天研究的对象。也正是在此时此刻，历史要求一切教育学的学习者和以教育学为学术事业的学者，能够与时俱进，适应时代要求，具有一个广阔的宏观的教育视野和大教育学观。这种广阔的教育视野，不仅为理解、认识今天教育学真实面目所需要，也为今天的教育学下定义、作界定所首先要求，并且具体地表现和落实在为今天教育学所确定的研究对象上。而宏观的教育理念和大教育学观则是其在理论上必然的反映和结果。

什么叫视野？所谓视野，是对一个人来说的，指的是一个人所看到的客观存在或说其心目中的客观世界。由于一个人的视野有或宏大、或狭窄、或深远、或短浅的不同，视野并不等同于“客观存在”、“客观世界”。也正因为这个缘故，历史要求我们看待今天的人类教育必须要有一个宏大、广阔的教育视野。

“对象”是什么？“对象”一词，黑格尔在其德文著作中用的是 gegenstand，本义是“站在对面的东西”，而要为某门学科确定研究对象时，情况就不同了。在这里，也如同“视野”并不等同于“客观存在”一样。“对象”也并不等同于“客观存在”。“对象”始终是一个被意识到的客观存在，它既是客观的又是主观的，它既具有客观性又有主观性。所谓客观性就是说它以客观存在为依据；所谓主观性就是说它以人的意识存在为条件。“客观存在”可能成为人们的认识对象，也可能不成为人们的认识对象，只有意识到的存在才能成为人们的认识对象，从而可以成为科学的研究对象。既然认识对象具有主观性，因此，对于对象的认识必然要以人的认识能力为转移，并随着人的认识能力的发展而变化。

不少科学，其对象是在不断发展的。而科学理论的发展程度是和人们对研究对象的认识水平相一致的。人们把研究对象明确到什么程度，也就把科学理论发展到什么程度；人们怎样研究对象，也就怎样去构建科学的理论和体系。

正是在这里，我们可以看到一个宏阔、远大的教育视野，对于确定教育学研究对象和其在为教育学下定义、作界说过程中所客观具有的重要意义。

一门新兴学科的出现，是人类在对某领域进行科学探索并形成了比较成熟的理论的标志。同时也是对这一领域进行系统的深入研究的需要的反映。

我们在进行理论思维时，定义是十分重要的，因为“定义”的研究提供着支点，它消除概念的混乱，帮助对现实知识做概念的加工，而一个准确的“定义”又建立在为科学所准确确定的研究对象的基础之上。总之，任何理论，如果不以对象的客观存在为依据，必定是凿空之论、虚幻之说。

当然，科学对象的变化归根到底是由人类的社会实践决定的。人类实践发展到什么程度，科学对象也就被明确到什么程度。正因为如此，社会科学的对象还与对象自身的成熟程度相联系。只有这种对象发展成熟了，人们才能把它确定为研究对象；对象自身成熟到什么程度，人们也就把这种对象明确到什么程度。社会科学也就是对人类社会实践自身的理论思维，任何一种社会科学的形成和发展，都是以特定的研究对象成熟为条件，也就是以人类在特定领域的实践活动发展为条件。这是社会科学对象形成的特殊条件，也正是教育学研究对象被确定的必经之路。

说到这里，我们应该看到，多年来，在我国教育理论界，对教育学研究对象的回答并不一致。在某些教育学著作中，对此问题或缺少应有的表述，没有申明自己的见解，或只申明这本《教育学》所研究的主要是学校教育这一特定的现象，研究在这一现象领域内所特有的矛盾运动的规律，而没有对一门称之为教育学的科学，其研究对象何以不是人类社会全部教育现象而只是学校教育这一特定现象的理由作必要的交代和阐述。

即使是在以研究教育现象及其规律为研究对象的《教育学》中，教育学也没有想包打教育科学的天下，它们一般仅分析学校教育，关注学校教育的现象与规律（也非全部）。这更是在逻辑上令人难以理解而值得深思了。

如果说，教育学真有什么迷惘之处，应该说，这倒是其中的一个迷惘，而且是必然会使人感到的第一个迷惘。应该明确地说，教育学理论的贫困和不够成熟，其主要的原因和显著的标志，首先就在于其研究面狭窄和研究对象长期以来没有得到明确的界定和合理的说明。

在今天，不论在我国或在世界教育学术界面前，明显摆着的一个现实是：教育学研究对象在理论上的确切界定，直接取决于在理论上对教育学概念的正确定义。因此，当前首要的任务便是重新定义教育理论的中心概念“教育学”，并且建立一个以新定义的“教育学”这个概念为其中心的新的教育学体系。这是因为，从世界情况看，对教育学这个概念的认识是普遍欠明确的，有的则根本不准确。而在我国，长期以来教育学概念之所以没有得到明确的和正确的界定，究其根本原因，很明显地，就在于人们对教育学概念缺乏必要的深究，存在着以偏概全的普遍的误解与误用。

在当今社会，教育学要彻底地解释它的对象，它必须坚持教育学就是教育科学，它是诸种教育学科的总称这一理论观点。以此为理论前提，它才能在研究对象问题上避免陷于内涵与外延不一致的逻辑矛盾和严重的理论混乱状态。而如果我们把教育学和教育科学视为同义词，则说教育学是一门以教育问题为研究对象或说它是一门研究人类教育这种特定的社会现象的科学，自然是理所当然、顺理成章、合乎逻辑的了。

教育这种特定的社会现象自然也就是社会中特有的教育现象。教育现象在这里是指人类社会中教育的总体现象，教育现象是教育的外部表现形式，而教育规律则是指教育与其他社会现象之间以及教育内部即教育这一现象领域内各要素之间的本质联系和关系。所以，教育学是专门研究教育的科学，是人们对教育现象认识的概括和总结，正如语言学是研究语言的科学，经济学是研究经济的科学一样。

教育学广义地说，它是关于教育的学问，即人们对于教育这一社会现象的知识、学说或理论。这里值得注意的有以下两点：

第一，教育学不是把教育与社会、文化、人生等现象一起作为研究对象，而是把教育作为一种独立的社会现象单独对它进行理论考察与研究；

第二，教育学不是关于教育的零散知识和见解，而是把教育作为一个整体，对它进行系统、全面的考察研究和概括。

因此，严格地说，教育学是以教育为独立研究对象的知识系统和科学体系。

经过对教育学概念作了以上逻辑的阐述，教育学的研究对象自然要被确定为人类社会所存在的全部教育现象，而不能有任何例外，也不允许有任何人为的、任意的割裂和取舍。从时间上讲，它包括人类自古及今及至未来一切纵向存在的教育现象。从空间上讲，它包括地球上一切国家、一切民族，所有地域内所存在的教育现象、教育问题。而从教育的对象来讲，它存在于社会所有个体从生到死的全过程之中。人们不仅要看到它的普遍性、广泛性，又要注意把它和别的事实、别的社会现象区别开来，把它纳入一个统一的系统之中。

教育学作为一门研究人类教育的学问和科学，其研究的对象是历经变化和发展的，并具有显著的历史特点。

首先，历史地看教育学的研究对象和研究范围，是由小到大、由局部到总体不断扩大的。这就是说，教育学从其产生到今天，其研究对象是随着人类教育实践的不断发展而发展的，并经历了一个长期的历史发展过程。

其次，教育学理论从根本上说，它是植根于学校教育的土壤，即在学校教育的实践基础上产生和发展起来的。在很长的历史时期里，人们习惯于把教育现象、教育问题只局限于学校教育领域进行观察和思考，视学校教育为教育的总体，故教育学研究的对象也就被囿于学校教育的范围之内。但是，随着人们视野的扩大，客观存在于人类社会中的一切教育现象，终于为人们所不断注意到、认识到，并作为教育学的研究对象，这是教育理论、教育学发展的必然。这就是说，教育学以学校教育的实践为起点，又终于不为学校教育领域的实践和思想观点所限，从而从学校教育就是教育的一切的迷惘中摆脱出来，终于把全部教育现象作为教育学的研究对象，乃是教育学研究对象发展的又一主要特点。

六、今日教育学的总体面貌和其存在的标志——教育学体系

教育学发展到今天，它呈现在世人面前的是个什么样的图景和格局？或者说，它的总体面貌是怎样的呢？回答是：教育学体系。就是说，它是以一个有系统结构的学术领域这样的形貌出现在世人面前的，而这也便是教育学今天在世界上存在的标志。因此，为了能让人们看清其总体面貌，下面就要用较多的文字分别地来表述这个问题。

（一）教育学体系的含义

教育学体系是指教育学研究的范围和学科，是教育学的各个分支学科构成的一个有机联系的整体。任何一门科学既要有其明确的研究对象，又要有其体系。而界定一门学科或科学的研究对象，其根本的意义也就在于为其确定研究的范围。所以体系的问题是和对象的问题密切联系着的。一切科学都有自己的研究对象，没有对象，科学就失去独立存在的权利。认不清研究对象的界限，也会造成科学体系的混乱或内容上不必要的重复。一门成熟的科学或学科，其理论体系和层次总表现得比较清晰和有条理。有人以为，体系问题仅仅是个形式问题，这种看法是不对的。列宁认为真理只是在它们的总和中以及在它们的关系中才会实现。现代系统论也告诉我们，体系和结构不同，科学理论的性质和功能也不同。因此，只有把教育学体系置于一定的结构和关系之中，形成一个相对完整的理论体系，才能更深刻、更正确地揭示其研究对象的本质和规律，才能更有效地指导我们的教育实践。所以对教育体系问题进行研究，不仅是教育科学发展的需要，而且对于教育事业的发展亦有重要的实际意义。开展教育学体系的研究，已成为教育理论和实践的客观要求，不断地建构、完善和发展教育学体系，是当今教育理论建设的迫切任务。

教育学是一门古老而又年轻的科学，其理论体系的建立和发展比较缓慢，教育学体系或教育科学分支学科的划分问题，在国内外教育学著作中尚没有比较明确一致的观点。教育学从哲学中分化出来成为一门独立的科学以后，它就处于一种混沌的综合状态。但是在今天，随着科学的发展，人们对教育现象认识的不断深入，它的分类在不断变化，分得越来越细，人们终于可以比较正确地把握教育学体系。教育学作为人类教育活动的理论形态，是在人类教育思想和理论思维有了相当发展之后逐步形成的，而其体系的确立，则只有在一定的历史阶段才有可能。

（二）教育学体系的建构

教育学体系的建构，总的要求是既要有层次性，又要有完整性。

教育科学是一个内部结构具有层次递阶性的独立系统，可以采用系统分类法进行学科分科。第一层次子系统包括基础学科和应用学科。第二层次是从第一层次子系统中派生出来的子系统。首先，基础学科派生出理论学科和一般学科两个子系统。其次，由于应用学科把教育基础理论应用于不同的领域，同时又采用不同的研究方法渗

入了不同的学科成果，因而，派生出部门教育学科、区域教育学科、专业教育学科三个子系统。第三层次子系统是从第二层次系统专业教育学科派生出来的跨部门教育学科和职能教育学科两个子系统。上述系统分类法具有以下几个方面的优点：①能够明显地透视教育科学体系的层次结构；②能够看清各子系统学科之间相互联系和相互区别的关系；③能够较为科学地对教育学内部学科进行有序的分类。

在这里，层次性对教育学体系来说，具有重要的支柱作用。在20世纪60年代才兴起的科学学告诉我们，科学体系和科学研究是按不同层次而存在和得以进行的，认识和把握其存在的不同层次，不仅可以提高科学研究水平，而且是人类对科学把握能力的反映。过去，人们一般只把科学研究分为宏观的基础理论研究和微观的应用研究。近些年来，不少科学家鉴于基础理论研究与实际应用研究之间相隔太远，难以使理论起直接的指导作用，因此主张在宏观的基础理论研究和微观的应用研究之间增加一个中观研究或称发展研究。这就是说，科学体系和科学研究应该由宏观、中观、微观或由基础理论、中间研究和应用研究这三个相互补充和相互促进的不同层次所组成。这是由于中间性研究可以使基础理论技术化、可操作，是应用理论的研究为实际应用奠定直接而现实的基础。中间性研究的这种居中转化机制，使得它在科学研究中具有无可替代的作用，也使得它在科学体系的构建中具有重要的价值，并具有普遍的意义。

社会科学之所以需要中间性研究，也就是需要在各门社会科学的基础理论与该门科学所涉及的实际生活和实际问题之间，建立起科学而便利的通道，以及确立把抽象理论转化为提高认识和解决实际问题的科学方法论体系和步骤。目前，社会科学中的许多学科力图进行层次划分，目的就是强化其体系在科学研究中的合理性、科学性。

不论自然科学还是社会科学，坚持按不同层次的视角来看待科学研究和科学体系，这种思路，对我国教育科学研究和教育学体系的构建，无疑具有很好的启发意义和借鉴作用。教育学作为社会科学的一大分支，其体系的构建，不仅可以分别从不同的层次来进行，甚至可以说，教育学体系只有首先把握其宏观、中观、微观的不同层次，才算真正找到了支撑教育学体系大厦的骨架和支点。

作为一门科学，其体系与内容，应是按逻辑的要求去推导、演绎，这样才符合一般人的思维特性。因此，教育学体系建构的基本方法是，首先对教育现象和其存在形态作深入细致的研究分析，然后再作实事求是的归类，以构成一个全面完整的体系。其推导、演绎的方法大致如次：

——依据教育现象、教育形态和其在社会生活中存在的空间形式，可产生家庭教育学、学校教育学、社会教育学等不同学科或门类；而依据学校教育现象存在的特点和层次还可进而产生幼儿教育学、初等教育学、中等教育学、高等教育学以及特殊教育学等学科。

——依据学校教育中不同专业、不同教学内容的要求，可产生语文教育学、外语教育学、音乐教育学、体育教育学之类不同学科。

——依据教育现象、教育形态以及教育思想在社会生活中存在的历史，可产生教育制度史、教育思想史等有关教育历史的教育学科以及教育未来学之类的学科。

——依据教育现象和其他社会现象的关系，可产生教育政治学、教育经济学、教育社会学、教育文化学等不同学科。

科学理论、科学知识体系的一个重要特点就是它是自成体系的，科学体系由它所研究的领域所构成。一方面，各门科学所研究的客观领域各不相同，这就决定了不同科学有不同的体系；另一方面，科学知识、科学体系只能是人对某一客观领域中的事物和关系的主观反映。不同的人，即使是训练、修养有素的科学家，会由于角度不同、观点不同、思想方法不同或知识背景不同，对事物有不同的认识和反映。因此，同一门科学知识体系会因不同的学者、专家的认识视角不同而有所不同。

总之，在人类社会中，教育现象、教育形态存在和发展的时间、地点、条件、形式、内容、手段、方法、特点等方面的问题，都应是教育学研究的范围。教育的对象是人，有关人的心理、生理、思维以及有关活动和管理，同样也是教育学研究的范围，都必须纳入教育学的体系之中。

（三）教育学体系的总体结构

目前教育学的体系中，形成了理论教育学、部门教育学、边缘教育学和应用教育学。而理论教育学、部门教育学、边缘教育学、应用教育学则是现代教育科学系统的基本结构。它具体体现着“理论—应用”这一科学基本秩序。由于现代教育科学系统的形成，人们对教育的认识将进入全面、深刻、具体的认识阶段，教育科学也将由此进入成熟、发达的阶段。现代教育学的发展，不仅以学校教育在现代社会中的普遍发展为实践基础，也以教育的终身化、教育的社会化为其实践基础。

教育学从近代到现代的发展，是人类对教育认识发展的一个“圆圈”，它必然要分化出理论教育学。在近代，人们对教育的认识还是笼统的，人们从外部联系上描绘教育运动的总过程，这是一种不自觉的理论思维，但没有很好地解决教育现象认识中的主观和客观、思维和存在的矛盾。现代教育学开始对教育现象进行分门别类的认识，在此基础上，人们必然逐步认识到主观和客观、思维和存在这一认识论的基本矛盾，并以科学的态度和方法解决这一矛盾，建立科学的理论教育学，揭示“社会教育和人类思维运动的普遍规律”而告终。总之，现代教育促使教育学形成科学系统，也促使教育科学趋于发展和成熟。教育学体系的总体结构如下页图所示。

- 教育学体系总体结构
  - 宏观层次——理论教育学
    - 教育学原理
    - 教育基本理论
    - 教育哲学、教育史学等
  - 中观层次
    - 部门教育学
      - 高等教育学
      - 中等教育学
      - 初等教育学
      - 幼儿教育学
      - 特殊教育学
    - 边缘教育学
      - 教育心理学
      - 教育社会学
      - 教育经济学
      - 教育政治学
    - 教育活动与过程
      - 教学论
      - 学习论
      - 课程论
      - 教师论
      - 学生论
  - 微观层次——应用教育学
    - 教育管理学
    - 教育统计学
    - 教育工艺学
    - 教育卫生学
    - 教育评价学
    - 教育测量学
    - 教育建筑学等
    - 各种专业教育学，如
      - 语文教育学
      - 数学教育学
      - 音乐教育学
      - 美术教育学
      - 历史教育学
      - 生物教育学等

（四）教育学体系的实践基础

教育学的目的是解决教育实践的问题，而教育实践又是教育学得以产生和发展的基础。历史告诉我们，世界上一切科学都来源于实践，教育学同样如此。

教育学理论的实践性特征，还表现在历史上很多教育家就是实际教育工作者，或者就是一个教师。他们把自己的一生献给了人类的教育事业，教育实践为他们所探索的问题提供重要的资源条件，也为他们的研究成果的价值作出最终的检验和评价。他们所创造的教育理论的花朵是在他们教育实践的土壤上长出来的。

瑞士教育家裴斯泰洛齐是教育史上一个典型的实际教育工作者。他主张的教学理论和方法是他长期教育实践的总结。同样的，德国教育家赫尔巴特在青少年时期当过三年三个孩子的家庭教师。他的致学生家长的一系列书信，是他的教学实践的总结，也为他的教学理论奠定了基础。

教育史上不少杰出的人物，他们在实际活动中不仅开拓了教育事业的新领域，而且促进了教育理论的发展，美国的富兰克林和贺拉斯·曼就是其中著名的人物。

教育学史上不少教育家，为了探求新的教育理论，还开办了各种不同形式的实验学校。这表明教学实验从来是人类教育实践的一种重要形式，也是发展教育学理论的一种重要手段。捷克教育家夸美纽斯在匈牙利沙洛斯·波托克开办泛智学校，还写了《泛智学校》一书，概述了这个学校的教育方针、课程设置和学校组织准则等，可以说开了教育实验之先河。德国哲学家康德在哥尼斯堡大学开设教育学讲座时，就打算建立一所实验学校，附属于该大学所在的系。裴斯泰洛齐的布格多夫和伊弗东学院，从性质上说，也是一种实验学校。赫尔巴特在哥尼斯堡大学继承康德的讲席，讲授哲学和教育学时，也开办了教育研究班和附属实验学校。英国空想社会主义者欧文在纽拉纳克进行的教育活动，改变了整个地区生活的面貌，他进行的教学与生产劳动相结合的实验，受到马克思的高度评价。19 世纪末 20 世纪初，实验学校成为推进教育运动的一种普遍形式。“芝加哥实验学校”是美国哲学家、教育家杜威预先拟订严密的计划并按照计划有步骤、有组织地进行的一个实验。杜威的一部极重要的著作《学校与社会》一书，就是对这个实验的经验总结。此外，如凯兴斯泰纳的“劳作学校”、德可乐利的“隐修学校”、蒙台梭利的“儿童之家”、沙茨基的“生活夏令营”以及尼尔的“萨默希尔学校”，都是著名的实验学校，并根据一定的教育理论和方法，进行了长期的教育实验。杜威在《明日之学校》一书里所记述的各种不同形式的教育实验，也属于这一类。上述实验学校，都根据实验的结果，提出种种可贵的经验和理论，对世界各国教育的革新和发展产生了深远的影响。在苏联，苏霍姆林斯基从 1947 年起，直到 1970 年逝世止，在帕夫雷什中学任校长，几十年如一日，勤奋耕耘，根据他长期的教育工作经验，发表了一系列的重要著作，丰富了关于人的全面发展的理论。

教育实践按人类实践的时间和空间的形式来划分，主要有如下三个方面：①现实的教育实践；②前人的教育实践；③外国的教育实践和经验。由于对现实的教育实践、前人的教育实践、外国的教育实践作了研究，在此基础上，相应地也就出现了如比较教育、中国教育史、外国教育史等教育学科，并成为教育学体系中的组成部分，成为教育学体系中的分支学科。

（五）教育学体系的理论基础

1. 教育学理论基础的含义

在教育学这一门综合科学中，教育学原理是其中的理论教育学。这就是说，教育学原理是教育学不可否认的理论基础。但是，我们还要认识到，理论基础是相对的，所谓元科学也是多元的、多层次的。比如，相对于教育哲学、教育经济学、教育社会学这些学科来说，教育学原理当然是理论基础。但是，仅以教育学原理为其理论基础，还不能建立起教育科学。教育科学的理论依据在，而且主要在哲学、经济学、社会学、心理学、人类学、文化学等科学理论之中。这不仅因为它们比教育学原理要成熟，更由于它们比教育学原理更基本、更具有普遍性，是教育学原理的理论和观点得以建立的基础科学和理论源泉。教育学原理中一些最基本的原理、观点，并不是教育学原理本身原本就有的独特理论，这些理论，最先是作为哲学问题提出来，并从哲学角度来认识的，教育学原理所阐述的教育活动，就是以社会学、文化人类学、传播学这些学科的科学成就为基础的。所以，所谓教育学的理论基础，不只是限于教育学原理本身，不只是教育学原理这一门学科，而主要是指教育学原理所阐述的各种理论、观点所来自、所赖以建立的各种元学科。正是依靠了这些基础学科，教育学原理才得以形成，教育学体系才得以建立，同时，教育学体系中的边缘学科和一切其他学科才能在理论上、基本观点上得以树立起来。

2. 教育学理论的知识基础

教育科学在以往由于对其对象、性质这些重大原则问题缺乏应有的深究和正确的认识，因此在对待上从来存在着两个明显的偏颇。

第一个偏颇，是把教育科学完全归入社会科学领域，大学中教育学系作为纯文科来办，这样就割裂了教育学和自然科学之间的联系。许多从事教育科学的人员，缺乏最基本的数学知识和自然科学知识，因而不能在把握自然运动规律和人类认识自然运动规律的基础上，探索和把握社会（包括教育）的运动和人的活动（包括认识活动）的规律，容易把社会与自然、把人与自然以及人的自然性分割开来。在方法论方面，不能受惠于自然科学，在内容上无法向自然科学渗透，就教育论教育，就方法论方法。

教育的对象是人，人既是社会的一分子，又是自然的一部分，这就规定了人的两种属性：社会性和自然性。人既受社会规律的支配，也受自然发展规律的制约，并且二者之间相互联系、相互制约，在教育过程中同时起作用。

马克思主义摒弃那种把社会现象生物学化的庸俗观点，强调人不同于一般动物的主要标志，在于他们生活的社会形式，首先是在劳动中形成的社会关系。马克思在批判费尔巴哈把许多个人纯粹自然地联系起来的共同性的“类”的人本主义观点时指出：人的本质并不是单个人所固有的抽象物，实际上，它是一切社会关系的总和。

但是也要看到，马克思主义并不因为社会性是人之所以为人的主要标志，而把社会人同人本身的自然基础割裂开来。这就是说，虽然社会性是人作为人的主要方面，是人的本质属性，但不能忘记自然性是人的身心发展的前提条件。这就规定了教育学作为一门科学，不可能离开自然科学的研究。有的人只承认心理学同自然科学的联系，而不承认教育学同自然科学的联系，以为教育学接受自然科学的渗透，势必冲淡甚至抹杀教育学的阶级性和政治性，这其实是一种偏见。教育学同自然科学的关系有两个方面：一是通过心理学应用自然科学；另一是教育学本身也需要用自然科学来武装，如生物力学、生物电磁学、生物化学中有些内容，不仅搞心理学的人要研究，而且搞教育学的人同样要重视。现代体育学就大量运用力学原理，体育仿生学就是以力学为核心的一门新兴学科。又如，人体微弱电位的存在对教育起什么作用，现在也成为科学家感兴趣的课题。神经生物学已发现人的学习能力，同一定的生物电位波动图像变化有关。人的智力发展有其自然物质基础。美国神经化学家乔治·昂加尔和荷兰药理学家戴维德就认为记忆力和理解力是由细小的蛋白质分子——多肽组成的生化物质的特殊作用。人的学习也是如此：你要学美术，得先检查一下有没有色盲；学声乐，也得先检查声带是否正常。现代生物学的发展，给教育学科中未知或知之不详的领域，如遗传、人工控制变异、人工智能等以科学的回答。人对作为分子生物学研究核心的核糖核酸所蕴藏的遗传密码的人为控制，能使新生一代的生理和心理素质得到提高，这将为今后教育科学发展开拓柳暗花明的前景。

自然科学进入教育领域，有其深刻的历史根源。现代教育内容的刷新，教育对象的扩大，教育实际年限的延伸，教学组织形式的改变以及教学方法的革新，是起因于社会经济和科学技术的发展，特别是由于电子技术的迅速发展。可以预料，整个教育面貌将会随之发生巨大的变化。这不是说，用自然科学武装教育的问题仅限于电子计算机，电影、幻灯、广播、高架投影、电视、磁带、录音录像，整个电化教育工程都需要进一步发展。从电视、录音、录像所引起的教育组织形式的变化，各学科之间的相互渗透，现代化教学手段的使用和操作方法的更新看，从教室到实验室、图书馆的校舍结构如何适应这个新形势的问题来看，就有许多自然科学问题要研究。此外，随着现代科学技术的发展，古典教育学中许多概念也要改变其旧内容。总之，现代教育科学每前进一步，都得靠自然科学扶持。

现代科学发展的特点是两门或几门学科朝着对立的方向渗透，各自以最新的成就影响着对方，并以批判、扬弃方式修订对方的某些陈旧观点和方法，同时又吸取对方的某些新理论、实验成果和技术成就来丰富自己的内容，改进自己的思维方法，把本门学科提高到新的水平上来。自然科学中各门学科之间的关系是这样，自然科学同社会科学之间的关系也是这样。它改变了过去那种“尔为尔，我为我”，文不沾理，理不沾文的状态，出现了社会科学自然科学化、自然科学社会科学化的新局面。社会科学同自然科学之间你中有我，我中有你。控制论、信息论、系统论又把二者沟通起来，构成一个完整的知识体系。这就促使社会科学家和自然科学家走出自己的“小天地”，带着科学整体化的观念，联合各学科，进一步探究社会现象和自然现象的奥秘以及二者之间的内在联系。

当然，我们也必须看到，教育属于社会现象，不管它如何发展，都不能不受社会法则的支配。因此，也要防止用自然规律来解释社会现象的偏向，把教育研究生物学化。要看到社会科学同自然科学之间既有联系，又有本质差别。把科学整体化看作现代科学占主导地位的发展方向，这并不意味着要消除各门学科之间的逻辑界限。强调教育科学接受自然科学的挑战，也并不放弃教育科学本身的独立地位。还要看到，社会存在决定人的意识，而不是相反。人不能离开社会生活而存在。人的智力虽有先天基础，而它的发展却受制于社会环境，即教育熏陶和个人的主观努力，这就决定了教育学从总的说来仍是属于社会科学的性质，而不因自然科学的渗透而改变。

第二个偏颇，就是把教育学当作基础科学，把它和数、理、化、文、史、哲等基础学科平列起来。教育学作为一门学科在学校里开设，这当然是和其他学科有共同的地方。但是，就教育学研究对象而言，它不同于文、史、哲、数、理、化这些基础学科，而类似于经济学。教育学研究的对象，首先是一种社会活动，一种社会事业。作为社会事业的教育是一种社会实体，是社会的事业部门。经济学研究的对象是人们社会经济活动和社会经济事业。而作为事业和活动的教育与作为事业和活动的经济的区别，在于教育事业是以传授社会文化、科学知识，发展人并促进社会发展与进步的专门活动，它体现在各门学科、各个层次的教育过程之中。而经济事业则是以社会生产、人们社会物质生活为其内容，也正由于这个缘故，教育学和经济学这二者都属综合性的科学。因此，建立教育学的最佳途径，应该是主动地去吸收各相关学科的研究成果。譬如，教育学在研究智育时，必须依靠心理学、哲学、逻辑学；在研究德育时，必须依靠伦理学、社会学、道德论；在研究体育时，必须依靠生理学、营养学；在研究美育时，必须懂得美学。教育学的这个特点决定了它的成熟必然与其他相关学科的成熟发生着直接的关系。教育学是一门综合的科学，但也是一门专门科学，它有自己的研究对象、研究方法、研究任务和目的，这些内容不能由其他学科来替代。教育学的建立和发展需要更广阔的理论基础，需要较多的学科知识做基础，这就形成了它的综合的学科性质，但不能说它没有自己单独的研究对象。人类的教育行为有它自己的规律，它是培养人类的智能，提高人类素质并使社会得以生存和发展的一门学问，完全有资格成为一门科学。

和教育学相近的学科主要是依据其围绕着微观的教育和宏观的教育这两个方面来确定的，也就是说，教育学的理论基础是基于微观的和宏观的教育实践的需要。教育学在客观上存在着微观的对象和宏观的对象这两个不同的方面。教育学的微观对象，就是教育活动，主要是对人的发展和教育；教育学的宏观对象，就是教育事业，中心内容是为群体、为社会发展和进步服务。

以教育活动中教育者、学生、学校以及有关教育内容、方法问题为对象的教育学微观对象的研究，在理论上就需要分别有哲学、心理学、伦理学、传播学、文化学、解剖学、语言学、信息学、脑科学等科学作为自己立论的基础；而教育事业作为教育学的宏观对象的研究，则应以政治学、社会学、经济学、法学、管理学等科学为其基础。也就是说，研究教育，必须研究社会及各个方面。唯有如此，才能在最广泛的意义上研究教育的规律，把握教育的机制，制定教育的策略，指导教育实践。教育理论工作者必须从整体上通晓现代科学，包括自然科学、社会科学、人文科学的基础，不应像过去那样只停留在表面的、形式的了解上。只有既在宏观上又在微观上掌握其内容，并且在把握宏观对象、适应宏观要求的前提下，对教育的具体内容进行深入研究，才能理解教育的内涵，把握教育的特点，选择适合的内容，创造科学的教育方法。这不仅需要研究教育的整体，而且需要研究教育的各个部分；不仅需要研究教育的内部规律，而且需要研究教育以外的东西。教育科学不仅要形成理论体系，而且要发展技术手段，使之具有可操作性，便于应用。总之，走综合化道路，应是教育科学发展的基本方向。教育学的理论基础，过去一直被认为只是心理学，这显然是十分片面的，其根源就在于把教育学只看作是育人之学，没有把教育学看作为一切教育现象之学，这是微观教育学局限性的反映和表现。

（六）教育学与相关学科的关系

回答教育学与其相关学科的关系问题，我们首先需要回答以下有关问题：在当代究竟有哪些学科或科学和教育学具有相关关系？这些相关学科和教育学之间的关系又是如何来确定的？

教育学在当今和许多学科（科学）都发生着密切的关系，这是现代教育学的一个显著的特点。但也不是和一切学科（科学）都有密切的关系，那么，这其中确定的原则和标准是什么呢？

原则和标准只有一个，这就是教育学的性质，即我们是以教育学所具有的性质为原则和标准来确定诸学科和教育学的相关性的。

教育学的性质是根据教育的本质和特点来决定的。如前所述，如果认为教育是自然现象，就须把教育学划到自然科学中去；如果认为教育是社会现象，就要把教育学归到社会科学中去。现在我们已经确认教育既是一种社会现象，也是一种认识现象，或称心理现象，也就是一种人的精神文化现象。或者更准确地说，教育只存在于人类社会之中，所以它在总体上说，都属于社会现象。但是教育这种社会现象和别的社会现象所不同的，是关于社会个体精神文化领域的问题，是属于精神文化现象问题。精神文化现象问题对一个个体来说，是认识问题、心理问题，其核心是精神文化的传承和人在精神文化领域的造就问题。从人类学的角度来分析，情况也是如此。教育在本质上是人类认识世代连续的纽带，这就决定了它与人类的所有认识领域相联系。一部教育发展史，就是一部人类认识发展史，正是在实现人类认识世代连续的意义上，作为人类认识世代连续的纽带，教育才确立了自己的永恒性。也正是由于这一点，教育渗透到社会生活的各个领域、各个处所，并贯穿于人生的始终。

根据以上对教育这种社会现象性质的认识和分析，我们把教育学确认为，它的总体的性质属于社会科学，但又不单纯是一门社会科学，而是一门边缘性的科学，其中也有自然科学的性质，特别是心理科学、精神文化等方面的科学性质。而这些，说到底是关于人的问题。

因此，从总体上讲，凡是现代以社会现象为研究对象的学科（科学）和以精神、认识、人文现象为研究对象的学科都属于与教育学有密切关系的学科（科学），并且也可以把它分为两个不同的种类。

其一，以社会现象为研究对象的学科及其与教育学具有相关关系所产生的边缘学科。如：

哲学——教育哲学；

政治学——教育政治学；

经济学——教育经济学；

法学——教育法学；

管理学——教育管理学；

社会学——教育社会学；

人类学——教育人类学；

文化学——教育文化学。

其二，以人特别是以人的精神和文化现象为研究对象的学科及其与教育学具有相关关系所产生的边缘学科。如：

心理学——教育心理学；

生理学——教育生理学；

传播学——教育传播学；

语言学——教育语言学；

美学——教育美学；

伦理学——教育伦理学。

前者属教育学与相关学科关系的宏观领域，而后者则相对地属于教育学与相关学科关系的微观领域。教育学与以社会现象为研究对象的学科之间所发生的相关关系，主要是基于教育事业与其他社会现象如政治、经济、社会、法律等所必然发生的关系。因此，如教育政治学、教育经济学之类中的“教育”二字，实际指教育事业而言。而后者的教育学与人的精神、认识和人文现象的学科所发生的关系，则主要基于教育活动与这些现象所必然发生的关系。因此，如教育心理学、教育传播学之类边缘学科中的“教育”二字，并不是指教育事业，而主要是指教育活动。所以，同样是教育学的边缘学科，同样有“教育”二字在其中，然而此中的含义并不相同，教育学研究者，对此不可不察。

以上这些教育学与其相关学科之间所产生的边缘学科，也是教育学的分支学科。教育学大量边缘学科的出现，乃至成为教育学体系的组成部分，其产生的机制即在于此。

从近代到现代，教育科学理论形成了一个庞大的体系。这个体系的形成，就是从旧学科的不断充实和健全，新学科的大量涌现中完成的。这些新产生的边缘学科不仅在量上扩充了教育学的内容与结构，而且使教育学在质上得到新的提高，亦即使教育学通过对相关学科有关理论、学说成就的吸取、借鉴，拓宽、充实了教育学赖以建立的理论基础。

教育学在当代，它在理论上的建设与基础，是绝对不能脱离各相关学科在当代已取得的理论成果和学术成就的，教育学要在理论上保持活力，具有时代的气息和科学性，它必须密切关注各相关学科的理论成就，并善于从中去吸收自己需要的东西，借鉴各方面有益的成分。教育学与相关学科的关系对教育学来说，是吸收、借鉴的关系，这是主要的、根本的关系。当然，这其中也有互相借鉴、互相吸收，即相得益彰的关系。教育学一旦在理论上趋于成熟，也可以为其他学科提供教育学建设的理论成果，为人类精神文明的建设作出自己的贡献。事实上，人文科学的各个对象彼此牵连、交互渗透，不但跨越国界、衔接时代，而且贯穿于不同的学科。

人类历史表明，社会科学的巨大发展是在彼此相互依赖的整体性革命之后实现的，任何一门科学理论离开其他科学的融会贯通，都不能形成、丰富和发展。因为，人们的社会实践和社会生活本来就是相互联系的整体，对它们的反映和调节也不能彼此孤立。因此，各门科学理论之间必须相互联系、相互作用地交织在一起，像任何一门现代科学一样，教育科学总是通过跨学科的方法不断开拓其理论的视野。

七、教育学体系和其中的“教育学原理”

教育学体系是个由众多教育学科组成的学科群，但组成这个学科体系的各门教育学科在这个体系中并非同属一个层次，而是在宏观、中观、微观领域各有所属。其中的“教育学原理”就是一门属宏观领域的教育学课程，具有十分重要的意义和地位，值得在这里特别予以介绍。

我们首先应当明确认识到，教育学原理在今天之所以作为一门必不可少的教育课程、教育学科出现，其根本的理由是在于此时的教育学已形成一个学科群、一个体系和它在教育学体系中占据着其他教育学科不能取代的独特地位，并有重要作用，其原因归根结底是由于它具有一种独特的哲学的性格。

哲学的性格是一种什么样的性格呢？是一种宏观的性格，统观全局的性格。目前，国内学术界对什么是哲学和哲学研究的对象问题上，尽管在认识上还很不一致，但是不论持何种观点的人，对哲学具有宏观的和统观全局的性格，总还是一致的。一般认为，“哲学是世界观的学问”，而“世界观，就是人们对世界的总的看法和根本观点”。因此，哲学研究的对象是整个世界的最一般问题，或曰“世界观问题”。这种对哲学的见解，就反映了哲学所具有的宏观的统观全局的性格。

教育学原理对于人类教育现象领域来说，也具有哲学所具有的那种宏观的特性和统观全局的性格。教育学原理实际上有如教育现象、教育理论领域的“哲学”，它所形成的对教育问题、教育现象的一些基本看法，即一般的教育观，也就相当于哲学上的世界观。如果说哲学是对自然、社会知识和思维成果的概括和总结，那么，教育学原理则是对人类有关教育的一切理论成果进行抽象、概括而形成的。

教育学原理中的教育观，是对社会生活中教育现象的根本观点和看法。同哲学产生的情况一样，人们为了生存和发展，总要同社会中的教育现象、教育问题接触打交道，而在此过程中形成对教育的认识。一开始这种认识也只能是局部的、具体的，以后这种认识不断积累，就会形成对教育的总体认识，这些对教育的总体看法就是教育观，即教育思想。教育观每个教育者都会有，人们就是按其教育观来行事的，只是一般人的教育观并不总是自觉的，也远非全面、系统的；并且，人的教育观、教育思想也是分层次的。全面、系统的教育观、教育思想就反映在教育学原理的著作和课程内容之中，各门教育学科也可以给人以某种教育观，但它比起教育学原理来，其教育观属较低层次。可以说，其他各有关学科理论的终点，恰恰就是教育学原理理论上的起点，教育学原理无疑是其中最高的一个层次。教育学原理，就是在认识的一定阶段，人们的教育观经系统化、理论化而形成一门科学，它是对人类一切教育理论成果进行抽象、概括的结果。所以，教育学原理是关于教育观、教育思想的学问，是对人类教育知识、教育实践、教育理论的成果，基于一定的哲学世界观理论和某些相关基础学科的成果所作的理论概括和总结。

教育学是人类社会一切教育现象的理论形式，也就是人们研究各种教育现象、各种教育问题和各种教育规律的各有关教育学科的总称。那么，在教育科学体系，亦即教育学体系中，教育学原理究竟具有何种地位与作用呢？

教育学原理在教育学体系中是一门十分重要的、必不可少的基础学科。我们知道，作为一种社会现象的教育，有自己的普遍规律，也有自己所属各个领域的特殊规律。教育学原理，就是研究教育的普遍规律，各门其他教育学科则是研究教育的特殊规律。因此可以说，教育学原理是关于教育的普遍规律的学问，它是具体教育学科最原则、最基本的概括和总结，又是指导各门具体教育学科的专业基础理论。教育学原理也可称为一般教育学或理论教育学。一般教育学、理论教育学是教育学的基础理论。

从教育学原理在教育学体系中所占据的基础地位而言，教育学原理所阐明的理论观点对教育学中的其他分支学科或教育学的其他课程来说，是共同适用的，它对其他分支学科或课程具有普遍指导意义。就其意义和作用来说，在于它有助于我们了解教育学的总体情况和基本格局，了解各门分支学科在其中所占据的地位与其他学科间的关系等，从而有利于人们去了解、学习其他学科和课程。因此，应当说，教育学原理是人们学习教育科学，亦即教育学的一门必不可少的专业入门课。并且，由于教育学原理的建立，各门特殊教育学也就不致各自分散游离，彼此无所统属，而可联结成为一体，成为一门大的综合性教育科学门类。

用辩证逻辑的话来说，教育学体系与教育学原理等各门分支学科是整体与局部的关系；教育学原理与教育学体系中的其他各门分支学科之间是普遍与特殊的关系。整体与局部，普遍与特殊，是两对既同又异的范畴。教育学原理在教育学体系中所居的是主干的、基础的地位。我们既不能把教育学原理和教育学混同起来，也不能把教育学原理同其他各门分支学科等同起来。这是正确把握教育学原理在教育学体系中的地位的基本要求，也是正确构建教育学体系，认识教育学原理的作用与任务的重要前提条件。

理论之所以能够对实践有普遍的指导意义，是因为它对研究现象的科学抽象。这种抽象不是模棱两可的思辨，而是从一定的逻辑起点出发，透过现象对事物本质联系的分层次的升华。这样才能使理论指导实践成为可能。

教育学原理作为基础理论学科，是有自己的研究对象的。它的研究对象，首先，应是教育学自身，或者说是教育学体系本身，其任务是理顺教育学体系本身的一些概念和其理论关系，如教育学研究的对象、范围、体系、性质，教育学的基础以及教育学和其他科学的关系等。我国教育学从其名称、概念到体系可以说长期以来乱麻一团、不深不透，亟须从根本上予以清理。而理顺、弄清其中的种种关系，明确其性质、任务等，只能是教育学原理这门学科所能承担。教育学这个概念，尽管长期在我国广泛流行和使用，但由于对其内涵和外延等逻辑方面的问题并没有予以必要的深究，人们多年来陷入一种盲目的状态。也可以说，人们多年来误用这个概念，在今天应该是“拨乱反正”的时候了。其次，教育学原理以教育为对象，也就是它要以人类社会的全部教育现象为研究对象，其任务是要阐明教育学的基础理论、基本方法和教育现象的普遍规律。由于教育现象是发展的，而随着对教育现象研究的深入和发展，教育学出现了许多分支学科。它们各自研究教育的某一特定的现象、方面和具体过程，或从不同的角度研究同一教育现象。教育学原理的研究也会涉及这些学科的内容，并需要在这些学科研究的基础上，不断丰富和发展自身。但是，教育学原理又是应当与这些学科有区别、有分工的。第一，它不仅应把教育作为唯一的研究客体，而且要把各种教育现象连接起来，作为一个整体加以研究，而不是只专注于教育的某一现象、关系、方面和特性。第二，它在研究中所揭示和阐发的，应是人类教育各种现象之间及其同其他社会现象之间最本质的关系和最普遍的联系。因此，它阐释的是人类教育发展的最一般的过程和规律，是人类教育生活中一些最重大的理论问题。第三，它应当是从一定的世界观和方法论出发，来研究、理解和阐释教育，揭示各种教育问题的世界观实质，而不是简单地描述和概括教育现象，或者仅仅给予教育现象以某种常识性的说明。因此，在上述意义上可以说，教育学原理应当具有哲学的某些特征，即要从总体上和联系上，把教育作为自己的研究对象。总之，教育学原理是对教育所作的总的思考。

教育学原理的对象是人类教育的总体，由此对象所决定，教育学原理的研究必须动用自然科学、社会科学和哲学诸领域的知识，这就形成教育学原理研究的科学一体化原则。

（责任编辑　刘　捷）

高闰青 1968年生，河南沁阳人。教育学博士，教授。现任河南焦作师范高等专科学校副校长，河南大学教育科学学院硕士生导师。教育部“国培计划”专家库人选；河南省学术技术带头人，河南省青年社科专家，河南省高校科技创新人才（人文社科类），河南省高校青年骨干教师。兼任河南省第九次党代会代表、河南省教育学研究会常务理事、焦作市青联副主席等职务。2005年考入西北师范大学，攻读教育学博士学位。主要从事教育基本理论研究。著有《“以人为本”理念及其教育实践问题研究》、《胡德海教育思想研究》、《河南省农村教育热点问题研究》等，在《课程·教材·教法》、《光明日报》等报刊上发表论文70余篇，主持省部级以上科研项目10余项。

《胡德海先生对我国教育学术的贡献》导读

胡德海先生对我国教育学术的贡献

高闰青

【摘要】本文在探讨胡德海先生教育学思想的基础上，通过对胡德海先生对“什么是教育学”和“什么是教育”这两个根本的理论问题的整体把握，总结了胡德海先生对我国教育学术的主要贡献。本着对教育学理论的拨乱反正和正本清源，胡德海先生在科学界定教育学研究对象的基础上建构了教育学体系，论证并确立了教育起源于人类社会生活的需要；他根据人类发展的历史演变把教育存在和发展的形态划分为自在教育和自为教育，旗帜鲜明地提出教育活动、教育制度、教育思想构成人类社会的教育形态（教育现象）；通过对教育、人与社会关系的考察，他认为教育的功能对人来说是“成人”和“成才”，对社会来说是“提高民族文化素养”和“培养各级各类人才”，创造性地提出人类文化的传承手段是教育与自我教育两个方面。可以说，胡德海先生在教育基本理论的研究方面，造诣精深，成就卓著，对我国的教育学术作出了重要贡献。

【关键词】胡德海先生；教育学；教育学原理；学术；贡献

一、胡德海先生教育学思想的定位与重心

胡德海先生是我国当代著名的教育学家。他自1953年大学毕业至今，以教师为职业，在教育学术岗位上从事教学和研究工作，教书育人，循循善诱，勤奋耕耘，献身师范教育事业已60年整。60年来他一直工作在西北师范大学，生活在兰州这个地方，在这里经风雨，见世面，感受世事沧桑、人情冷暖。在漫长的时代风云变幻中，他志存高远，淡定自若，甘于淡泊，安于寂寞，自爱自尊，自立自强，坚守良知、求知与为人的准则，敢于坚持真理，善于独立思考，好学深思，潜心学问，刻苦攻读，笔耕不辍，始终不失作为一个教师、学人和思想者的本色。先生在文、史、哲等学术领域兴趣盎然，广泛涉猎，乃至对宇宙、社会、人生诸宏观理论问题，也常好作深湛之思，以此为乐，并有反映在这些方面感悟所得的文字著述。而这些方面的知识、理论的武装，使他具有了极其开阔的宏观视野和博大精深的思想理论基础。也正因此，才成就了胡先生在教育学研究领域较高的造诣和深邃的创见。

纵观胡先生几十年来的学术生涯，应该说，其用力最勤、思考最多，付出的时间和心血也最多的主要是在教育学特别在教育学原理的理论研究方面；而对于一系列教育学基本概念的重新思考、重新定位和重新界定，对教育学体系的重新梳理、重新安排和重新构建，成就最大，造诣最深。他在教育理论上的重要建树和卓越成就集中体现在他的《教育学原理》和《教育理念的沉思与言说》这两本著作中。他旨意深远、气象恢宏的大教育观和大教育学观，他构建的体大思周、逻辑严密、极具说服力的教育学体系，他的从大处着眼，常“提其神于太虚而俯之”而“一览众山小”的学术气概，他的博大、深邃的理论思维，他的独具慧眼的科学思路，他的酣畅淋漓的学术风格，乃至他的种种独到见解和一家之言，均淋漓尽致地体现在他的这两本教育学著作之中。而《教育学原理》一书，又以其所具有的理论内涵和结构上的完整和系统，展示了胡先生教育思想之大成，可视之为胡先生最重要的代表作。细读此书，人们是不难窥见其已作出的学术贡献和成就的。

《教育学原理》这部煌煌50多万字的教育学巨著，共分四编20章，其第一编为教育学概论（共4章），第二编为教育基本理论（共7章），第三编为教育活动（共4章），第四编为教育事业（共5章）。这是一部内容精湛、结构严谨、理论精深、体系完整、反映了当代教育学整体研究水平的扛鼎之作。从一定意义上讲，它的出版不仅可表明胡先生个人的学术成就，而且标志着我国乃至世界教育理论水平的高度，象征着教育科学理论研究已经站在了一个新的起点上。

总之，胡先生的教育学思想是一个完整的系统，具有极严密的层次结构和内在的有序性，其主旨十分明确、十分突出。就《教育学原理》一书的情况来分析，它要集中回答的是“什么是教育学”和“什么是教育”这样两个在教育学中极具根本意义的理论问题。

该书之所以必须这么做，就因为在该书作者胡德海先生看来，至今为止人们所被告知的有关“什么是教育学”、“什么是教育”的理论知识，并不准确，也并不正确；在中国教育界曾流行一时并至今仍留有深刻影响的苏联凯洛夫教育学，在对“什么是教育学”、“什么是教育”问题的回答，就不得要领，存在着重大的理论谬误，具有严重的误导性质。因此，必须在理论上对它进行一番艰苦的拨乱反正、正本清源的工作。

在胡先生看来，教育学是一门十分值得研究的学科和学问，它值得人们去研究是毋庸置疑的，它之所以极具研究价值首先是由教育对人类个体与群体所客观具有的重要作用所决定的。在胡先生看来，在当今人类的学术之林中，教育学应是一棵枝繁叶茂、高大挺拔的参天大树；但是现在它不是，甚至它值不值得研究，算不算得上一门科学或学科曾一度遭到部分业内人士的怀疑，这不能不说是当今教育学的极大悲哀，这也就是人们常说的教育学面临着的“应然”和“实然”之间矛盾的问题。那么，教育学在当今中国是不是真的落后呢？对此，胡先生的回答是肯定的。他说：“在我看来，在我国教育学的落后仍然是一种无可否认的事实，也是当前世界范围的普遍现象。”① 试想，对“什么是教育学”和“什么是教育”这样根本的问题都回答不好，这种教育学哪能不算落后，又哪能不落后呢？但是，胡先生对于此种情况并不抱消极的态度。他说：“中国的教育学家们应当有信心，有志气去改变这种局面，振兴教育学理论，发展教育学事业。”②

在胡先生看来，在当今，教育学是个体系，不是一本书包容得了的，这个体系可分宏观、中观、微观三个层次，各门教育学科就分属在这三个层次之中。胡德海先生的《教育学原理》就属宏观教育学或称理论教育学，它在整个教育学体系中占据着主导的中心地位，具有非常重要的作用，而其最核心的作用就是要向世人和学界用最清晰的语言讲清楚“什么是教育学”和“什么是教育”这两个根本的理论问题。而这也便是胡先生教育学思想的两个重心所在。我们要对胡德海先生教育学思想有所把握，不能不首先在思想上对此有明确的认识。

二、对教育学研究对象的界定和教育学体系的建构

我国虽然是个具有五千年文明史的教育大国，教育理念亦源远流长，也不乏如孔子、孟子、朱熹等具有深刻教育思想的教育家，但不容否认的事实是，“教育学在我国成为一门独立的科学是从西方教育学输入以后才开始的……大体说来是：先抄日本，后袭美国，再学苏联”。③ 多年以来，我们也试着以美国的现代教育制度为楷模，冠以马克思主义教育理论之名，使得现代中国的教育学理论处于一种“迷惘”状态。对此，胡先生进行认真的思考，客观地从我国教育学理论自身中去寻找问题，剖析问题的根源。“直至今日，人们对什么是教育学的回答，不仅莫衷一是，甚至可以说基本上还是大惑不解”。④我国的教育学“从其基本概念到整个体系结构都还存在着谬误，至今还影响着人们正确思考教育学的理论问题”。⑤基于此，胡先生从教育学的概念、对象到内容、体系进行了有益的尝试，站在哲学思考的高度上界定了教育学的研究对象，建构了教育学的内容与体系。

（一）教育学研究对象的界定

教育学理论的研究和建构依赖于对教育学及其研究对象的规定。什么是教育学？教育学的研究对象是什么？胡先生在自己的教育学理论中，特别关注对教育学研究对象的思考。在他看来，要界定教育学的研究对象，首先必须定义教育学：“教育学研究对象在理论上的确切界定，直接取决于在理论上对教育学概念的正确定义。”⑥从20世纪50年代起，受苏联教育学的影响，我国教育学界将教育学和教育科学错误地看作两个不同的概念，认为两者的研究范围、对象都有大小宽窄的不同，由此造成了教育学从概念到体系的长期混乱。改革开放以后，教育学的落后和不能令人满意仍是

---

①②④⑤ 胡德海著：《教育学原理》，甘肃教育出版社1998年版，前言第1页。

③⑥ 胡德海著：《教育学原理》（第二版），甘肃教育出版社2006年版，第103、2页。

一种毋庸置疑的客观事实，表现在“基本概念的混乱和基本理论的失范、无序、浮浅和薄弱，是教育学令人生厌、困惑、迷茫之关键所在”。① 胡先生敏锐地观察出要扭转这一名不副实的问题，维护教育学的学术尊严，不仅要从宏观处着眼，而且要从根本处着手，即从教育的基本理论或者说从教育学原理上着眼与着手，拨乱反正、正本清源，给教育学一个系统的学理性的说明。通过长期的潜心研究和理论反思，胡先生认为，如果着眼于体系的构建，必须把教育学正确地视为一个学科群，而不应视为一本书或者一门课的名称，更不能只看成是一个学科。后来，他把自己的思想进行了系统整理，于1990年发表了《教育学概念和教育学体系问题》一文，创造性地提出“教育学就是教育科学，它是诸种教育科学的总称”，② 即教育学和教育科学是两个完全一致的概念。同时，胡先生界定了“教育学是人类一切教育现象的理论形式，也就是人们研究教育现象和各种教育规律的各门教育学科的总称。它在今天应是一个由各门学科所组成的学科群而绝不只是一门学科。”③ 只有以此为理论前提，才能在研究对象问题上避免陷于内涵和外延不一致的逻辑矛盾和严重的理论混乱状态，从而突破了长期因循和困扰我国教育学界的陈旧的苏联教育学四大块模式，确立了“教育学是专门研究教育的科学，是人们对教育现象认识的概括和总结”，“是以教育为独立研究对象的知识系统和科学体系”。④这就是说，“教育学”应当是以人类社会所存在的全部教育现象而不仅仅是学校教育为其研究对象所形成的知识系统和科学体系。胡先生的这种见解，不仅为他的教育学体系建构奠定了坚实的理论基础，而且对思考和建构教育学的体系是很有启发价值的。首先，它使我们认识到，教育学是由众多学科组成的学科群，是一个庞大深奥的学术研究领域，不是看了某一本或几本书，研究了某个层面的问题就可以得出“教育学简单”或“教育无学”的结论。其次，教育学体系的建构也不只是具体知识观念的调整修补，而应遵循“理论—应用”这一科学秩序，对教育现象及其存在形态作深入细致的分析，进行归类概括，才可以构成一个完整的体系。⑤ 胡先生关于教育学概念及其研究对象的界定，对教育学起到了正本清源的作用，从而给教育学以恰当的理论定位，并透显出教育学的理论价值，为科学建构教育学体系奠定了一个坚实的理论基础。

（二）基于系统论方法的教育学体系建构

任何一门科学既要有其明确的研究对象，又要有其科学完整的体系。对教育学来说，更重要的是探索整个知识体系中对教育学有用的基本概念和根本原理。系统概念就是对教育学有用的基本概念，系统论就是对教育学有用的根本原理。近几十年来，教育科学开始出现了整体化研究的发展趋势，系统论已经开始被引进教育科学各个分

---

①④ 胡德海著：《教育学原理》（第二版），甘肃教育出版社2006年版，第35、3页。

② 胡德海：《教育学概念和教育学体系问题》，《教育研究》1990年第3期。

③ 胡德海著：《教育理念的沉思与言说》，人民教育出版社2005年版，第91页。

⑤ 李瑾瑜：《“教育学原理”的名与实——读胡德海教授新著〈教育学原理〉》，《教育研究》1999年第6期。

支学科的研究领域。人们把现代教育科学的研究分为两类：一类是“纵向整体化”研究，即教育科学理论和实践相结合，基础理论研究与应用研究相衔接；另一类是“横向整体化”研究，即跨学科研究。这两类整体化研究相互作用，促使整个教育科学研究向纵深发展，使得教育学的分类愈来愈细、愈来愈多，而且随着社会和科学技术的发展，许多科学都向教育学提出了要求，这就促进教育学不断出现一些新的分支学科。基于此，需要建立起一个庞大的多层次多学科的教育学体系，要在这个体系中清晰地看到教育学原理和各门教育学科自身的位置。由此看来，把系统概念引入教育学中来，将为教育学的研究开辟出一条科学大道，实现使教育学真正成为教育科学的愿景。这正是胡先生建构教育学学科体系的缘由。①

按照美籍奥地利人贝塔朗菲（L. von Bertalahffy）的观点，系统论主要是数学的一个分支，是由于广义的工程科学的发展，适应有关现代技术、人际关系、程序设计等“系统”的复杂性的要求提出来的。但它的发展远远超出了技术问题和技术需要的范围，成为适应一般科学以及从物理学、生物学、行为科学、社会科学到哲学等学科的需要而进行的重新定向。它已经在许多科学领域中取得不同程度的成功和成果，并预示了影响重大的新的世界观，成为克服当前过细的理论专业分工中的一种综合性的理论专业。在当前，现代科学日益专门化的发展特点、无数新的分支学科的不断形成，使得现代科学和生活都需要新概念、新思想和新范畴，需要一种适应于普遍化和一般化的原理。系统论的方法具有能为更加一般性质的问题服务的意义，它的应运而生是现代科学发展的必需。

在教育学体系的建构中，胡先生突破了旧理论的框框，摆脱了实用主义教育学的束缚，从方法论着手，对教育的科学思维重新定向，引进了系统论的概念和思维方式，建构了他的教育学体系。他认为：“现代系统论告诉我们，体系和结构不同，科学理论的性质和功能也不同。因此，只有把教育学体系置于一定结构和关系之中，形成一个相对完整的理论体系，才能更深刻地揭示其研究对象的本质和规律，才能更有效地指导我们的教育实践。”② 基于此，他明确提出：“教育科学是一个内部结构具有层次递阶性的独立系统，可以采用系统分类法进行学科分科。”③他用系统分类法建构了他的教育学体系。具体的方法是：“第一层次子系统包括基础学科和应用学科。第二层次是从第一层次子系统中派生出来的子系统。首先，基础学科派生出理论学科和一般学科两个子系统。其次，由于应用学科把教育基础理论应用于不同的领域，同时，又采用不同的研究方法，渗入了不同的学科成果，因而，派生出部门教育学科、区域教育学科、专业教育学科三个子系统。第三层次系统是从第二层次系统专业教育学科派生出来的跨部门教育学科和职能教育学科两个子系统。”④胡先生的系统分类方法具有很大的优点，既有层次性，又有完整性，具体说来，主要体现在以下三个方

① 高闰青著：《胡德海教育思想研究》，河南大学出版社2009年版，第158—162页。

②③④ 胡德海著：《教育学原理》（第二版），甘肃教育出版社2006年版，第26、30、30页。

面:“第一，能够明显地透视教育科学体系的层次结构；第二，能够看清各子系统学科之间相互联系和相互区别的关系；第三，能够较为科学地对教育学内部学科进行有序的分类。”① 基于此，胡先生提出了他对教育学体系基本结构的思考：教育学体系应由宏观、中观和微观三个层次构成。宏观层次可谓是“理论教育学”，包括教育学原理、教育基本理论、教育哲学等学科；中观层次包括部门教育学（如高等教育学、中等教育学、初等教育学等）、边缘教育学（如教育心理学、教育社会学、教育经济学等）和教育活动与过程论（如教学论、学习论、课程论、教师论等）；微观层次是“应用教育学”，包括教育管理学、教育统计学、教育评价学及各门学科教育学等。②这一教育学体系的构想在我国教育学研究中是一个具有方法论意义的创见。

人类历史表明，社会科学的巨大发展是在彼此相互依赖的整体性革命之后实现的。在胡先生的教育理论中，他明确指出：“任何一门科学理论离开其他科学的融会贯通，都不能形成、丰富和发展。因为人们的社会实践和社会生活本来就是相互联系的整体，对它们的反映和调节也不能彼此孤立。因此，各门学科之间必然相互联系、相互作用地交织在一起。像任何一门现代科学一样，教育科学总是通过跨学科的方法不断开拓其理论的视野。”这样，教育学一旦在理论上成熟，也可以为其他学科提供教育学建设的理论成果，为人类精神文明的建设作出自己的贡献。“从近代到现代，教育科学理论形成了一个庞大的体系。这个系统的形成，就是从旧科学的不断充实和健全，新学科的大量涌现中完成的。”③

教育的产生与发展与社会的各个方面相关，因此，要研究教育，就一定要把它放在更广阔的背景下进行剖析，把它与人类和整个物质世界联系起来，对它进行深入研究。胡先生对于教育的研究，可以说主要体现在“教育、人类、物质世界的系统思考上，给人们一个关于教育的系统的历史的概念，即让人们得到一个关于教育的产生原因、关系、网络发展趋向、历史地位等问题的全面了解”。④唯此，才能在最广泛的意义上研究教育规律，把握教育机制，制定教育策略，指导教育实践。

系统论指出，部分之和不等于整体，整体大于部分之和。因为整体不是部分的拼凑，而是部分与部分之间结构的优化，从而发挥整体功能。结构最优化，则功能才最大化。对此，胡先生认为：“教育理论工作者必须从整体上通晓现代科学……对教育的具体内容进行深入研究，才能理解教育的内涵，把握教育的特点，选择适合的内容，创造科学的教育方法。这不仅需要研究教育的整体，而且需要研究教育的各个部分；不仅需要研究教育的内部规律，而且需要研究教育以外的东西。”⑤正是以系统论方法作为利器，胡先生的教育学理论研究能够不断突破旧有的框框，进而构建富有创见、体系完整的教育学体系，并最终筑起具有坚实的地位和顽强的生命力的教育学大厦。

---

①②③④⑤ 胡德海著：《教育学原理》（第二版），甘肃教育出版社2006年版，第30、34、54页，第二版前言第3页，第51页。

胡先生关于教育学体系的理论研究与建构，引起了当时教育理论研究者的强烈反响，同时也给了我们一些启示。一是要突破学校教育的范围看待教育，必须用系统、整体、开放、发展的大教育观看教育。唯有教育学对象从学校教育走向人类所有教育现象的大教育，我们才可以看清教育的全貌。二是教育学的研究对象必须从教育问题入手。因为任何教育现象不可能直接进入研究者的研究视野，只有当研究者意识到教育的发展务必解决哪些问题，这些问题的解决能有利于教育中人、事、物的协调发展时，它才成为我们研究的对象。① 于是乎，教育学的研究对象的范围也就清晰明了，即包括人类一切教育现象。

三、对教育起源、存在和发展过程的总体认识

（一）教育起源于人类社会生活的需要

胡德海先生的教育思想博大精深之处，在于他能纵观人类发展的历史，以穿越时空的智慧去认识人类的教育现象。他以磅礴的气势把教育放在人类发展的历史长河中进行研究。20 世纪 90 年代“大爆炸”理论得到了认可，人们承认宇宙是有始有终的。150 亿年以前是宇宙发生的起点，大爆炸之后产生了最原始的物理物质，随后是化学物质、生命物质和人类。因此，只能将“教育”放在几百万年的人类历史长河中去观照。

教育起源，作为教育的一个理论问题，它研究的固然是人类的教育，但在胡先生看来，这种教育并不是指今天人们可以随处看到的教育形态，也不是指历时 300 万年之久的在原始社会存在的教育事实，而“是指地球上出现人类、社会时，与此同时出现的教育这种社会现象，是由于什么原因才得以产生和出现的问题”，是要“追究地球上初民之时的教育究竟因何起源的问题”，“是要探明这种最古老、最原始的教育形态何以能够在人类社会出现与产生的终极原因”。② 胡先生在这一问题的探究中，充分运用了进化论的思想，将教育的产生与人类社会的产生与发展有机地联系在了一起。

关于教育的起源问题，在教育学术史上已有不少学者思考并论述过。较为人们熟知的有：教育的生物起源论、教育的心理起源论和教育的劳动起源论。胡先生对这些观点感到怀疑，并对这一问题作了一些深入的思考。20 世纪 80 年代，胡先生较早深入评析了教育生物起源论、心理起源论和劳动起源论观点的简单化和机械化，尤其对苏联学者的教育劳动起源论不表赞同。他在秉承我国早期马克思主义教育学者杨贤江、钱亦石关于教育起源思想的基础上，发表了《教育起源问题刍议》和《论教育

---

① 杨晓：《胡德海教授对教育理念的沉思与重建》，《太原师范学院学报》（社会科学版）2009 年第 3 期。

② 胡德海著：《教育学原理》（第二版），甘肃教育出版社 2006 年版，第 144 页。

起源于人类社会生活的需要》，论证并确立了“教育起源于人类社会生活的需要”的观点。① 胡先生的这一观点有着可靠的理论依据：“一是哲学上的需要理论；二是文化学的理论，主要是基于文化学的理论对社会所作的分析和认识；三是基于马克思主义与文化学的理论对人（指人类个体）的存在及其本质的认识。”②

首先，胡先生从哲学上的需要理论来说明人的需要的重要意义。他认为，“人的需要是对自身生存和发展的一切条件的依赖和要求，反映人和世界的实际联系，是人活动的前提”。“需要在人们的社会活动中是一个决定的因素，具有积极的性质。离开需要就不能正确说明社会现象。”“人的需要构成人的本质还表现在人具有实践需要。实践活动是人类特有的一种需要，也是满足需要的过程。”③ 其次，胡先生从文化是人类社会的本质属性之所在出发，提出了教育是社会文化发展需要的观点。他认为，教育不仅借由文化的运用“使人能成为人”，而且社会的生存与发达，也经由教育的运作与实施而使社会的生命维持下去。初民之时，虽无教育之名，而有教育之实，几百年来教育的功能和意义都是如此。这种情况，便足以说明教育正是基于社会文化传递、传播、发展的实际需要而产生的。他说：“教育是一种以人类社会文化的传递继承并以人的培养为功能的社会现象和社会实践的活动。它以社会生活尤以人类已取得的精神文明成果为其教育内容……研究教育起源的问题，和研究其他社会现象、其他社会实践活动的出现一样，说到底总是由于社会生活的需要。”④

但由于教育是以人为对象的，因此，研究教育的起源问题，我们不仅要从宏观的角度，看到人类教育随人类社会出现而出现，突出人类营谋社会生活的需要，同时还要从微观方面看到，教育也出于发展个体的需要。胡先生以莱斯利·怀特等人的文化进化论思想为理论依据，得出了“所谓教育，就其实质来说，它是人类文化的一种传承手段”的精辟论断，也才有了他的个体社会化的需要论。他认为，人有两种需要：“一种是人类在种族发展过程中，因维持生命和延续种族，形成对某些事物的基本需要，如对营养、自卫、繁殖后代的需要；一种是在社会中，为了提高物质和精神生活水平，形成高一级的需要。人的需要是在社会实践中得到满足和发展的，它表现为愿望、意向、兴趣、理想、信念等，是推动和指导行为的直接因素。”⑤基于此，胡先生提出了“教育起源于人类社会生活的需要”的科学论断，从而澄清了许多理论上的混乱，为认识教育现象提供了理论依据，成一家之言，得到了学术界的普遍关注和认同，被学界同行广为引用和评介。

（二）教育存在和发展的形态

关于教育的存在和发展，胡先生明确指出，人们长期以来以社会形态或社会关系

① 高闰青：《教育学理论体系的研究与建构——胡德海教育思想评述》，《西北师大学报》（社会科学版）2007年第5期。

②④ 胡德海著：《教育理念的沉思与言说》，人民教育出版社2005年版，第118、110页。

③⑤ 胡德海著：《教育学原理》（第二版），甘肃教育出版社2006年版，第154—156、157—158页。

的发展阶段性来划分教育的历史阶段是片面的。他从纵横两个维度，对教育的存在与发展做了理论上的划分。胡先生认为教育是一种社会历史现象，它的存在和发展受社会历史条件的制约，不存在脱离社会影响的教育。教育与人类的生产方式密切相关，生产方式和社会性质的变化必然引起教育形式、手段和内容的改变。人优越于其他自然物的本质特征之一，就在于有意识和有自我意识，是自觉能动的存在物。人类认识和改造自然的历史，就是不断地把自己同自然界间未知的、自在的关系转化为已知的、自为的关系的过程。① 胡先生依照工具与人的实践活动的结合，把人的发展划分成不同的阶段：原始采集人、农业人、工业人、信息人。他认为："人的发展，表明人类在不断地发生量的变化和局部质变。不同阶段的人，运用的工具不同，掌握的知识不同，拥有的技能不同，从事实践活动也不同，而这些都和不同层次的文化水平相适应，与实践能力的提高相适应，与教育发展的不同层次相一致。"② 教育的发展，是教育自身进化演变的历史，其中也包括教育现象不同形态的活动方式的变化发展。可以说，教育的出现与发展是人类社会进步与发展的主要动力源。由于教育在社会的发展与进步中具有如此重要的力量，需要我们借助理性的力量，用整体发展的观念对现存的以及发生过的教育现象进行认真的梳理与挖掘，以求教育合理性、合目的地向前发展。

纵观人类自古及今教育演变的过程，他指出，人类历史上存在着自在教育和自为教育这样两种不同层次、不同体系、不同形式、不同特点的教育，从自在教育向自为教育的发展，是人类教育发展的必然。③自在教育是指教育活动在人们的不知不觉中产生，并在人们不知不觉中起着传递社会文化的重要作用。这种教育在人类历史上出现最早，层次最低，形式最简单，是和自然经济相互适应、相互依存的。社会的发展，生产力水平的提高，使得人们在长期劳动和社会生活中不知不觉地积累和创造了更多需要传播和传递的经验、知识和文化，文字的出现，使人类教育进入了一个新的发展阶段——自觉地从事教育活动的新阶段。从此，人类教育进入自为状态，出现了以学校教育为标志的自为教育。随着自然科学的不断进步，以先进的智能机器体系为整个生产力基础的第三代生产力的出现，"把人类自为教育推进到了一个最新阶段，人类将进入一个以自为教育全面代替自在教育的崭新的历史时期，即全面自为教育的时期"。"未来的教育将是在更高形式回复到原始教育的性质"。④由此，也就出现了教育的存在和发展形态：自在教育和自为教育。可以说，胡先生这一理论的产生，为我们学习化社会的建构、终身教育理念的树立和发展奠定了坚实的理论基础，也为人类的教育事业发展提供了光明的前景，将我们对教育的认识从盲目的状态中解放出

① 高闰青：《教育学理论体系的研究与建构——胡德海教育思想评述》，《西北师大学报》（社会科学版）2007 年第 5 期。

②③④ 胡德海著：《教育学原理》（第二版），甘肃教育出版社 2006 年版，第 166、166、176 页。

来，将一个有计划、有目标的全民教育展现在我们面前，坚定了我们对教育的终极目标——人的全面发展的不懈追求。正如他所说的：“人的解放，教育的发展也是与这个自然的历史过程完全相一致、相平行的一个自然历史过程。”①

四、对什么是教育的认识

（一）对教育现象的认识

一切事物都是现象和本质的统一，这是事物的客观辩证法。通过现象认识事物的本质，这是认识的直接任务。“教育形态，也就是教育现象，是指可以被人们感知到的教育的外在形态”。②在教育学研究领域，一般对教育的本质和功能研究得比较多，而对教育的现象即教育的存在形态问题却注意不够，研究很少，甚至没有研究。我们翻开任何一本教育学教科书，关于教育本质与功能的研究都有专章论述，而对教育存在的形态问题却付之阙如，从未见到专章专题阐述者，这不能不说是教育学研究中的一个缺陷。“由于教育有其多样的规定性，现实生活中的教育现象也是错综复杂的”。③因此，我们既要看到教育现象的复杂性，不能用简单化的态度和方法来对待教育研究，又要坚信教育现象是有规律可循的，否则就会陷入到不可知论和相对论的泥坑中去。胡先生对教育现象中的一些观念、思想、原理进行了阐述，对教育的存在形态进行了合理的划分，为我们开拓了一条很宽广的学术视野。

胡先生认为，“教育学的理论基础是基于微观的和宏观的教育实践需要，而教育学的微观对象就是教育活动，主要是对人的发展和教育；教育学的宏观对象，就是教育事业，中心内容是教育为群体、为社会发展和进步服务”。④因此，要把教育活动与教育事业区分开来进行研究。但不论是教育活动还是教育事业，都是由教育活动、教育制度和教育思想构成人类社会的教育形态（教育现象）。教育活动是人类最基本的教育形态，教育事业是人类较高层次的教育形态，教育思想是人类最高层次的教育形态。教育事业包含着教育活动，教育事业的中心任务是组织、推动和优化教育活动，使之有序化、规范化、目的化，并使之与社会生活社会要求联系起来，结合起来，成为社会所需要的一种事业，如果背离了这个中心，教育事业便失去了存在的基础。而教育理论、教育思想则是教育现象、教育形态最深层的部分，是在教育活动和教育事业的基础上形成和概括的，又往往作为一种教育法则，指导和制约人们的教育活动和教育事业的实践，集中体现着教育理论和教育活动的统一。⑤胡先生关于教育形态的分类，不仅确立了教育思想在教育现象中的核心地位和指导作用，为树立正确的教育理念、不断促进教育理论的创新与发展提供了理论依据，为理论指导实践明确了指向，同时弥补了教育学研究中关于教育形态问题的缺陷和不足。

---

①②③④⑤ 胡德海著：《教育学原理》（第二版），甘肃教育出版社2006年版，第176—177、201、206、209、213页。

（二）对教育本质的认识

教育的本质问题，就是要回答“教育是什么”的问题，中外教育史上有不少思想家、哲学家和教育学家曾有过不同的观点。胡先生认为，人们对教育的本质的认识总是在不断发展，任何关于教育本质的学说既有时代的局限性，又有一定的历史合理性。如何看待前人的认识成果，需要一种历史主义的态度或者说是一种历史主义的方法。既要看到以往各种见解的历史局限，又应看到它们的历史原因，不苛求前人，也不拘泥于前人的某些论述。正是在这样一种思想方法的基础上，胡先生推陈出新，提出：“教育是人类一种特有的文化传递的形式、手段和工具。教育的本质属性是其传递性、工具性、手段性。”①

20世纪80年代初，我国教育理论界开展了关于教育本质属性的大讨论，出现了“教育属于社会生产力的范畴”和“教育属于社会上层建筑的范畴”两种对立的观点。可以看出，这是站在社会的视角，从社会的观点来看教育。然而，教育是人的社会活动，仅仅站在社会的视角，容易忽视教育对个体的生长和人生发展的意义，从而不能把握教育的整个质的规定性。胡先生反对脱离教育现象谈教育本质，坚持透过现象认识本质的马克思主义方法论，于1981年发表了《关于教育的本质属性》② 一文，明确提出：“说到底，教育的本质所要回答的就是‘教育是什么’这样一个问题，本质是事物的规定性，教育的本质也就是教育的规定性。”③ 应该说，在教育活动中，文化的传承和创新起着基本和关键的作用，教育正是通过文化的传承和创新使个体社会化的。文化的传承和创新也是教育在人类社会发展中应当承担的历史使命。基于此，胡先生以马克思主义关于人的本质和文化作用的基本理论为指导，提出了教育“是人类一种特有的文化传递的形式、手段和工具”。④教育的本质是通过传承文化使个体社会化的活动，并促进社会的发展和个体的全面发展。“所谓的教育的本质问题，主要是基于对教育存在形态的功能和作用的揭示，而传承社会文化是教育最根本的使命，也是教育最基本的功能和作用所在。因此，教育在本质上是一种传承人类精神文化的手段和工具。”⑤ 这是对教育本质作出的科学概括。这种观点打破了一般教育学把教育的本质仅仅看作是教育是培养人的活动的观点，有利于我们用历史的开放的观点审视教育学中其他学科。胡先生关于教育本质的论述对于我们的启示意义在于使我们意识到，不能仅仅把教育的本质限定在社会的属性上，因为人才是教育的根本和归宿。同时，他也启迪了我们对事物的认识要抓住“本质”。⑥

“人们对教育本质的认识，是一个带根本性的教育理论和教育观问题，可以直接

---

① 胡德海著：《教育学原理》，甘肃教育出版社1998年版，第221页。

② 胡德海：《关于教育的本质属性》，《教育研究》1981年第3期。

③④ 胡德海著：《教育学原理》（第二版），甘肃教育出版社2006年版，第214、223页。

⑤ 胡德海著：《教育理念的沉思与言说》，人民教育出版社2005年版，序言第5页。

⑥ 高闰青：《教育学理论体系的研究与建构——胡德海教育学思想评述》，《西北师大学报》（社会科学版）2007年第5期。

反映出他的教育视野，并从总体上决定着他对教育的外延、内涵和教育的现象和本质的认识”。① 思考“什么是教育”这个带有根本性、终极性的问题，就必须要把人类社会自古迄今一切教育现象尽收眼底，而不能有丝毫的例外和特殊。这本是最明达、最浅显的道理，然而又是最难、最具挑战性的理论问题。胡先生则从教育与社会、教育与个体、教育与文化以及个体、社会、文化的相互作用和联系中引领我们看清了教育的本质特征，同时也让我们看清了人之为人的本质所在、文化的本质所在。② 可以说，胡先生关于教育本质的论述体现了他学术视野的宽广，逻辑思维的缜密和严谨。

五、对教育功能的认识

（一）教育功能的含义

教育的功能问题，是同教育的本质问题密切联系的。教育的本质问题是要回答教育是什么的问题，而教育功能则是要回答教育自身究竟有何种作用的问题。而要回答教育是什么这个问题，先要回答教育对人类社会具有什么作用这个根本问题，即教育的功能问题。1999年，胡先生发表了《论教育的功能问题》一文，认为教育功能“就是指我们所研究的教育究竟自身具有何种作用的问题”。教育不仅对人类个体和群体有作用，它对社会文化尤有重大的作用。“教育的功能主要表现在对文化和对人这两个方面”。③

在教育的功能观上，胡先生把教育的功能分为三个不同的层次。教育的基本功能在于传递社会文化，这是教育的本体功能。教育活动作为人类世代创造积累起来的知识、文化的一种传递、传播的工具和手段，是直接以人类的个体为对象的。社会文化首先必须要传递到社会的每一个个体，文化作用于个人。因此，教育对社会个体首先发生作用，促使其成为“文化人”。一个人的文化修养提升的最终结果则是促成其为人的生存和发展所根本需求的“成人”和“成才”这两方面，这是教育第二个层次的功能。教育对社会的作用则是教育对人的作用结果的集中体现。这可以分为两方面：一是教育可以“极大地提高全民族的文化修养”；二是教育能够为社会“培养各级各类人才”。这是教育第三层次的功能。其中，第二、三层次的功能是教育的本体功能派生的结果，第三层次的功能也同样是第二层次功能所派生的结果。④

（二）教育、人与社会的关系

教育、人、社会三者的关系问题，是教育基本理论研究中很重要的一个问题，涉及许多学科领域和多方面的知识理论。作为教育学领域的问题，它是一个关于教育的作用、功能、意义、价值诸方面的问题，旨在阐明教育和人的成长、发展及社会发

---

①④ 胡德海著：《教育学原理》（第二版），甘肃教育出版社2006年版，第214、252—253页。
② 高闰青著：《胡德海教育思想研究》，河南大学出版社2009年版，第65页。
③ 胡德海：《论教育的功能问题》，《西北师大学报》（社会科学版）1999年第2期。

展、进步的关系。理清三者之间的关系问题，是认识教育功能问题的理论前提和基础。1992年，胡先生在《教育研究》发表《论教育、人和社会的关系》一文，提出了教育、人、社会三者的关系，要把握以人自身为研究对象：一是个体决定人类发展本质，人类的发展归根结底总是落到个体的发展上，教育的作用、功能、意义、价值发挥要以促使个体的健康成长和发展为基础；二是社会性是人的一种特性，这不仅决定了教育的社会性，而且决定了教育事业必须以社会根本利益为依托。① 基于此，胡先生把三者的关系界定为：①教育对人的成长、发展来说，是一种手段、工具，而人的成长与发展对教育来说则是一种目的；②教育对社会的发展进步来说是一种手段、工具，而社会的发展与进步对教育来说则是一种目的；③社会的发展与进步对人的成长与发展来说，既是目的，也是手段。②针对教育的价值选择中社会本位论和个人本位论的长期纷争以及我国教育实践中只强调个人服务社会的倾向，胡先生创造性地提出了"以个体发展为基础，以社会进步为主导"的见解。③ 教育的本体功能只有从其对人的功用性角度来着眼才是正确的。正如他所说："人与社会的发展，相互依赖、相互渗透、相互促进。但是，如同任何物质形态的个体具有决定该类物质的性质的地位一样，人类的个体也具有决定人类这一类物质性质的地位。"④

（三）教育对人的作用

教育对人的作用所表现的是教育功能的第二层次。教育活动作为人类世代创造、积累起来的知识、文化的一种传递、传播的工具和手段，是直接以人类的个体为对象的。这样，教育所传递、传播的社会知识、文化必然首先作用于社会的个人。胡先生非常注重人的主体地位在教育功能中的体现，坚持"以人为本"的思想，即文化传承到个人，再到整个社会的思想方法，进一步揭示了教育对人对社会所具有的全部功能。这便是：教育最基本的功能是传承文化，文化作用于个人，使其成为"文化人"，一个人的文化修养提升最终结果则是促成其"成人"和"成才"。胡先生认为："教育和人的关系问题，即之所以需要教育，第一位的原因是为了自身的生存，其次才是为了人的发展。并且就教育和人的发展关系问题来说，中心的问题也不是一个，而是两个，即成人和成才这两方面的问题。"⑤ "所谓成才，从一个人来说，是通过教育的造就和培养，以及自觉地进行文化内化、具有谋生的本领，有了得以自立的条件和参与社会活动的能力；而从社会来说，有了一个可用之材，获得了可以推进社会生活发展进步的人力资源"。⑥但教育在人的成才过程中不能只注重智力因素，也必须依赖于诸多包括人的情感、意志和人格特征在内的非智力的精神因素，也就是在做人的基础上成才。

站在人类社会和历史的立场来看教育对人的"成人"和"成才"这两种功能，

---

①②④ 胡德海：《论教育、人和社会的关系》，《教育研究》1992年第12期。

③⑤⑥ 胡德海著：《教育学原理》（第二版），甘肃教育出版社2006年版，第254、258、273页。

我们就会发现二者之间存在着内在的相辅相成、彼此依存的紧密关系。胡先生从文化传承和存在的机制探讨了教育“成人”和“成才”功能的教育学意蕴。每个人生下来都只是血肉之躯，只有种种的生理机能，他要成为一个人，成为万物之灵，必然要经过一个复杂的社会化过程，就是社会文化对个体的装备过程，也是个体接受社会文化的影响过程，使人在学习世世代代积累起来的经验的过程中，在吸收文化的过程中实现社会化。“他必须‘学会’在‘文化’水平上‘生存’，而且必须‘继续’在‘文化’的水平上‘生存’。他不仅必须达到以往人类‘文而化之’的水平，而且必须作出努力保持与当代人‘文而化之’的运动处于同步的状态。而这一切，则必须通过‘教育’，而且是‘终身教育’。”①

可以说，胡先生所提出的“成才”原则与我国基础教育新课程改革中所提倡的“知识与技能”、“过程与方法”、“情感态度与价值观”的“三维目标”是不谋而合，都是指向学生全面发展，注重学生在品德、才智、审美等方面的成长，强调人的价值、尊严、主体性在教育中的体现。胡先生的这种强调“以人为本”的观点为当今社会发展的根本理念——创造和谐社会、坚持“以人为本”做了很好的教育学理论解释，为多年的教育学领域中关于社会本位和个人本位论的争论以及我国教育实践中强调个人服务社会的倾向做了理想的回答，纠正了教育价值选择中只注重社会进步或只强调个人发展的偏颇，从而为社会发展和个人成长提供了一种合理的结合方式。②这也就是胡先生坚持让笔者的博士论文选题为《“以人为本”理念及其教育实践问题研究》的根本原因和良苦用心所在。当前，“育人为本”已列为我国教育改革发展的工作方针，坚持“以人为本”的教育理念日益深入人心，教育事业也在悄悄地发生着变化。从这个角度上理解，胡先生关于教育功能的“以人为本”价值取向具有一定的前瞻性，对我国教育理论的研究与发展具有重要的引领作用。

（四）教育对社会的作用

《学记》综合了春秋战国时期儒家的思想成果，把教育的社会作用明确地概括为“建国君民”、“化民成俗”，可以说这是儒家对教育的社会作用的最经典结论。教育对社会的作用，从根本来说，是教育对人的作用所产生的结果和其集中的综合的表现。从另一个角度来看，教育对社会、国家的作用建立在教育对人的作用的基础之上，教育的功能必然只能反映在人的身上。基于此，胡先生把教育对社会的作用概括为“提高人口质量”和“培养社会人才”这两个方面。也就是说，教育对社会的作用则是教育对人的作用所产生的结果和其集中的表现：一是教育可以“极大地提高全民族的文化素养”；二是教育能够为社会“培养各级各类人才”。③

从人类学的角度讲，人类的存在有个体和群体两种形式，个体也就是个人，而国家、社会就是人类存在的一种重要的，也就是最高层次的群体形式。因此，人类的发

①③ 胡德海著：《教育学原理》（第二版），甘肃教育出版社2006年版，第274—275、294页。
② 高闰青著：《胡德海教育思想研究》，河南大学出版社2009年版，第256—257页。

展，要表现为个人的发展，也要表现为国家、社会的发展。也就是说，，教育具有促进社会发展和促进个体发展的双重功能。其中，作为“个体”的人的解放、发展和完善是教育活动的根本出发点；“使个体社会化”是教育活动的核心和基本要求，目标是在个性得到充分发展的基础上使作为“个体”的人实现社会化，成为社会所要求的尽可能完善的人；在文化内化的基础上实现“文化”的传承和创新，既是教育“使个体社会化”的基础，也是教育在人类社会发展中应当承担的历史使命。作为个体的人是学习和成才的主体，学校教育是为“个体”的人学习和成才服务的，应当努力把作为个体的人造就成为富有主体精神和创造力的人。①

在对教育功能的总结中，胡先生认为：“教育的主要功能即在传递文化，把社会文化传递给人、造就人，这也就是培养人，使个人得以在社会上生存和健康发展。在此基础上，社会当然也就得到延绵和发展。所以说，人的发展也好，社会的发展也好，对文化和教育这种社会形态来说，都只是果而不是因。”② 胡先生对教育功能的精辟论述的启示意义在于不能仅仅把教育的功能限定在社会属性上，因为人才是教育的根本和归宿。正如他所说的“由于个体决定人类本质，社会只是人类的群体形式，所以，人类的发展归根到底总是落实到个体的发展上，社会的某些本来不为单个人所具备的能力也在不断地转化为个人所能具备的能力”。③这是胡先生在教育功能中坚持“以人为本”思想的根本原因，也是他对教育应当坚持“以人为本”理念的哲学阐释。

六、对教育与自我教育及其关系的认识

胡先生在教育学理论方面最具创见的亮点是关于教育与自我教育的理论。人类文化的传递与继承，对人类社会来说是个至关重要的大问题，关乎整个人类的生存与发展。胡先生认为，人类社会文化的传承途径包括教育和自我教育两个方面，二者在人类教育活动中常常是紧密联系在一起的，很难把它们截然分开。但在理论上二者并不是一回事，有着根本的区别，各有不同的质的规定性。教育的根本特点是他控性与师授性，自我教育的根本特点是自控性与自授性。但是在人的实际生活和人类文化传承活动和过程中，二者又存在着统一性和互补性，是一种相互依存、彼消此长、循环不已的辩证关系。对于一个人的成长来说，二者不可偏废。胡先生还用了一幅太极图来形容教育与自我教育二者的辩证关系（见下页图）。④

---

① 高闰青：《在阐释中生成意义——胡德海教育思想的学术造诣》，《当代教育与文化》2009年第3期。

②③ 胡德海著：《教育理念的沉思与言说》，人民教育出版社2005年版，第163、174页。

④ 胡德海著：《教育学原理》（第二版），甘肃教育出版社2006年版，第237页。

在胡先生看来，人类文化的传承活动，始终呈动态变化态势。它对社会的个体来说，先由教育开始，顺时针方向发展，由大、宽、强，到小、细、弱，直到无，而在这个过程中自我教育应运而生，然而却是逆时针方向发展，由小、细、弱走向大、宽、强。这种变化关系可以从纵横两个方面来理解。从人一生求知学习的纵向过程来看，一个人在从小学、中学、大学、校后生活的整个过程中，总是从接受他人教育为主，到自我教育的萌生，再到自我教育为主的。也就是说，对个体来说，教育是由大、宽、强而逐渐走向小、细、弱。而自我教育则是由小、细、弱而至大、宽、强的。从横向上看，也是如此，在某个具体的教与学的活动中，人们是由不知到知，由知之不多到知之多了起来的，但是，正是这个时候，有时人们反而更觉自己的无知或知之太少，以至有“甘当小学生”的真诚愿望的出现。于是，教育—自我教育—再接受教育（甘当小学生）—进一步地自我教育的连环关系就不断出现，并且呈螺旋式上升的发展态势。① 胡先生的这一理论全面地解释了人类文化的传承现象及个人的文化提升过程。这种理念从大的方面讲为人们的自我教育和自学成才提供了理论上的依据。更重要的是胡先生的观点为当代建构学习型社会、建构终身教育体系提供了有力的理论基础和中肯的解释。从小的方面讲，这种理念有助于我们从根本上认识和澄清教育理论中“教”和“学”方面的各种混乱和错误，有助于纠正在教育实践中的各种偏颇和极端的做法，如“重教轻学”或“重学轻教”，或看不到教和学之间的动态转化规律，用机械的观点去认识和处理教育实践中的问题。②

七、结语

胡先生在教育学的理论方面还有许多精辟的见解。他对教育学理论的认识与论述是十分系统、非常本质、极富创建的，既站在历史高度上具有战略意义，又身处我国教育学发展实际中可以操作；既继承了我国优秀的教育传统，又汲取了世界先进的教育经验。胡先生还著有《人生与教师修养》、《雷沛鸿教育思想研究》等很有影响力的著作。可以说，胡先生一生读书、教书、著书，走的是一条与书相伴的学术之路，把学术研究作为自己安身立命之本来信奉且践行一辈子。当然，学术成果除了体现学

① 胡德海著：《教育学原理》（第二版），甘肃教育出版社2006年版，第237页。

② 杨晓：《胡德海教授对教育理念的沉思与重建》，《太原师范学院学报》（社会科学版）2009年第3期。

人的学术思想，也综合反映了学人的学术风格。对于学人来说存有某种难以言说且无可替代的魅力，它“无所谓卑贱，也无所谓神圣。作为某种活法，它仅仅对学人来说才是第一重要的，它给了学者以生存意义，同时也要求学人支付一生心血。”① 梁启超曾把现代人文学术传统归纳为学术为本、思想独立、科学归纳、朴学文体四个方面。只有做到这四条，才无愧于现代学者的称号。从胡先生的著作与论述中，从他的学术历程与品格中，我们都能窥见他的学者风范。他有所论述，皆发为心声，不遮掩，不妄言，真诚之品格溢于字里行间和言语之中。

治学与为人一般地讲是统一的。胡先生其本身所具有的学术内涵，实际上是他人格精神的外在表现。他为人真诚，对学问、对人生始终坦诚相对。其真在于其言行均能发自本心，无论环境怎样变化，都力求不说违心的话、不做违心的事；其诚在于尊重事实，尊重规律，尊重人情、人性。对教学、对学术，他兢兢业业、全力以赴，待人处事则有为有守、直道而行，在学生中和学术界享有极高的声誉。熟悉胡先生的人，对他的人生境界和治学精神无不钦敬有加。他 1996 年出版了《人生与教师修养》，时年 69 岁；1998 年出版了《教育学原理》，时年 71 岁；2001 年出版了《雷沛鸿与中国现代教育》，时年 74 岁；2005 年出版了《教育理论的沉思与言说》，时年 78 岁。同时，胡先生不断在权威期刊上发表自己的学术论文，演绎着一个学者的生命意义。2012 年，85 岁的胡先生在《教育研究》发表了《王国维与中国教育学术》一文。按凡人常理，耄耋之年自当静养，而胡先生却老当益壮、勤思善著、乐此不疲，求知的欲望仍然旺盛，并坚持工作在教育工作的第一线，为博士生讲授“教育学原理”，也时常参加各种学术活动，一如既往地追求着他的学术生活。此情此心，令人喟然感佩！他同时又是一个崇尚气节、砥砺情操的人，他要求自己能始终保持纯正的心灵，养成独立思考的习惯和分别是非善恶的能力，而把自己的生活和社会联系在一起。因此可以说，求真理、做真人，是他终身的追求。或者也可以说，这也就是今日作为学者和教育学家的胡德海先生的基本风貌。1994 年，我国著名教育家、北京师范大学资深教授顾明远先生曾这样评价胡先生：“好学深思、刻苦钻研，具有深厚的理论基础……40 年的磨炼，始终坚持不懈，严谨治学，无论在教育学原理，还是在人生哲学等领域，都有极高的造诣和深邃的创见。特别是在改革开放以后的 10 多年来，时有见地卓越的论著问世，在我国教育理论界影响深广，声名卓著。”② 时过近 20 年，认真阅读和领略胡先生关于教育学理论研究的独特见解和卓越贡献，仍然能够感受到这种评价的中肯。

（责任编辑 刘 捷）

① 夏中义著：《学人本色》，广西师范大学出版社 2004 年版，第 22 页。

② 胡德海著：《人生与教师修养》，上海教育出版社 1996 年版，序言第 2 页。

廖哲勋 1936年生，湖南汨罗人，华中师范大学教育学院教授。1959年1月毕业于华中师范学院（今华中师范大学）教育系，一直在该系从事教育学、教学论、课程论的教学与研究工作。1982—1984年在美国肯特大学教育研究院课程教学系学习课程理论，并加入了美国教育研究会。1989年和1991年先后受国家教委派遣赴英国、美国、加拿大考察中小学课程改革情况。曾任全国教育科学规划领导小组成员，现任中国教育学会教育学分会学术顾问、课程学术委员会顾问。在从事课程教学研究的30多年中，经常深入中小学，坚持为我国基础教育服务的方向，将调查研究、试验研究与理论研究结合起来，潜心探索符合中国实际的课程理论体系。先后发表学术论文90多篇，著有《课程学》、《课程新论》、《小学活动课程设计》等。所著《课程学》于1995年获全国高校优秀教材二等奖，所主编的《课程新论》于2006年获全国教育科学研究优秀成果一等奖。还有多篇论文及多项课题研究成果获全国优秀科研成果奖。有多篇论文被《新华文摘》、《中国社会科学》等媒体转载。

《用发展的眼光透视当代课程与教学的关系——兼论当代课程论与教学论的关系》导读

用发展的眼光透视当代课程与教学的关系

——兼论当代课程论与教学论的关系

廖哲勋

【摘要】 当代课程与教学具有不同的本质属性。二者作为学校教育系统中的两个子系统，在运行过程中形成了相互联结、相互制约、既相适应又相矛盾的关系。其相互关系包含三个要点：（1）彼此经常进行物质交换、信息交换和功能交换；（2）课程为教学提供指南，教学则为课程实施提供主要途径；（3）二者在运行过程中经常产生矛盾，由此而推动双方向前发展。本文最后分析了当代课程论与教学论之间的横向联系，透视了两学科在各个横向联结处所展示的一致性与差异性，论述了两学科之间存在的密切联系、相互制约、相互促进的关系。

【关键词】 课程；教学；课程论；教学论；关系

课程与教学是教育学的一对重要范畴，课程论与教学论则是教育科学中两个既有密切联系、又相对独立的分支学科。长期以来，学界对这一对范畴的关系以及这两个分支学科的关系一直存在歧义。一般说来，学术争鸣可促进科学的发展，但如果各执一端而不能超越自我，则对教育科学的发展十分不利。从这两个范畴、两个学科进一步发展的客观要求看，只有以科学发展观为指导，立足实践，抓住矛盾，准确分析和解决矛盾，才能正确认识和处理这两方面的关系。

一、不同学术观点的博弈

自教学与课程产生以来，国内外学者对二者的关系持有种种不同的看法。西方学者曾有五种不同的见解：一是“教学包含课程模式”；二是“二元独立模式”；三是“相互交叉模式”；四是“课程包含教学模式”；五是“二元循环联系模式。① 这几种观点的交锋持续了几十年的时间，到了20世纪80年代，一些西方学者提出了人类应

① P. F. Oliva. Develiping the Curriculum（3ed）, New York：Harpercollins Publishers Inc. pp11.

以自主的行动来进行社会建构的主张，称之为“解放兴趣”。他们据此而提倡“体验课程”，即被教师和学生实实在在体验到的课程，从而认定：课程是“一个情境化的社会过程”，是“一系列事件”，是“学生有机会学习的东西”，是由师生交互作用而产生的“一种不断生成的建构”①。简言之，他们主张把课程与教学融合起来。美国学者韦迪（R. Weade）称之为“课程教学”②。

国内学者对课程与教学的关系也有五种不同的看法。其一是“教学包含课程”论。此观点由来已久，认为教学是课程的上位概念，课程包含于教学之中。自新中国推行凯洛夫教育学之日起至20世纪90年代，此观点在我国教育界处于统治地位。其二是“二者相互独立”论。20世纪80年代中期以来，有少数学者提出并阐述了课程与教学“两者相互独立和相互分离”的观点。其三是“课程包含教学”论。21世纪初，个别学者发表了这一看法，认为课程是教学内容与教育进程的总和，课程作为教育进程包含了教学进程。其四是“二者相互制约”论。自21世纪初我国基础教育领域开展课程改革以来，有学者反复论述了课程与教学的区别和联系。认为课程与教学既是各自相对独立的系统，又存在彼此交互作用、相互促进的关系。其五是“课程与教学整合论”。这是近年来国内一些学者根据西方学者关于“课程教学”的论述而提出的主张。整合论者认为，课程是课堂中的一系列教学事件，教学则是课程开发的过程，是师生共同创生课程的过程。因此，他们把课程与教学看作一个整体。

上述不同观点体现了有关学者所持的世界观、教育观与方法论。我们应以科学发展观为指导，自觉从实际出发（不是从书本及某些外国学者的未经实践检验的言论出发），巧妙运用系统论、协同论（又叫协同学）、实践论、矛盾论来分析当代课程与教学在形成和运作过程中彼此交互作用、相互促进的关系。据此，笔者认为，国内五种观点中，第四种观点具有较充分的实际依据与科学依据。

二、当代课程与教学的本质属性

准确揭示当代课程与教学的本质属性，是正确认识和处理二者相互关系的必要前提和重要基础。如果只从表面现象或局部形态上看待当代课程与教学，是不能正确认识和处理二者的相互关系的。

（一）当代课程的本质属性

全面了解当代课程的表现形式是正确认识其本质属性的第一步。从古至今，课程的表现形式经历了一个由简单到复杂、由低级到高级、由不完善到比较完善的过程。从笔者近几年在我国和美国基础教育领域调查的结果看，当代新课程已起步构建或正在形成之中。它以静态与动态相结合的课程计划、课程标准和基本课程资源为基本表

①② www. edu. cn /coverstory－1656 / 20060323 / … 2012-12-03.

现形式。我们应全面掌握（而不是片面观察）当代课程的现象形态，既不能只注意课程计划，也不能只注意课程标准，更不能只看到几个学科或几个活动项目。然而全面考察课程的现象形态还只能形成对当代课程的感性认识，要形成理性认识必须狠抓第二步，即运用“教育的主体性”观点和结构—功能分析法，透过当代课程的现象形态来揭示其本质属性。笔者在这一认识过程中发现，一方面，当代课程具有复杂的整体结构和特定的育人功能；另一方面，在当代课程与诸多因素结成的复杂关系中，最根本的关系是课程与人（学生）发展的关系。学生既是教育的对象，又是教育活动的主体，也是课程建构与运作的主体。课程的根本职能在于引导和促进学生主动参与学习活动，能动实现自身发展，逐步成为社会活动的主体。正在形成中的当代新课程是基于学生的主体性而引导他们主动学习、能动发展的指南。这就是我们对当代课程的定性。基于此，笔者初步发现了当代课程的本质属性。

1. 体现人类精神文化成果与学生个体经验的紧密联结性

由静态与动态相结合的课程计划、课程标准及基本课程资源有机构成的当代课程虽然是由具有先进教育思想的教育工作者设计和运作的，但就其本质而言，它是按照学习者身心发展的需要和社会发展的要求而生成的。学生的发展是当代课程的出发点和落脚点。

学生的发展是多种因素相互作用、综合作用的结果。其中最重要的因素是：学生个人的经验世界、社会共有的精神文化世界、学生自己的实践活动以及学生个人能动的内化与外化活动。这一切就是当代课程的出发点。当儿童来到现实世界以后，他渐渐形成了并逐步扩展着一个属于自己的经验世界，这是儿童得以发展的一个重要条件。与此同时，儿童还面临一个社会共有且历史悠久的精神文化世界，这是儿童得以发展的一个更重要的条件。精神文化世界给儿童以巨大的影响，对儿童的成长不断提出激励性的挑战。儿童必须缩小乃至消除自己现有的发展水平与人类精神文化世界之间的差距。上学以后的儿童具有缩小或消除这个“差距”的充分可能性，因为他具有自觉能动性—— 能自己实践，能进行内化、外化。然而学生消除这个“差距”的可能性并非现实性。要使这种可能性变成现实性，首先有赖于课程的帮助。当代课程正是为帮助学生缩小乃至消除这个“差距”而应运生成的。它通过具有先进教育思想的课程工作者在调查研究基础上精选出学生发展所需要的精神文化成果，同时，它采取可供学生选择的种种活动渠道与学习方式让学生将所学的精神文化成果与自己原有的经验、知识初步联结起来，成为学生发展所需要的一体化的精神养料，从而为学生积极进行内化外化、主动提高自身素质而开辟了道路、创造了条件。以学生为主体，以重视精神文化的学习为前提，引导学生主动联结“两个世界”，促进学生主动发展，这是当代课程的根本属性。这一根本属性既是当代课程区别于传统课程的主要分水岭，也是它不同于实用主义经验课程的主要分界线。

2. 以静态组合为前提的动态生成性

合理组合的当代课程具有复杂的整体结构，即由宏观课程结构、中观课程结构、微观课程结构组成的有机整体。其整体结构的形成需经历由静态组合到动态组合的转化过程，即动态生成的过程。

当代课程的生成必然经历一个预成阶段，即课程设计阶段。这是当代课程得以生成的源头或基础。如不经历预成阶段，当代课程只能是“无源之水”、“无本之木”。在课程设计阶段，设计人员根据课程构成的一般规律和小学、初中、高中学生发展的一般需要与特点，初步商定具有伸缩性的课程设置的结构、各主要学科的内容结构以及各相关学科之间横向联系的结构等。在美国，各州和各学区教育委员会主持设计的中小学课程结构就属于预设的课程结构。在我国，教育部主持设计的中小学课程结构也属于预设的课程结构。这种预设的课程结构都是未完全定型的文本式的结构，它含有一些空白处和不确定之点，需要一线教育工作者予以必要的调整、补充或修改。然而，课程结构的预设是必不可少的，它是中小学课程结构动态生成的重要前提或基础。有些学者对此持否定态度，那是不符合客观实际的，因而是有害的。

中小学教育活动的展开必然要求学校教育工作者根据本地本校的实际情况和本校的优势对预设的课程结构予以调整、补充或修改。首先，在全校各年级课程设置的层面，补充开设必要的校本课程、短期课程，并酌情调整各类课程的时间比例。其次，研究和确定各学科内容的结构以及各类相关学科之间的横向联系。再次，对所选定的基本教材内容予以必要的调整、补充或修改，以引导和促进学生主动参与学习。由此看来，课程决策者、设计者和学校教育工作者均须把握当代课程整体组合的动态生成性。课程决策者、课程标准设计者以及基本教材编制者不能轻视或忽视课程结构动态生成的必要性与必然性，即不能把课程设计阶段视为定案阶段；同时，学校教育工作者须自觉担当完善课程结构的任务。

3. 基于课程内部矛盾而产生的独特运动性

随着课程内部整体组合的动态生成，当代课程便由相对静止的文本状态转化为课程文本与师生交互作用着的运作状态；它实地运行于学校教育情境之中，引导各种教育活动不断向前推进。运动性（即实地运作性）是当代课程的又一重要属性。

任何一个学段的当代课程最初都是以相对静止的文本形式出现的。它之所以具有运动性，是因其内部固有矛盾的推动所致。当代课程是以物质载体形式表现出来的一种精神客体。构成这种精神客体的课程计划、课程标准和基本教材既在一定程度上反映了社会的要求、科学文化的影响和学生的需要，又在很大程度上体现了课程决策者、设计者及编制者的课程思想，特别是他们的课程—学生观、课程知识观和课程价值观。事实一再证明，课程内部始终存在着课程人员的思想观点与客观实际（特别是学生身心发展的实际）的矛盾。当课程在学校教育活动中同教师、学生发生交互作用时，课程内部存在的这一基本矛盾就会以这样或那样的形式表现出来。矛盾一经暴露，就会引起媒体的介入，从而激励教育工作者乃至一些社会人士进行调查研究和热烈争辩，进而促进有关部门采取解决矛盾的措施。当这种矛盾达到尖锐的程度时，有关方面就须进行课程改革，从而推动课程的发展。

由此看来，课程运行的起因不同于教学运行的起因，因为引起教学运行的内部矛盾是当代课程对学生基本素质发展的要求与学生原有素质水平滞后于课程要求的矛盾，以及教师教与学生学之间的矛盾。可见，课程的运行与教学的运行具有不同的性质。

笔者发现，当代课程的运动性具有自己的特性，并由此而形成了它特有的运动形式。其一是课程文本与师生之间的交互作用性。这包括学校领导、任课教师、各年级学生分别同相应的课程文本进行的交互作用，以及上述人员在一定阶段同课程专业人员一起对运行中的学校课程（几个或全部科目）实施的过程与效果所作的评价和提出的改进意见。这一切表明，学校课程是在许多因素交互作用的过程中由于一系列矛盾的产生和解决而逐步推进的。其二是课程运行的过程性。当代课程的运行表现为一定课程计划、课程标准和基本教材变化发展的过程，主要包括静态预成—动态生成—多元评价—修改提升等阶段。这与教学的过程性大不相同。教学的运行是教师教授与学生学习双边互动的活动过程，主要包括课题教学—单元教学 —期中测评—期末测评等阶段。课题教学是整个教学过程的基础，它是处于特定情境中的学生在教师指导下通过教与学的交互作用而逐步解决认知及思想情感发展上的主要矛盾，初步达到内化的活动过程。其三，课程运行还具有特定的时空性。这与教学运行的时空性也有一定差别。

当代课程由相对静止状态向显著变动状态的转化符合一切事物运动发展的规律。正如唯物辩证法所指出的："无论什么事物的运动都采取两种状态，相对地静止的状态和显著地变动的状态。两种状态的运动都是由事物内部包含的两个矛盾着的因素互相斗争所引起的。"① 我们应确认并准确把握当代课程的运动性。既不能把当代课程视为静止不变的文本，也不能让它超出课程运行的轨道而乱动。这两种观点即形而上学观点与自由放纵观点都违背了当代课程的运动属性。

4. 课程结构与课程功能之间的交互转化性

如前文所述，当代课程的运动属性是因课程内部固有矛盾的推动所致。然而课程内部存在的矛盾是多种多样的，其中课程结构与课程功能的矛盾是一定阶段存在的主要矛盾。总的说来，课程结构与课程功能是既相适应、又相矛盾的。二者在一定外因作用下所产生的矛盾是推动当代课程不断运动发展的主要动力。

当代课程具有复杂的整体结构和育人的整体功能。其整体结构是以一定课程目标、课程内容及学习活动方式三种基本成分为基础，通过课程人员对这三种基本成分合乎规律的分化与组合而形成具有宏观结构、中观结构、微观结构三个层次的有机整体。宏观课程结构是国家课程、地方课程、校本课程的整合结构，涉及这三级课程的区别与联系以及三者之间的课时比例。中观课程结构是课程的类别结构，涉及课程内部三个方面的关系：一是学科课程内工具科、社会科、自然科、体艺科之间的关系以

---

①《毛泽东选集（第一卷）》，人民出版社 1961 年版，第 320 页。

及各科课程内部各门具体课程之间的关系；二是活动课程中各类活动项目之间的关系以及各具体活动项目之间的关系；三是选修课程与必修课程的关系以及选修课程中限定选修课与任意选修课的关系。微观课程结构是科目（或活动项目）内在的结构，主要涉及各科目以及各活动项目中的目标、内容及学习方式的关系。宏观、中观、微观课程结构是紧密联系、相互制约的，三者有机结合便组成一个促进学生主动发展的整体结构。

合理组合的当代课程的整体结构可充分发挥育人的整体功能，因为课程结构具有发挥和控制课程功能的作用。可是，由于课程结构一经形成就具有相对稳定性，而制约课程的社会发展因素、科学文化增长因素以及各学段学生的需求因素却在不断地变化发展，致使课程功能具有多变性。在上述外因变化发展的情况下，具有多变性的课程功能就会超越具有相对稳定性的课程结构的控制而呈现低效状态。于是，课程结构的相对稳定性就与课程功能的多变性产生了矛盾。这时，教育界乃至新闻媒体和社会人士就会发表评论，提出意见，从而促进有关部门采取改进或改革课程结构的措施。当代课程变化发展的事实证明，课程结构与课程功能的关系既有统一的一面，又有矛盾的一面。其统一性在于，课程结构通常可决定课程功能的大小，一定的课程功能则须通过一定的课程结构来实现；其矛盾性主要表现在，直接受一定外因影响而具有多变性的课程功能对相对稳定的课程结构可产生巨大的反作用。具体说，每当课程功能发生某种变化时，课程内部各成分、各要素之间就会出现某种“涨落现象”，即各成分、各要素在课程内部的地位、作用与关系发生的变化使课程结构与课程功能之间失去平衡。而由涨落带来的“相干”作用就会导致课程结构的调整或变革，从而使课程结构与课程功能达到新的平衡。就这样，在变化了的外部条件影响下，课程功能与课程结构通过不断的交互作用而使双方循环往复地在平衡与不平衡之间不断发生转化，借以推动课程不断向前发展。这是当代课程必然具备的一种极重要的属性。

基于对当代课程的本质属性的全面分析，我们应摆脱传统的课程观，即不能再把课程看作教学的一个组成部分——教学内容或学习科目。实质上，当代课程是在一定学校的培养目标指引下，由具体的育人目标、学习内容及学习活动方式组成的，具有多层组织结构和育人计划性能、育人信息载体性能的，用以指导学校教育教学活动的育人指南。

（二）当代教学的本质属性

教育工作者大都熟悉学校的教学活动，但从人们的言论和发表的文章看，不少人似乎只熟悉传统的教学活动，却未注意到我国中小学教学正在逐步变革之中。其本质性的变革始于 20 世纪 80—90 年代一些科研型、专家型教师（如李吉林、魏书生、马芯兰等）所进行的教学改革实验，那是当代新教学的萌芽。新一轮基础教育课改于 2001 年启动以后，笔者曾以三年的时间蹲在深圳南山区参加课程与教学改革实验，先后观摩各基础文化学科的研究课、公开课 250 多节；此后又通过其他渠道对其他地区的教改实验情况作了一些了解。经过认真分析，笔者发现，一批科研型、专家型教师及一些先进教师集体所进行的教学初步摆脱了以“教师中心”、“课本中心”、“课堂中心”为标志的传统教学思想的束缚，形成了学生主动学习、能动发展的生动局面。这正是当代社会所需要的新教学。虽然许多中小学教师（特别是中学教师）目前尚未完全摆脱传统教学思想及传统教学制度的束缚，但“星星之火，可以燎原”，新教学是会在广大中小学逐步开花结果的。

正当一些先进教师和教师集体积极进行教学改革的时候，学界对教学的本质产生了不同的看法，主要分歧点有二。第一个分歧点：教学是一种什么性质的活动，亦即教学要解决的根本问题是什么。有学者认为，“教学的主要工作就是将知识打开，内化、外化”，“教学工作不是别的，主要就是对知识进行种种‘加工’的工作。”① 另外几位学者则提出：“教学从本质上说是一种‘沟通’与‘合作’的活动。”② 笔者根据先进教师的教改实践和基础教育课程与教学改革发展的客观要求而认识到，新教学要解决的根本问题是育人问题，即“培养什么人”的问题。就其本质而言，师生进行的教学活动是一种育人活动。第二个分歧点是学生在教学活动中的地位和作用问题，亦即教师教与学生学应是什么关系。持学科知识中心论的学者认为，教师在教学中起决定作用，学生只能按照教师的指令而亦步亦趋地学习。持沟通论的学者则主张学生应在同教师平等地交流信息、讨论问题的过程中进行学习，教师的地位只是“平等中的首席”。实践证明，那种在教学中主宰一切的教师和那种“平等中的首席”式教师都不是我国素质教育所规范的教师，他们从事的教学不是当代新课程所要求的教学。通过参与教改实验和反复思考，笔者认识到，新教学是以教师指导下的学生主动参与学习为基础，以新型师生关系为纽带，通过教师、学生与教学目标、教学内容、教与学的方式的交互作用而使学生在知识能力、情感态度、创新精神等方面得到主动发展的一种有组织有计划的育人活动。据此，可将新教学的本质属性概括为四个方面。

1. 新教学具有体现素质教育精神的育人属性

新教学是我国中小学实施素质教育的主要途径。它以促进学生个性素质的全面发展为主旨，引导学生主动学习、能动发展，为学生成为个性全面发展的社会主义现代化建设者与接班人奠定基础。这是新教学的根本属性。一批科研型、专家型教师和先进教师集体正按照这一精神积极进行教学改革，取得了可喜的成果。上海杨浦高级中学于漪老师1999年在一次教学观摩现场的讲话中指出：“长期以来教学中有三多三少困扰我的思想。第一是眼前的学生看得多，将来建设者的要求考虑得少。第二是知识看得多，能力看得不够。实际上成才的不一定是99分100分的学生，而是综合能力很强、思维敏捷的学生。第三就是分数看得多，实际才干看得不够。……长期以来这

---

① 王策三：《认真对待“轻视知识”的教育思潮》，《北京大学教育评论》2004年第3期。

② 钟启泉等：《为了中华民族的复兴，为了每位学生的发展——〈基础教育课程改革纲要（试行）〉解读》，华东师范大学出版社2001年版，第205页。

三多三少困扰了我们的思想，因此目光短浅，其结果是重术轻人，只看到具体的技能技巧，而没有看到完整的要培养的人。"① 她认为，"培养怎样的人是个大问题，一定要认真研究。……要在全面推行素质教育的背景下来看我们的语文教学，其实也不仅是语文教学，各学科的课堂教学确实都必须认真改革。"她强调："我们现在需要的人是要基础扎实，思维敏捷，应变能力很强，有创新精神，而不是培养书呆子。"为了培养具有这种个性素质的人，于漪老师对语文教学进行了全面系统的改革，她把过去的"从教出发"转化到"从学生的学出发"；把过去的单向型的课堂结构转换成网络型结构；在课堂上拓展创造思维的空间，给学生发展的天地。这一系列改革使学生在充满生机活力的教学环境中不断提升了自己的个性素质。于漪和其他专家型教师的教改实践深刻说明，新教学要解决的根本问题是"培养什么人的问题"。所以，新教学不是只进行知识教育而忽视或轻视其他，也不是要求学生在各种类型的学习中平均使用力量，而要求学生逐步形成自己特有的兴趣、爱好、风格和特长，成为朝气蓬勃、富有创新精神的新一代。

2. 师生之间的互动突出学生学习的主动性

新教学的运行是师生之间、生生之间互动的过程。教师与学生都是互动的主体，教师在互动活动中起主导作用，学生则发挥主体作用。科研型、专家型教师及先进教师集体都逐步认识到，教师主导作用正确发挥的根本标志是学生主动参与学习，勇于发表自己的意见，甚至有一些奇思妙想。正如于漪老师所指出的："长期以来教师都是从教出发，现在要转化到从学生的学出发。我们的教是为了学生的学，即教会学生会学语文。课堂不是教师演讲的地方，而是学生学的地方，教师引导、点拨，让学生作学习的主人。"②如今，在一批科研型、专家型教师及先进教师集体执教的课堂上，学生真正成了课堂教学的主人。他们在教师的指导下，把新学的人类精神文化成果同自己原有的知识、经验联系起来，运用自己的大脑和双手主动地感悟、理解和应用书中的知识，进而适当超越文本（包括课堂内的适当超越和必要的课后延伸），从而逐步建构自己的知识体系，发展智力与动手能力，提升思想感情，增强创新精神。

3. 教学结构与教学功能具有相互制约性

教学活动须具有合理的结构，因为合理的教学结构能发挥教学育人的整体功能。先进教师的教改实践证明，合理的教学结构是由教师、学生以及教学目标、教学内容、教与学的方式等要素有机组成的整体，是这些要素保持稳定联系、达到相互结合的组织形式。在教学结构中，这些要素都具有重要作用，因而缺一不可，其中教师、学生以及教与学的方式四要素则有特别重要的地位和作用。在中小学课题教学活动或单元教学活动中，若能恰当地将各要素落到实处，并使各要素合乎规律地保持内在联系，形成一个有机的整体，那么这个课题或单元的教学活动就能发挥强有力的育人功能，表现为学生学得主动活泼，在知识建构、能力培养、情感提升等方面都能取得令

①② 于漪：《谈素质教育背景下的语文课堂教学改革》，《课程·教材·教法》2000 年第 2 期。

人满意的效果。反之，在一个课题或单元教学活动中，如有一两个或三四个要素没有落到实处，各要素未形成一个有机的整体，其教学功能必然很差。在“三中心”教育思想支配下的教学之所以育人效果不佳，其重要原因就在于教学结构严重失调，如学生的主体作用和教师的主导作用没有落到实处，教师的教囿于“满堂灌”或“满堂问”，学生的学则限于被动听讲、死记硬背和题海操练。这种不科学、不合理的教学结构曾导致许多中小学的教学质量严重下降，引起学生家长和社会人士的不满，激起一批科研型、专家型教师及先进教师集体积极投身基础教育课程改革，逐步改进教学结构，终于大大增强了教学功能。事实证明，教学结构与教学功能是既相适应、又相矛盾的，二者相互制约的属性对教学的发展具有重要的推动作用。

4. 教学过程展现育人活动内在矛盾的转化性

新教学运行的过程是学生个性素质发展的过程，即教学活动所引起的学生个性素质内在的矛盾逐步转化的过程。这表明，新教学具有转化育人活动内在矛盾的属性。

新教学面临的首要矛盾是儿童个体的经验世界与人类精神文化世界的矛盾。前文指出，儿童上小学之前已积累一些直接经验，初步形成了一个属于自己的经验世界；与此同时，儿童碰到了人类建构的含有各种认识成果的精神文化世界。人类精神文化世界不断向儿童个体的经验世界提出挑战，引起儿童个性素质发展的矛盾。课程为引导儿童解决这一矛盾提供了指南（包括提供课程计划、课程标准以及对人类认识成果的选择和编制），教学则把人类认识成果向学生个体认识的转化作为整个教学活动的主要任务。实现人类认识成果向学生个体认识转化的首要环节，是科研型、专家型教师在认真研究教材和学情的基础上，积极引导学生解决他们心理发展的内部矛盾，即社会和学校对学生提出的学习科学文化知识的要求所引起的新需要和学生已有心理水平的矛盾。随着“内部矛盾”的解决（即矛盾的转化），多数学生学习的主动性便调动起来了。一般说来，在一个课题或一个单元的教学过程中，这种“内部矛盾”的解决是多阶段地向前推进的。就是说，旧的“内部矛盾”解决后，学生又会产生新的需要，引起新的矛盾；随着新的“内部矛盾”的一一解决，教学活动得以不断地深入发展。这是推动学生个性素质不断发展和教学活动不断深化的动力。

实现人类认识成果向学生个体认识转化的第二个环节是引导和帮助学生完成客观知识的内化。“内化”是指学习者经过自己反复的思维活动而将客观知识转化为主观知识的认识过程。知识存在的形式有客观形态与主观形态两种。客观形态的知识凝结于文字符号系统，外在于人脑。它既依赖于客观世界，又依赖于前人的实践与认识活动。主观形态的知识依附于人的大脑，构成主观的观念系统。学生必须把客观形态的知识内化为自己的主观知识，进而转化为自己的个性素质。新教学就起着引导和帮助学生实现“内化”的作用。任课教师一方面指导学生通过观看实物、模型和视频以及参与各种必要的操作活动，让学生获得必要的直接经验；另一方面，通过中肯的讲解和有的放矢的指导，使学生将新学习的概念与自己认识结构中原有的适当观念联系起来，在自己头脑里进行分析、综合、比较、概括等思维活动，从而实现概念的同化，进而形成自己的理性认识。

实现人类认识成果向学生个体认识转化的第三个环节是引导和帮助学生初步完成主观知识的外化。“外化”是指学习者经过实践与操作而将自己头脑中的主观知识转化为实践行动与实际能力的过程。知识的外化对学生的发展有三个作用：一是检查“内化”效果，看学生是否全面、准确地把客观知识转化为主观知识；二是学生通过外化可形成一定的技能技巧，并在某种程度上应用知识于实际；三是可使学生进一步调整、充实自己的认识结构。学生认识活动的外化不可能将所学的知识完全应用于实际，因为学生只有在中学或大学毕业后从事某种专业工作时，才能在相关的专业领域里达到这一要求。教学过程中学生认识活动的外化具有多种形式，如多种类别的作业、平时测验与阶段考试、实验、读书报告、文献检索报告、文学评论、文艺表演、体育表演、调查研究等。需要指出的是，不同学段学生的知识外化形式与外化程度是有显著差别的。

新教学面临的第二大矛盾是学生情感意志发展中的层层冲突。新教学在促进学生实现客观知识的内化与主观知识的外化过程中，同时不断促进着学生情感意志的发展。学生的情感意志在教学过程中的发展也是通过层层矛盾的转化而实现的。在小学、初中、高中各学段，学生情感意志在教学过程中逐步发展的具体状况和实际程度是有很大差别的。一般说来，学生情感的发展是在实现知识的内化与外化过程中由于出现真与假、善与恶、美与丑的冲突而引起的。从小学到初中再到高中，学生通过教师的启发、帮助和自己积极主动的参与情感体验，其思想情感的倾向性、深刻性、稳定性、丰富性和效能性都有不同程度的提升。到了高中阶段，学生的理智感、道德感和美感更有新的飞跃。与此同时，各学段的学生也在同学习中的困难、挫折的冲突以及所经受的磨练中逐步增强了意志。到了中学阶段，学生意志的自觉性、果断性和坚定性均有不同程度的提高。

就这样，先进教师针对学生个性素质发展中存在的种种矛盾而积极引导、多方帮助学生主动参与学习活动，使学生逐步转化了认识发展和情感意志发展中的层层矛盾，从而逐步建构自己比较完全的知识体系，提升自己的情意品质，发展自己的个性素质。

三、当代课程与教学的关系

从学理上思考，课程与教学是当代教育学中既有本质区别、又有密切联系的两个重要概念；从实践的角度分析，课程与教学是学校教育系统中既有不同的结构与功能、又密切相关的两个子系统。系统论与协同学（又叫协同论）为我们正确认识和处理课程系统与教学系统的关系提供了思想武器。按照系统论的观点，学校教育活动是社会系统中的一个子系统，同时它本身又包含若干亚子系统，如课程系统、教学系统、考试系统、学校管理系统等。协同学为我们探讨课程子系统与教学子系统协同运行的关系提供了理论依据。联邦德国物理学家赫·哈肯（H. Haken）于1973年建立的协同学采用对不同领域分析类比的方法，研究各种复杂系统的共同规律，是一门以研究不同类型的系统中存在的某种共同本质特征为目的的综合性横断科学。笔者在运用协同学的观点、方法研究课程系统与教学系统的相互关系的过程中发现，学校教育系统的有效运转必然要求它的所有子系统（即课程、教学、考试、教育管理等系统）相互配合、协同运行。从整个学校教育系统看，上述各子系统之间不同程度地存在着无序和混沌状态，但经过系统的自组织过程各子系统之间可消除混沌状态而能有序地协同运行，从而使整体学校教育系统协调地向前运转。各子系统之间（比如课程子系统与教学子系统之间）的自组织过程是对立统一的过程。当有关教育工作者自觉掌握了课程与教学子系统之间的对立统一规律，妥善处理了两者之间的矛盾，就能使两者结成协同运行的关系。所以，我们既要抓住课程与教学这两个概念的区别和联系，又要把握学校教育系统中课程子系统与教学子系统之间的对立统一关系。基于此，笔者认为，当代课程与教学的关系不是“谁包含谁”的关系，也不能凭借表面的观察而将二者看成“相互交叉”关系或“循环联系”关系，二者的关系是相互联结、相互制约、既相适应又相矛盾的关系。

（一）相互联结，相互制约

课程系统是由各级课程人员、各类育人信息以及多种运作条件等要素有机组成的，旨在促进学生主动学习、能动发展的一种学校教育活动子系统。该系统中的育人信息即由一定课程计划、各门课程标准对教师和学生发出的关于为什么（教）学、（教）学什么、如何（教）学的基本要求，主要表现为多层次、多序列的育人目标、学习内容以及教与学的方式。所以，育人信息是课程系统中的核心要素。在一定条件下，经过课程人员对育人信息合乎规律的运作，课程系统就成为贯通学校与社会的桥梁、连接学校与社会的纽带。教学系统是由教师、学生以及教学目标、教学内容、教与学的方式等要素有机组成的，旨在引导学生主动学习、能动发展的另一种学校教育子系统。它是实施学校课程、实现学校教育目标的主要途径。

运用系统论来分析课程系统与教学系统，可以发现，两者之间存在物质交换、信息交换、能量交换。其一是物质交换上的联系。课程系统与教学系统具有相关的物质基础，包括教育管理机构、管理人员、校园（主要指教室及相应的教学设施）、教师、学生和教材。以教师、学生和教材为核心因素。教师在这两个系统间起着重要的转换作用，学生在两个系统间发挥信息传递作用，教材则是两个系统保持横向联系的主要联结点。其二是信息交换上的联系。一方面，课程系统向教学系统提供育人计划、育人标准和育人媒体的信息，从而向教学系统展示一幅错综复杂、五彩缤纷的育人蓝图；教学系统则把上述信息转化为师生教与学的活动。另一方面，教学系统向课程系统提供有关课程的反馈信息。它通过教学实践来检验课程系统提供的育人蓝图是否合理，并将此信息反馈到课程系统，促使课程人员对课程计划、课程标准和基本教材进行必要的调整、补充或修改。其三是功能交换上的联系。课程系统对社会发展及学生发展的作用须通过教学系统来实现。如果不同教学系统进行功能交换，课程系统的这些功能是无法实现的。同样，教学系统的种种功能也只有与课程系统的功能进行交换才能实现。

由于当代课程与教学存在物质、信息、能量交换上的联系，所以二者在运行过程中产生了相互制约的关系。这表现在下列两个方面。

1. 课程在与教学交互作用的过程中为教学的运行提供指南

如前文所述，当代课程是以静态预成为基础而动态生成的。其动态生成的过程是文本式课程通过教师与学生的操作而与教学活动交互作用的过程。在两者交互作用的过程中，课程为教学的运行提供了基本的依据，发挥了指南作用。

第一，课程的价值取向制约教学的价值取向。课程的价值不是主观形态的东西，而具有客观社会性。可是由于人们的政治立场、世界观和认识水平不一，所以人们对课程的评价有很大的差别，从而形成了种种不同的课程价值观和各种各样的课程价值取向。例如，我国于2001年启动了新一轮义务教育阶段的课程改革，初步确立了促进学生全面发展、具有个性的课程价值观，进而形成了优化课程结构、增强课程整体功能的价值取向。一些科研型、专家型教师和一些先进教师集体按照新课程的价值取向而确定了新教学的价值取向，即指导和激励学生在德智美体等方面全面而有个性地得到发展。基于此，新教学出现了不同于传统教学的四大特点：（1）教学活动以学生的发展为本；（2）师生关系发生了显著变化；（3）信息技术趋向与学科教学整合；（4）教学组织形式在批判继承中发展。①

第二，课程的整体结构制约着教学的整体结构。如前文所述，课程的整体结构是在课程内部各要素、各成分有机组合的基础上经过静态预成到动态生成的过程而由宏观课程结构、中观课程结构、微观课程结构有机组成的整体结构。它对教学的整体结构有巨大的制约作用。首先，宏观课程结构发出为实施国家课程、地方课程、校本课程而进行教学的指令。其次，中观课程结构为各学科的教学活动与各活动课（综合实践课）的教学活动之间的整体组合提供了指南，并通过各相关学科的一系列科际联系点为促进各学科教学活动的整体组合提供了依据。再次，各科基本教材的结构为确定各科教学的进程、优化各科教学活动的结构提供了可供参考的依据。可见，课程结构的合理程度对各类教学活动组合的合理程度是有很大制约作用的。

第三，课程的整体水平制约教学的整体水平。课程的整体水平不是指各单科水平的算术和，也不是指各单科水平与各单项活动课水平的算术和，而是指整个学科课程与整个活动课程有机结合所达到的育人水平。同时，课程的整体水平不是单指课程知识水平，而是指整个课程系统的育德功能、育智功能、育美功能、健身功能有机结合所达到的育人水平。同样，教学的整体水平既不是指单个学科的教学质量或单个活动课的教学质量，也不是单指知识的教学质量。实践证明，整体教学水平的提高受到整

---

① 廖哲勋：《试论新教学的本质》，《教育研究与实验》2005年第4期。

体课程水平的制约。随着课程的整体水平的提高，必然要求相应地提高教学的整体水平，从而保证课程目标的实现。

2. 教学的运行为课程的实施提供主要途径

第一，教学过程包含课程再设计活动。课程设计是按照育人的目的要求和课程内部各要素、各成分之间的必然联系而制定课程计划、课程标准和编制各类基本教材的过程。课程设计的根本要求是要从实际出发，探求课程的最大价值，取得课程设计的最佳效果。然而国家一级的课程设计人员所设计的课程计划、课程标准和所编制的各类基本教材只能反映我国经济和社会发展的全局性要求及学生身心发展的一般水平，不可能完全反映各地经济、文化发展的特殊要求及各校办学优势、教师水平及学生基础等方面的差异。所以，各校领导和教师必须从本地、本校、本班的实际出发，对国家一级的课程文本予以必要的调整、补充或修改，并开设必要的校本课程，进而形成既符合全局要求、又切合本校实际的各类课程的教学目标、教学内容以及教与学的方式。这就是各校领导和教师在教学起始阶段必须进行的课程再设计工程。

第二，把书面课程变成活生生、有实效的实际课程。各校领导和教师集体经过对有关课程的再设计便形成了学年与学期教学计划以及课题或单元教学方案，并由师生实施于教学过程。通过师生之间（尤其是科研型、专家型教师与其学生之间）的交互作用以及他们能动的运作，原来的书面课程就转化为比较符合实际的活生生、有实效的实际课程了。在教师的指导下，学生按照这种实际课程而主动地学习，便能逐步构建自己的知识体系，提升思想感情，增强创新精神。显然，书面课程向实际课程的转化必须通过教学实践，而在其转化过程中起决定作用的是那些科研型、专家型教师及先进教师集体。

（二）既相适应，又相矛盾

当代课程与教学相互联结、相互制约的性状，说明两者之间具有一致性，即具有相互适应性。但实践表明，二者之间又有不一致之处，即有相互矛盾的一面。

当代课程与教学在运行过程中产生的矛盾主要表现在两个方面。一方面，是课程的发展对学校的教学思想、教与学的方式以及教学质量产生的新要求与许多学校的教学滞后于课程要求的矛盾。例如，正在修订的我国义务教育阶段的各类课程标准提出了新的课程目标、课程内容及学习方式，要求教师更新课程观与教学观，优化教学内容，改进教与学的方式，使学生主动参与学习活动，全面而有个性地得到发展。但很多教师的教学目前难以达到这些要求，于是，双方便产生了矛盾。这一矛盾的产生虽然与课程标准不够完善有关，但主要原因在于教学管理机制、教学评价制度、高校招生制度比较陈旧以及教师缺乏应有的课程意识、改革意识和科研意识。由于新课程标准（通过先进教育工作者）所产生的影响日益扩大，有些中小学正积极推进教学改革不断发展，上述矛盾可望在若干年后得到解决。

另一方面，是一些先进教师在教学中对课程提出新的更高的要求与现行课程落后于上述要求的矛盾。这在我国高中教育领域表现特别明显，如一些思想敏锐的教师对高中课程模块化、选修课有名无实等问题提出了尖锐的批评，要求有关部门予以研究和改进。为了解决这一矛盾，高中课程设计者正就大家提出的问题进行调查研究。如果课程设计人员能认真听取教师们的意见，采取有力的整改措施，那么，上述矛盾是可逐步得到解决的。

实践还证明，课程与教学的相互适应性是相对的，两者之间的矛盾则是绝对的，因为制约课程与教学的外因如社会发展的客观要求、文化科学发展的客观影响和学生身心发展的客观需要等是不断增长的。课程与教学的矛盾运动是一个不断发展的过程。当两者之间的矛盾在一定主客观条件下得到暂时解决时，两者就能协同运行而积极为学校育人服务。随着外部条件的进一步变化，课程与教学又会产生新的矛盾。当新的矛盾在一定主客观条件的作用下得到解决以后，课程与教学就能运行在新的水平上而协同为学校育人服务。显然，矛盾的产生和解决是课程与教学不断发展的动力。课程与教学正是在不断解决矛盾的过程中逐步发展的。这充分说明，运行中的课程与教学的关系不是“相互交叉”或“循环联系”的关系，更不是“合二为一”的关系，而是波浪式地向前推进、一浪高过一浪的关系。

（三）关键在于课程与教学人员能动的实践

当代课程与教学之间相互联结、相互制约、既相适应又相矛盾的关系体现了二者之间协同运行的规律。但二者之间客观存在的这种关系属于应然关系，而非实然关系。要把它们之间的应然关系变成实然关系，则全靠课程人员与教学人员能动的实践。首先，课程编制人员与教学人员应在各自的工作实践中妥善处理课程内部及教学内部各相关成分之间的关系。“各相关成分”是指课程目标、课程内容、课程中的学习方式以及教学目标、教学内容、教学中的学习方式。一方面，课程编制人员对课程目标、课程内容及学习方式的设计，既要有明确的科学根据，又须有充分的实际依据；既要把握全局性的要求，又须尽量考虑不同地区及不同学校办学条件的显著差别。另一方面，一线教师（如科研型、专家型教师及先进教师集体）要有科学根据和实际依据地研究和处理教学目标与课程目标之间、教学内容与课程内容之间以及教学中的学习方式与课程中的学习方式之间的继承、转化和发展的关系。其次，要建立课程编制主体与教学主体相互交往、相互沟通、相互研讨的机制，使双方在指导思想、基本观点、重要问题上达成共识，从而结成良性互动的关系。再次，课程编制人员与一线教师及教研员在分别进行课程评价与教学评价时，既不能脱离课程来评价教学，也不能离开教学来评价课程，而应当相互取材、相互沟通。双方应在阶段性的课程评价与教学评价实践中，充分总结成绩和经验，深入进行反思，找出主要问题，采取有力的整改措施。

四、当代课程论与教学论的关系

探讨当代课程与教学的关系，必然要触及一个更复杂的理论问题，即当代课程论与教学论的关系问题。学者们对这个问题亦有种种不同的见解。2006 年 8 月在新疆召开的第五次全国课程学术研讨会上，有学者将课程论与教学论的关系概括为四种模式，即二元独立模式、相互交叉模式、同心包含模式、循环联系模式。① 笔者认为，这四种模式都没有准确说明正在发展中的课程论与正在更新中的教学论的关系，故需作进一步的探讨。

研究当代课程论与教学论的关系须把握一个重要前提，即明确两学科在教育科学中的定位问题。这涉及两学科是否具有各自的研究对象和相对独立性问题。唯物辩证法认为，“科学研究的区分，就是根据科学对象所具有的特殊的矛盾性。因此，对于某一现象的领域所特有的某一种矛盾的研究，就构成某一门科学的对象。”② 课程领域存在的特殊矛盾（即课程领域的基本矛盾）是肩负素质教育任务的各级学校对学生各基本素质发展的要求与学生原有素质水平落后于素质教育总体要求的矛盾，当代新课程应为解决这一特殊矛盾而产生、运行和发挥作用。要使当代课程真正成为解决这一特殊矛盾的有效武器，即成为科学育人的指南，课程研究者就需针对一系列重要课程问题，特别是课程与学生主动发展的关系问题进行多方面的系统深入的科学研究，以建立正确处理学校课程与学生主动发展的相互关系的理论，即当代课程论。基于此，课程论学科需以课程问题为研究对象。教学领域存在的特殊矛盾则是新课程对学生各基本素质发展的要求与学生原有素质水平滞后于课程要求的矛盾。要使新教学能为解决这一特殊矛盾而发挥有力的作用，教学研究者就须针对教学领域存在的一系列重要问题进行全面、深入的研究，从而建立正确处理教师恰当施教与学生主动学习的互动关系的理论，即当代教学论。可见，当代教学论须以教学问题为研究对象。

这两个学科不仅具有各自的研究对象，而且正在形成各自的子学科群。从我国课程研究领域看，一批学者正从不同的侧面或不同的层面对各种课程问题进行广泛深入的研究，发表了许多研究成果。有些学者先后发表了课程概论、比较课程论、课程发展史、西方课程思潮研究等著作，有些学者分别从心理学、社会性、文化学和哲学的角度研究课程问题，还有学者就课程设计、教材编制、课程评价、课程领导与管理以及信息时代技术与课程发展进行了全面的或专题式的探讨。不难预料，一个充满活力的课程论子学科群即将出现在我国。这个子学科群将由三个层次的一系列子学科有机构成：（1）课程基础理论子学科群，包含课程概论（分为幼儿园课程概论、中小学课程概论、中专课程概论和大学课程概论）、课程发展史、比较课程论和课程原理四大子学科，这些子学科都有很强的理论性；（2）课程工程理论子学科群，包括课程设计论、课程实施论、课程评价论与课程管理论（也分为幼儿园、中小学、中专、大学四个层次），这些子学科都具有专业理论性和专业技术性；（3）课程应用理论子学

① 刘启迪：《课程理论发展与实践进展——第五次全国课程学术研讨会综述》，《课程·教材·教法》2006 年第 10 期。

②《毛泽东选集（第一卷）》，人民出版社 1961 年版，第 297 页。

科群，分为课程开发、课程介绍以及课程标准解读等类别，这些子学科都具有应用性。① 与此同时，在教学论领域，也有一批学者正从不同的侧面和不同的层面进行开拓性的探讨。他们发表的研究成果可分为三个层面：（1）在教学基础理论方面，一些学者分别发表了发展性教学、教学论史、比较教学论、教学心理学、教学哲学等著作；（2）在教学活动理论方面，学者们分别发表了活动教学论、探究教学论、反思性教学、教学行为的原理与技术、合作学习的原理与策略、学习风格论、教学环境论、教学病理学，以及教学系统论、教学信息论、教学控制论等研究成果；（3）在教学应用理论方面，有学者发表了有关教学方法研究和教学案例开发的著述。这三个层面的研究成果使我国教学论学科的分化呈现一定的结构性，为我国教学论子学科群的形成奠定了初步的基础。

上述一切充分说明，当代课程论与教学论是当代教育科学中具有相对独立性的两个重要的分支学科。需要特别指出的是，两学科虽具有相对独立性，但又有显著的相关性。通过对两学科的研究对象、主要范畴以及两学科在教育实践中所起作用的横向比较，笔者发现，两学科具有密切联系、相互制约、相互促进的复杂关系。

（一）两学科之间必然存在一系列横向联结处

事实证明，两学科的重要内容之间存在一系列科际联系处。其主要原因有二：第一，当代课程的动态生成过程与当代教学的运行过程有一定的横向联系；第二，当代课程论所研究的课程问题与当代教学论所研究的教学问题之间亦有一定的横向联系。所以，这两个相关学科必然存在一系列科际联系处。熟悉科学学的人都知道，在自然科学与社会科学中，一切相关学科都具有科际横向联系的特点。这两个学科的研究者所面临的重要任务是要确定和把握两学科之间必然存在的横向联结处。

例如，两学科在“促进学生主动发展”这一命题上的联系就是一个重要的横向联结处。由于当代课程所担负的根本任务是要正确解决“培养什么人”的问题，所以当代课程论把学校课程与学生主动发展的关系问题作为本学科需要研究和解决的根本问题。它主张课程的设计和运作应围绕学生各基本素质的主动发展来进行，即把促进学生主动发展自己各基本素质作为课程设计和运作的中心任务。当代新教学是学校用以育人的主要活动，即在师生互动、生生互动的过程中促进学生主动学习、能动发展的活动。所以，当代教学论应把教师正确施教与学生主动学习的关系问题作为该学科需要研究和解决的根本问题。它主张教学活动的设计、教学过程的展开、学习方式的选定、教学组织形式的变换，以及教学评价的进行均需以促进学生主动学习、能动发展为根本原则。显然，在“促进学生主动发展”这一命题上，两学科的出发点和落脚点是一致的，只不过二者探讨的特殊矛盾以及矛盾转化的条件、机制和方法各不相同而已。

再如，课程论对课程目标的研究与教学论对教学目标的探讨，以及课程论对课程

① 廖哲勋：《论课程论学科建设的规律性》，《课程·教材·教法》2007年第3期。

内容的论述与教学论对教学内容的阐述都有密切的联系。当然，两学科在这些横向联结点上所展示的内容也是既有一致性、又有差异性的。

过去的教训使我们懂得：一方面，忽视或否定两学科之间的横向联系，必然封闭地孤立地研究和建设教学论或课程论，从而为本学科的研究与建设设置了重重障碍而难以自拔；另一方面，无原则地夸大两学科之间的横向联系，就会重蹈“以教学论包含课程论”或“以课程论包含教学论”的覆辙。

（二）准确把握各横向联结处所展示的一致性与差异性的关系

这两者的关系包含三个要点。第一，各“一致性”体现了两学科之间的相互依存性。如前文所述，这种“一致性”在于两学科对某些问题的看法持有基本相同的价值取向以及某些相同之点。因此，一方对这些问题的研究和论述可给另一方以积极影响，反之亦然。如果某一方有人在这些横向联结处作了不准确的阐述，另一方或其他读者就会提出意见，以促使对方改进。这是两学科密切联系、相互制约、相互促进关系的一个重要方面。

第二，各“差异性”体现了两学科之间的相互矛盾性。这种“差异性”反映了两学科的研究对象与研究任务所固有的不同特点，表明两学科具有不同的个性。这种个性（即差异性）也对两学科的发展具有制约与促进作用。如果课程论或教学论忽视本学科在各个横向联结处的个性，它就无法回答本学科要研究和解决的特定问题，就不能完成本学科应担负的研究任务。

第三，各横向联结处是由两学科之间的一致性（共性）与差异性（个性）有机构成的统一体。其一致性寓于差异性之中，其差异性里面含有一致性的成分；其一致性具有相对性，其差异性则具有绝对性。两者相互依存，相互制约，构成一个有机的统一体。我们应把握这两者之间的辩证关系，使两者辩证地统一起来。如果只看到两学科在各个横向联结处的差异性而忽视两者之间存在的一致性，那就会人为地割断两学科之间的横向联系，造成两学科之间不应有的矛盾，从而阻碍两学科的发展。反之，如果只强调其一致性而忽视其差异性，则必然抹杀它们的个性，造成两学科之间不应有的重复，降低两学科的学术水平。

（三）审慎处理各横向联接处所展示的一致性与差异性的关系

上述认识问题的真正解决取决于双方学者投身于课程论建设及教学论建设的实践，并在其实践中深刻认识到：两学科之间的横向联系是双方交互作用的基础，两学科相互制约是双方关系的纽带，两学科相互促进则是双方关系发展的动力。要使两学科在横向联系的基础上，通过相互制约这一纽带而连续不断地相互促进，双方学者应在本学科的建设实践中着力研究并审慎处理各横向联结处所展示的一致性与差异性的关系。

第一，审慎研究和处理两学科共同关注的问题，避免两学科中不必要的重复。例如，教材问题是当代课程论（特别是课程概论和课程设计论）与当代教学论（特别是教学概论、教学设计论和分科教学论）之间的一个很重要的横向联结处，故两学科均需研究和论述。一方面，两学科对教材的作用以及间接经验与直接经验的相互关系持有基本一致的的看法；另一方面，两学科关于教材研究的任务、范围和重心却有很大的差别。课程概论与课程设计论关于教材的研究任务，是从学生各基本素质主动发展的需要出发，研究和论述教材编制的基本理论（特别是各科课程内容转化为分科教材的理论）、基本过程和基本方法，阐明教材的基本结构以及基本教材与其他课程资源特别是网络资源有机结合的原则和方法，为正确编制教材、使用教材和改革教材提供理论依据。其研究范围包括教材的概念与类型、教材发展史、教材的编制与修改、教材评价与管理以及教材比较、教材改革等。其研究重心是教材的改革与编制问题。教学概论、教学设计论和分科教学论关于教材的研究任务，是从学生主动学习、能动发展的需要出发，揭示教材与教师教、学生学的关系，阐明师生按照实际情况灵活运用教材、合理调整与超越教材的理论和方法。其研究范围涉及教材的概念与类型、教材在教学中的地位和作用、教材内容转化为教学内容的基本规律和复杂过程、教师如何实验与超越教材、学生怎样借助教材而主动参与学习等方面。其研究重心是师生如何创造性地使用和超越教材的问题。

再如，学习方式也是两学科中密切相关的重要问题。两学科对学习方式的内涵与类型、地位与作用应有基本一致的看法（目前学界尚未就这些问题达成共识），而对学习方式研究的任务、范围和重心则应有显著的差别。

第二，准确区分两学科中内涵相近的不同概念，以增强两学科的科学性。例如，课程目标与教学目标就是内涵相近的两个概念，课程内容与教学内容的内涵也有近似之处，课程评价与教学评价亦有近似之点。双方学者须通过深入、缜密的研究来辨别这几对概念的实质性区别以及相关联之处，使双方学者所发表的论文和著作具有科学性与严谨性。

这里还需探明一个更复杂的问题，即“课程实施”与“教学实践”的区别和联系问题。在我国，不少教育工作者误认为课程实施就只是教学实践。这一模糊认识急需予以澄清。根据富兰（M. Fullan）和庞弗雷特（A. Pomfret）等美国课程学者对“课程实施”问题的开拓性研究和我国基础教育课程改革发展的客观要求，笔者认为，课程实施是各方实施人员按照一定的取向和多样的途径而将课程方案逐步付诸实践的过程。这一概念有四个要点：其一是课程实施的对象和任务，其二是具有多元的主体，其三必有一定的取向，其四存在五条实施途径。这四个要点表明，课程实施是一种规模巨大、空间广阔、经历时间长、存在矛盾多、情况十分复杂的课程实践活动。

新教学只是课程实施的一条极重要的途径。它与课程实施有三大区别：一是二者具有不同的根本属性；二是课程实施的广阔范围和复杂程度远远胜过教学活动；三是课程实施与教学分属于不同的研究领域，因而课程实施研究与教学研究的重心大不相同。

（四）在课程与教学改革中增进两学科之间密切联系、相互制约、相互促进的关系

实践是课程理论、教学理论产生发展的源泉。课程改革实践与教学改革实践属于综合性的高层次教育实践。它不仅对当代课程论与教学论的发展具有极大的推动作用，而且对于密切两学科的横向联系、增强两学科相互制约及相互促进的关系具有决定性的影响。两学科相互关系的深化常以相互促进为突出标志。事实说明，两学科之间的相互促进不是循环式的，而是波浪式的。例如，20 世纪 80 年代末至 90 年代初，我国一些课程论学者对活动课程进行的研究与实验就促进了一些教学论学者对活动教学的研究与实验。接着，一场关于中小学语文教学问题的大讨论又从教学理论界推向了课程理论界。于是，一些研究中小学语文、数学等分科教材的学者便纷纷对该科教材的使用情况和存在的问题展开了调查研究与理论探讨，并提出了改革该科教材的主张。与此同时，有的课程论学者则把杜威关于“儿童与课程”的论述同赞科夫关于“教学与发展”的实验联系起来，对我国中小学课程领域存在的主要问题作了进一步的调查和分析，认识到我国课程论要着力研究和解决的根本问题是课程与学生主动发展的关系问题。这种种事实表明，随着课程改革与教学改革的逐步深入，我国课程论与教学论在其发展的过程中可结成互动互促的关系。二者互动互促关系的形成离不开那些热心于课程与教学改革的学者及一线教师的推动。他们在投身于课程与教学改革的过程中，把握了两学科之间的横向联系，并相互交流、相互探讨，从而增进了两学科互动互促的关系。今后，我们应更好地把握这一规律，使两学科在持续的互动互促过程中不断攀登科学高峰。

（责任编辑　刘启迪）

任友群 1969年生，江苏苏州人。华东师范大学教育科学学院教授、博士生导师。华东师范大学教育学博士（2002）、教育学硕士（1999）、工学学士（1991）。2009年7月起担任华东师范大学副校长，2012年7月起担任华东师范大学党委副书记。主要研究教育技术、学习科学、课程与教学等，曾在核心期刊上发表学术论文40余篇，主持的课题包括教育部人文社会科学重点研究基地重大项目“学习与课程之关系研究”（2009—2013）等。出版的专著与译著有《教育传播与技术手册（第三版）》（2012）等。

詹艺 1985年生，浙江杭州人。华东师范大学教育科学学院教育技术学专业在读博士研究生。华东师范大学教育学硕士（2011），杭州师范大学理学学士（2008）。研究方向为学习技术设计，在核心杂志上发表学术论文10余篇，参与了教育部人文社会科学2007年规划基金项目“学习科学与技术设计的理论与应用”等课题研究，翻译出版了《整合技术的学科教学知识：教育者手册》（2011）一书。

《国内外学习科学领域建设、研究进展及发展趋势》导读

国内外学习科学领域建设、研究进展及发展趋势*

任友群　詹　艺

【摘要】学习科学以研究真实世界中人类的学习为目标。它脱胎于认知科学，受到过人工智能领域研究的浸润，最终也注定成为一个汇聚认知科学、计算机科学等学科的跨学科研究领域。在近三十年的发展过程中，学习科学共同体逐渐成熟，其影响力从美国扩展到了全球。如今，学习科学研究者们正努力联通学习科学研究与教育实践，变革现有的教育。在未来的发展中，学习科学将会面临更深刻、更全面理解人类学习的挑战，也需要关注新媒体新技术对学习环境带来的变化和可能性。

【关键词】学习科学；领域建设；研究进展；未来趋势；挑战

一、学习科学简介

在这一部分中，本文将首先从学习科学①的缘起、相关学科、学习科学研究内容与取向，以及研究方法四个方面，对学习科学进行简单介绍。

（一）学习科学的缘起

20世纪80年代，包括阿兰·柯林斯（Allen Collins）、珍妮特·科洛德纳（Janet Kolodner）在内的一批杰出认知科学家发现，认知科学在开展有关人脑和心智机制的研究中，常常忽视了任务的复杂性和个体的经验，而实验室的研究模式和方法又使得研究的结果过于“抽象”和“规范”。这样的研究范式，将人从复杂的社会和自然世界中剥离出来进行研究，其得出的结果也很难回到真实的世界中。于是，带着这样的

---

* 本文为教育部人文社会科学重点研究基地重大项目“学习与课程之关系研究”（项目批准号：2009JJD880011）的成果之一，并获得华东师范大学2012年教育部“博士研究生学术新人奖”资助（资助编号：MXRZZ2012003）。

① 20世纪70年代末80年代初，我国的一批学者提议创立一门新兴学科“学习科学”。90年代初，在美国的研究界也诞生了“学习科学”。然而，两国学者所说的“学习科学”在研究内容、方法、重点和研究人员等多个方面都存在着较大的差异。本文所述的“学习科学”是专指诞生于美国的“学习科学”。

不满，一批认知科学家从传统的认知科学队伍中走了出来，开始关注真实世界中的认知，形成了认知科学的一个分支，试图解决认知科学与教育实践脱离的问题。①

1991年，第五届“人工智能与教育会议”在美国西北大学举行。在会上，学习科学的研究者们发现，相对于开发教学软件的技术需求而言，他们更关注软件是否符合真实环境中学习者的需求。人工智能技术不再是学习科学研究必不可少的一部分了。在罗杰·沙克（Roger Schank）的提倡下，一批学者在会场上现场组织了第一届学习科学国际会议。这一举动，标志着在继认知科学之后，学习科学的研究者们又从人工智能领域中走了出来，再一次对理解和促进真实世界的学习这一追求给出了肯定。在此之后，西北大学又于1996年召开了第二届学习科学国际会议。直至2002年，随着国际学习科学协会（The International Society of the Learning Sciences，ISLS）的成立，学习科学作为一门新兴领域正式形成。②

正如学习科学的诞生历史所呈现的，与传统的认知科学过于“纯净”的研究特点不同，学习科学将研究的范围扩展至各种环境（正式的或非正式的）中的各种形态（外显的或内隐的）的学习活动，③④ 关注人类学习的复杂性和真实性，⑤ 聚焦“认知、设计和社会环境”三大主题。旨在通过探究“学习究竟是什么”、“人是如何学习的”这两个问题，理解人类学习的各个方面，并将这些理解应用于“有效的学习环境”的设计中，以促进有意义的学习。⑥

（二）相关学科

学习科学是“关于人类学习”的新科学，⑦ 关注真实世界中的学习，这使得它注定成为一门跨学科的研究领域。真实世界中的学习涉及到人的复杂性，而知识又具有建构性、社会性、情境性、复杂性和默会性。情境的不同、个人经历和知识结构的不同、社会文化的不同等交织在一起，形成了真实世界中复杂的人类学习。然而，目前和学习相关的研究领域和学科通常只关注或涉及人类学习的某个方面（例如学习发生的心理机制、生理机制、文化机制等）。要理解复杂的人类学习，任何一门学科的观点、理论和方法都是不够的。因此，尽管学习科学脱胎于认知科学，但却逐渐发展成汇聚认知科学、教育心理学、计算机科学、社会学、教育学、神经科学、人类学、设

---

① 赵健、郑太年、任友群等：《学习科学研究之发展综述》，《开放教育研究》2007年第2期。

② 郑旭东：《学习科学的形成与发展：基于编年史的视角（下）》，《软件导刊（教育技术）》2008第6期。

③ 黄德群、贾义敏：《美国学习科学发展研究》，《外国教育研究》2011年第5期。

④ 冯锐、任友群：《学习研究的转向与学习科学的形成》，《电化教育研究》2009年第2期。

⑤ 裴新宁：《变构学习模型与教学设计》，《全球教育展望》2006第12期。

⑥ 柴少明、赵建华：《面向知识经济时代学习科学的关键问题研究及对教育改革的影响》，《远程教育杂志》2011第2期。

⑦ 杨南昌、刘晓艳、曾玉萍等：《学习科学的方法论革新与研究方法综述》，《开放教育研究》2011年第6期。

计研究、脑科学、语言学、人工智能、教育技术等学科的跨学科研究领域。①②③④⑤⑥ 来自不同领域的研究人员采用、借鉴或融合不同领域的研究视角、理论观点和方法，以求为有关人类学习的研究提供更深入、更全面、更立体的理解。

（三）学习科学的研究内容和取向

学习科学的研究内容包括对学习发生过程的描述性研究，以及对学习环境创设方法的设计研究。⑦这两方面的研究涵盖了对学习者的发展轨迹、学习发生的过程、学习的环境与情景所涉及的内容的理解。⑧绕这一研究内涵，学习科学领域中的研究融合了了认知神经科学、技术、社会学、教育学等多个研究方向，⑨现出了“整合认知心理学、教学设计、计算机信息技术、智能系统”、“整合认知神经科学，神经科学、认知科学、医学”和“整合机器学习、工程技术、人工智能”的三大研究取向。

整合认知心理学、教学设计、计算机信息技术、智能系统的研究取向，是目前学习科学研究的主流。这一取向的研究主张在活动理论、建构主义理论、情境认知和共享学习等理论的支持下设计学习环境。卡内基梅隆大学的匹兹堡学习科学中心（Pittsburgh Science of Learning Center，PSLC）和坦普尔大学的 CogSketch 中心的研究就偏重这一取向⑩⑪⑫。

整合认知神经科学、神经科学、认知科学、医学与教育领域的研究取向是学习科学研究中的新兴方向。这一取向的研究具有独特的话语体系，通常采用神经科学、脑科学方面的研究理论、方法和研究设备（如 ERP、功能磁共振成像等⑬）。华盛顿大学的正式与非正式环境中的学习中心（Center for Learning in informal and Formal Environments，LIFE）的“内隐学习和大脑”、哥劳德大学视觉语言与视觉学习学习科学中心（The Science of Learning Center on Visual Language and Visual Learning，VL2）⑭的研究就偏重这一取向。

整合机器学习、工程技术、人工智能的学习科学的研究取向则偏向理工科研究。波士顿大学的教育、科学与技术学习中心（Center for Excellence for Learning in Educa-

---

①⑦⑩ 赵健、郑太年、任友群等：《学习科学研究之发展综述》，《开放教育研究》2007 年第 2 期。

②⑨ 焦建利、贾义敏：《学习科学研究领域及其新进展——“学习科学新进展”系列论文引论》，《开放教育研究》2011 年第 1 期。

③ 郑旭东：《学习科学的形成与发展：基于编年史的视角（上）》，《软件导刊（教育技术）》2008 第 5 期。

④⑧ 任友群、胡航：《论学习科学的本质及其学科基础》，《中国电化教育》2007 年第 5 期。

⑤ 周加仙：《学习科学：内涵、研究取向与特征》，《全球教育展望》2008 第 8 期。

⑥ 基思·索耶：《学习科学及其跨学科基础》，《世界教育信息》2011 年第 7 期。

⑪⑭ 黄德群、贾义敏：《美国学习科学发展研究》，《外国教育研究》2011 第 5 期。

⑫ 周加仙：《学习科学：内涵、研究取向与特征》，《全球教育展望》2008 第 8 期。

⑬ 吕林海：《人类学习的研究历史、本质特征与改进努力——脑科学视角下的解析与启示》，《全球教育展望》2013 第 1 期。

tion, Science, and Technology, CELEST）就偏向该取向。该中心的研究采用量化模拟、设置算法等方法，将脑与认知科学的研究成果编制为适合学生学习的课程。①

（四）学习科学的研究方法

如前文所述，学习科学的主要研究内容是描述学习发生的过程和创设学习环境，强调学习的真实性和复杂性。因此，学习科学并不采用传统的、剥离现实情景的、从单一的角度去解释学习的实验室研究方法，而是采用整合的观点，通过基于设计的研究范式研究人类的学习和学习环境的建设。②③④⑤⑥⑦⑧⑨

由于学习科学关注真实情境中人类的学习活动，所以通常采用能够对真实情境中与学习者学习相关的数据进行整体全面记录的研究方法。例如，根植于民族志学、人体动作学、社会语言学等学科的“互动分析法”，在“互动中的言谈”研究中常用的“话语分析法，”⑩捕捉场景中的代理的“行动相关时间的网络建构法”，常用的可视化学习分析方法“视频研究”，解释学习发生的生物学机制的“脑功能成像”⑪等。

二、学习科学领域建设

作为一门跨学科的研究领域，学习科学自诞生以来受到了各个领域研究者的关注和支持。其中，认知心理学研究者与认知神经科学研究者、教育技术和教学系统设计者、从事学习相关研究的教育心理学研究者作为三股中坚力量，⑫在学习科学领域的形成与建设过程中发挥了主要作用。本部分从学术研究机构、学术团体和会议、高校专业与课程三个方面，简要勾勒国外（以美国为主）和我国学习科学领域建设的概貌。

（一）国外学习科学领域建设

1. 学术研究机构

1987年，罗杰·沙克在美国西北大学建立了全球第一个以学习科学命名的学术

---

① 周加仙：《学习科学：内涵、研究取向与特征》，《全球教育展望》2008第8期。

② 赵健、郑太年、任友群等：《学习科学研究之发展综述》，《开放教育研究》2007年第2期。

③ 黄德群、贾义敏：《美国学习科学发展研究》，《外国教育研究》2011年第5期。

④ 冯锐、任友群：《学习研究的转向与学习科学的形成》，《电化教育研究》2009年第2期。

⑤ 杨南昌、刘晓艳、曾玉萍等：《学习科学的方法论革新与研究方法综述》，《开放教育研究》2011年第6期。

⑥ 任友群、胡航：《论学习科学的本质及其学科基础》，《中国电化教育》2007年第5期。

⑦ 任英杰、徐晓东：《学习科学：研究的重要问题及其方法论》，《远程教育杂志》2012第1期。

⑧⑩⑪ 徐晓东、杨刚：《学习的新科学研究进展与展望》，《全球教育展望》2010年第7期。

⑨ 郑旭东、杨九民：《学习科学研究方法论创新的艰难之旅——安·布朗和阿伦·柯林斯的贡献及“基于设计的研究”的缘起、内涵与挑战》，《开放教育研究》2009年第1期。

⑫ 焦建利、贾义敏：《学习科学研究领域及其新进展——“学习科学新进展”系列论文引论》，《开放教育研究》2011年第1期。

机构——西北大学学习科学研究所。① 该研究所将研究内容定位为“认知科学和人工智能领域的前沿理论和技术在基于计算机的学习环境的创建中的作用”。②③④ 2004年，美国国家科学基金（National Science Foundation，NSF）启动了“学习科学中心”建设计划，斥资1亿美元在全美建设学习科学研究中心，旨在大力支持学习科学领域的研究，从广泛的学习情境中挖掘有关学习的新发现。⑤⑥⑦⑧

在美国国家科学基金的资助下，目前全美共设立了七大学习科学中心，即乔治·阿尔瓦雷斯（George Alvarez）等人⑨领导的波士顿大学的教育、科学与技术中心，由卡内基梅隆大学、匹兹堡大学和卡内基学习公司共同组建、肯尼思·R. 科伊丁格（Kenneth R. Koedinger）等人领导的“匹兹堡学习科学中心（PSLC）Learnlab”⑩，罗伊·皮（Roy Pea）⑪ 和约翰·布兰斯福德（John Bransford）⑫ 创建、领衔的西雅图华盛顿大学的“非正式与正式环境学习中心（LIFE）”，⑬迈克尔·加扎尼加（Michael Gazzaniga）⑭ 领衔的新罕布什尔州达特茅斯学院的“认知与教育神经科学中心（CCEN）”，由劳拉安·佩蒂欧（Laura-Ann Pettito）等人⑮领导的哥劳德大学的“视觉语言与视觉学习科学中心（VL2）”，诺拉·纽科姆（Nora S. Newcombe 等人领导⑯的坦普尔大学“空间智力与学习中心（SILC）”，盖瑞森·科特雷尔（Garrison Cottrell）等人领导⑰的加利福尼亚大学圣迭哥分校的“学习的时间动力学中心（The

① 郑旭东：《学习科学人物谈之十一：Roger Schank 对学习科学学科建设的贡献》，《软件导刊（教育技术）》2009 年第 11 期。

②⑤⑬ 赵健、郑太年、任友群等：《学习科学研究之发展综述》，《开放教育研究》2007 年第 2 期。

③⑥ 黄德群、贾义敏：《美国学习科学发展研究》，《外国教育研究》2011 年第 5 期。

④ 焦建利、贾义敏：《学习科学研究领域及其新进展——“学习科学新进展”系列论文引论》，《开放教育研究》2011 年第 1 期。

⑦ 基思·索耶：《学习科学及其跨学科基础》，《世界教育信息》2011 年第 7 期。

⑧ 秦学明：《美国国家科学基金会“学习科学中心”建设计划》，《软件导刊（教育技术）》2009 第 11 期。

⑨ Center of Excellence for Learning in Education, Science and Technology [Z]. http://celest. bu. edu. 2013.

⑩ Pittsburgh Science of Learning Cente [Z]. http://www. learn lab. org. 2013.

⑪ 郑旭东：《学习科学人物谈之八：学习科学专业建设的开拓者与探索者——Roy Pea》，《软件导刊（教育技术）》2009 年第 8 期。

⑫ 郑旭东：《学习科学人物谈之二：才华横溢的 John D. Bransford》，《软件导刊（教育技术）》2009 年第 2 期。

⑭ 郑旭东：《学习科学人物谈之三——教育与认知神经科学之 Michael Gazzaniga》，《软件导刊（教育技术）》2009 年第 3 期。

⑮ Science of Learning Center on Visual Language and Visual Learning [Z]. http://vlz. gallaudet. edu. 2013.

⑯ Spatial Intelligence and Learning Center [Z]. http://www. uchicago. edu/research. 2013.

⑰ Temporal Dynamics of Learning Center [Z]. http://tdlc. ucsd. edu. 2013.

Temporal Dynamics of Learning，TDLC）”。这七大研究中心的研究内容和重点代表了学习科学研究的国际研究动态和水平。①

除了以上七大中心外，美国的施乐学习研究所、范德比尔特学习与技术研究小组、麻省理工学院媒体实验室（Logo 小组）②、斯坦福国际研究院学习技术中心③、英国诺丁汉大学学习科学研究所④、新加坡学习科学研究所⑤等学术机构，也同样致力于学习科学领域，开展有关技术支持的学习、创新学习环境创设等方面的研究，在国际学习科学领域中也具有较高的知名度和声望。

2. 学术团体、会议与杂志

正如本文一开始所提到的，“学习科学”这一跨学科领域是在 1991 年的“人工智能与教育会议”中萌芽的，这次会议也因此被视为最早的学习科学会议。⑥⑦⑧ 1996 年，学习科学领域的专家在西北大学召开了第二届学习科学国际会议。同年，在学习科学领域形成过程中首批从传统认知科学走出来的认知科学家珍妮特·科洛德纳⑨在罗杰·沙克、阿兰·柯林斯和安德鲁·奥特尼（Andrew Ortony）的支持下，创办了第一本《学习科学杂志》并担任杂志的编辑，标志着学习科学的正式诞生。⑩⑪⑫⑬⑭

2002 年，国际学习科学协会（ISLS）在美国成立。自那时起，学习科学国际会议不再由西北大学举办，而是同《学习科学杂志》的编辑与发行一样，被纳入协会工作的常规日程。学习科学国际会议每两年召开一次，并逐渐成为国际范围内学习科

---

①②⑦ 黄德群、贾义敏：《美国学习科学发展研究》，《外国教育研究》2011 年第 5 期。

③ 郑旭东：《学习科学人物谈之十一：Roger Schank 对学习科学学科建设的贡献》，《软件导刊（教育技术）》2009 年第 11 期。

④ 焦建利、贾义敏：《学习科学研究领域及其新进展——“学习科学新进展”系列论文引论》，《开放教育研究》2011 年第 1 期。

⑤ 吕赐杰、陈文莉：《将科技中介学习的研究成果转化为实践：学习科学的角度》，《中国电化教育》2007 年第 12 期。

⑥⑩ 赵健、郑太年、任友群等：《学习科学研究之发展综述》，《开放教育研究》2007 年第 1 期。

⑧ 任友群、胡航：《论学习科学的本质及其学科基础》，《中国电化教育》2007 年第 5 期。

⑨ Janet Kolodner [Z]. http：//en. wikipedia. org/wiki/Janet-kolodner. 2013.

⑪ 郑旭东：《学习科学的形成与发展：基于编年史的视角（上）》，《软件导刊（教育技术）》2008 年第 5 期。

⑫ 基思·索耶：《学习科学及其跨学科基础》，《世界教育信息》2011 年第 7 期。

⑬ 徐晓东、杨刚：《学习的新科学研究进展与展望》，《全球教育展望》2010 年第 7 期。

⑭ J L. Kolodner. The learning sciences：past，present，and future. *The Magazine of Managers of Change in Education*. 2004，44（3）：37—42.

学领域专家进行学术研讨的专门交流平台。①②③ 随后，国际学习科学协会开始举办计算机支持的协作学习会议（Computer Supported Collaborative Learning，CSCL），与学习科学年会间隔进行，④并创办了《计算机支持的协作学习》国际杂志。至此，国际学习科学领域形成了两刊两会的基本组织形式。⑤

3. 高校专业

1991 年，在学习科学国际会议召开和《学习科学杂志》发行的同时，罗伊·皮在阿兰·柯林斯等人的支持下，整合已有的计算机科学、教育学、心理学、传播学等学科研究力量，在美国西北大学建立了世界上第一个以学习科学命名的硕士点和博士点。这一专业高度重视学习科学的跨学科性质，以培养学生设计与开发学习环境和教育创新措施为主要目标。⑥⑦⑧⑨

1997 年，斯坦福大学教育学院开设了“学习科学与技术设计”硕士和博士点。与西北大学学习科学专业不同，该专业以设计基于技术的产品、环境促进有效学习为主要目标。目前，西北大学和斯坦福大学的学习科学硕、博士点已是全球范围内最有影响力的学习科学专业点。⑩ ⑪

除西北大学和斯坦福大学以外，美国印第安纳大学、犹他州立大学，新加坡南洋理工大学等高校也设纷纷设立了“学习科学”、“学习科学与技术设计”、“教学技术与学习科学”、“学习科学与技术”等以学习科学命名的专业。⑫⑬⑭此外，哈佛大学、哥伦比亚大学、加利福尼亚大学、普渡大学、密歇根大学等高校也在教育技术等硕、博士培养项目中开设“心智、脑与学习”、“神经科学与教育”、“学习设计与技术”、“学习技术”等学习科学相关领域的课程。⑮

---

①④⑥ 赵健、郑太年、任友群等：《学习科学研究之发展综述》，《开放教育研究》2007 年第 1 期。

②⑤ 郑旭东：《学习科学的形成与发展：基于编年史的视角（下）》，《软件导刊（教育技术）》2008 年第 6 期。

③⑦ 黄德群、贾义敏：《美国学习科学发展研究》，《外国教育研究》2011 年第 5 期。

⑧ 郑旭东：《学习科学的形成与发展：基于编年史的视角（上）》，《软件导刊（教育技术）》2008 年第 5 期。

⑨⑪ 郑旭东：《学习科学人物谈之八：学习科学专业建设的开拓者与探索者——Roy Pea》，《软件导刊（教育技术）》2009 年第 8 期。

⑩⑫ 郑旭东：《学习科学的形成与发展：基于编年史的视角（上）》，《软件导刊（教育技术）》2008 年第 5 期。

⑬ 北京师范大学教育技术学院学术委员会：《教育技术学科发展报告》2012 年。

⑭ Learning Sciences [Z]. http://en. wikipedia. org/wiki/Learning-sciences. 2013.

⑮ 周加仙：《学习科学专业课程的设置与人才培养》，《全球教育展望》2008 年第 4 期。

（二）国内学习科学领域建设

1. 学术机构

20世纪90年代，我国教育研究者们在对国外学习科学领域研究的追踪过程中，发现了其对我国教育研究和实践的潜在指引力量并产生了浓厚的兴趣。于是，包括北京师范大学的陈琦、董奇，清华大学的张建伟，华东师范大学的高文、裴新宁，东南大学的韦钰，华南师范大学的桑新民、焦建利在内的国内高校研究者，纷纷建立起学习科学研究共同体，开展国外学习科学研究的引介和本土化研究工作，并结合已有研究力量与学术背景，分别建立起了华南师范大学未来教育研究中心、东南大学儿童发展与学习科学教育部重点实验室、北京师范大学脑与认知科学研究院、华东师范大学学习科学研究中心四家学习科学学术研究机构。①

这四家研究机构的研究方向与内容各有侧重，在与国外学习科学领域的研究机构和专家保持着紧密联系的同时在我国本土环境下积极开展学习科学研究。

桑新民领导的华南师范大学未来教育研究中心创立于1997年，一直以来致力于未来教育基础理论与应用研究、教育技术学基础理论创新研究、信息技术培训与教师教育研究 。近年来，该中心开始关注世界范围内学习科学的新进展，并聚焦于学习科学与学习技术，尤其是新技术环境下学习科学的应用和学习技术的研究、开发与推广，体现出教育技术学与学习科学的融合。②

韦钰领导的东南大学儿童发展与学习科学教育部重点实验室创办于2002年，是国内第一个以开展学习科学研究为主的基地。实验室将现代计算机信息技术、生物测量技术、情感计算方法等运用于儿童发展的行为学研究，旨在探索与儿童学习能力相关的生物学、心理学和社会学机制，体现了生物科学、社会学、计算机科学与学习科学的融合。③

董奇领导的北京师范大学脑与认知科学研究院（原认知神经科学与学习研究所）成立于2004年。研究院的研究人员具备心理与认知学科背景，研究方向包括基本认知过程与学习、语言和数学认知与学习、情绪与认知的相互作用、心理发展与脑发育、认知神经科学的方法学研究，体现了神经科学、认知科学与学习科学的融合。④

高文领导的华东师范大学学习科学研究中心成立于2006年。该中心研究人员具备教育学、课程与教学、计算机科学、科学教育、心理学等学科背景和研究经验。该中心的研究关注在教学设计和学习技术开发中整合有关学习和新技术的观点，在正式和非正式的学习环境中促进有意义的学习，体现了课程与教学、教育技术与学习科学

---

① 焦建利、贾义敏：《学习科学研究领域及其新进展——“学习科学新进展”系列论文引论》，《开放教育研究》2011年第1期。

② 未来教育研究中心_ 互动百科. http：//www. baike. com/wiki. 2013.

③ 学习科学研究中心首页. http：//rcls. seu. edu. cn. 2013.

④ NKLCNL—认知神经科学与学习研究所 - powered by chinaet ［Z］. http：//psych brain. bnu. edu. cn. 2013.

的融合。①

2. 学术会议

2011 年，香港大学、华东师范大学、北京师范大学、华南师范大学与国际学习科学协会一同承办了第九届计算机支持的协作学习国际会议。会议分成在香港大学举行的主会议和在北京、上海、广州三地举行的会后会议。这是学习科学国际会议第一次进入中国大陆，为国内外学习科学领域专家和学者提供了第一次面对面交流的平台。②③④⑤

近期，经济合作与发展组织（Organisation for Education Co-operation and Development，OECD）、国家科学基金会（NSF）、联合国教科文组织（United Nations Educational，Stientific，and Cuitural Organization，UNESCO）、香港大学、华东师范大学、上海师范大学正在组织筹划“How Learning Sciences Make a Difference：Connecting What we Know on How we Learn to Educational Practice and Policy”国际会议。本次会议于 2013 年召开，届时将邀请国内外学习科学领域的专家学者，就学习科学在全球的发展及其之于教育实践的改进开展高层学术对话。本次会议是继 2011 年的计算机支持的协作学习国际会议后又一次较大规模的国内外对话，也将为今后国内外学习科学研究共同体之间的深度且持久的联系、交流与合作架设桥梁。

3. 高校课程与专业

2007 年，华东师范大学学习科学研究中心自主设置了“学习科学与技术设计”专业，招收硕士、博士研究生，中心的研究人员担任导师和课程教师。目前，该专业已更改为华东师范大学教育信息技术学系、课程与教学系相关专业中下设的“学习技术设计”研究方向。此外，华南师范大学的教育技术学研究生专业下也分设了“学习科学与技术设计”研究方向，由赵建华教授担任导师。⑥

除了高校专业外，2009 年，包括南京大学、扬州大学、宁波大学在内的 14 所开设“学习科学与技术”课程的高校形成联合，共同建立“学习科学与技术”课程第四届“跨校联盟”。课程的实施采用网络平台、网络视频会、跨校研究性学习等策

---

① 学习科学研究中心－华东师范大学．http：//sc. ecnu. edu. cn．2013.

② 贺斌：《国际学习科学学会第九届 CSCL 双年会数字化学习全球高峰论坛暨 CSCL2011 上海国际研讨会会议邀请与论文征集》，《远程教育杂志》2011 年第 3 期。

③《国际学习科学学会第九届 CSCL 双年会数字化学习全球高峰论坛暨 CSCL2011——上海国际研讨会即将召开》，《电化教育研究》2011 年第 5 期。

④ 罗陆慧英、程介明：《学习科学与教育政策——2011 计算机支持的协作学习国际会议回顾》，《开放教育研究》，2011 年第 5 期。

⑤ CSCL2011 ｜ 9th International Conference on Computer Supported Collaborative Learning［Z］. http://www. isls. org/cscl2011/index. htm? CFID = 67129363 & CFTOKEN = 97403207．2013.

⑥ 华南师范大学教育信息技术学院．http：//site. scnu. edu. cn/plus/list. php? tid = 11．2013 年。

略，将各高校所具备的教学资源进行共享和传播。① 目前，由桑新民教授主持的“学习论——步入信息时代的理论与实践”已被列为国家级精品课程（2003）。一些研究者也针对该课程的校级协作、基于网络环境、探究性学习、学习共同体等特征开展了研究。②③④⑤⑥⑦⑧⑨⑩⑪ 此外，东南大学等高校也将学习科学作为基本领域之一，整合到了本科和研究生培养阶段相关的课程框架中。

三、学习科学国内外研究进展

在经过近三十年的发展之后，全球范围内的学习科学研究共同体已初步建立，学习科学研究的数量猛增。2008年，全球最具规模的教育年会——美国教育研究协会（American Educational Reasearch Association，AERA）年会也将原来的“教育、科学和技术”（education，Science and Technology）特别兴趣小组更名为“学习科学”（Learning Sciences）特别兴趣小组。⑫ 在这一部分中，本文将从研究热点和主要研究成果两个方面简要介绍国内外学习科学领域的研究进展。

（一）国外研究进展

1. 研究热点

学习科学的主要研究内容是对学习发生过程的理解和学习环境的创设。从近几年

---

① 裴雯雯：《基于网络的校际协作学习中的知识管理设计策略——基于“学习科学与技术”课程》，《电脑知识与技术》2010年第22期。

② 杨海茹：《〈学习科学与技术〉精品课程建设探索及SWOT分析——以西华师范大学为例》，《现代教育技术》2010年第5期。

③ 文冬、董坦坦、周艳红等：《学习科学与技术课程改革研究》，《教学研究》2012年第5期。

④ 刘永贵：《大学生研究性学习中行为、态度、情感变化研究——阿亮“学习科学与技术”课程学习历程分析》，《现代教育技术》2008年第7期。

⑤ 梁林梅：《大学研究性教学的实践与思考——以〈学习科学与技术——信息时代大学生学习能力培养〉课程为个案》，《大学（研究与评价）》2007年第9期。

⑥ 梁林梅、桑新民、刘永贵：《高校网络课程跨校协作的实践探索——以“学习科学与技术”课程为个案》，《中国远程教育》2008年第8期。

⑦ 林雯、郑小军、赵团萌：《高校选修课的目标定位与策略选择——以“学习科学与技术”为例》，《大学教育》2012年第4期。

⑧ 梁林梅、桑新民、刘永贵等：《国家精品课程创新推广特性及策略研究——以“学习科学与技术”课程为例》，《开放教育研究》2011年第4期。

⑨ 徐晓雄、叶婉婷：《思维导图在大学生协作学习中的应用研究——以“学习科学与技术”课程为例》，《电化教育研究》2008年第10期。

⑩ 贯义敏、林彩虹：《网络环境下的教学案例设计与应用研究——以“学习科学与技术”课程为个案》，《赣南师范学院学报》2008年第3期。

⑪ 李翠白：《校际协作网络学习共同体的设计——以“学习科学与技术”课程为例》，《中国电化教育》2007年第7期。

⑫ 2008 AERA Annual Meeting[Z]. http：//64.112.226.77/one/aera08/index.pph？cmd. 2008：2013.

国际学习科学会议、计算机支持的协作学习会议、美国教育研究协会年会“学习科学”特别兴趣小组的主题和提交的论文，以及国外学习科学杂志论文中可以发现，目前国外学习科学领域的研究热点主要包括认知和学习、学科学习设计、学习中的社会文化因素、研究方法四个方面。在这四个方面的研究中，都融合了技术因素，应用了某些人工制品已达到更好的研究目的。

（1）从学习者的学习出发研究认知

学习科学脱胎于认知科学，所以认知科学中的众多概念依然是学习科学研究的主要内容。目前，在学习科学研究中广为涉及的有关认知的概念包括“概念转变”、“类比、推理与迁移”、“问题解决与表征”。① 具体的研究包括理解儿童的直观科学概念以帮助儿童进行概念转变，② 使用技术工具对问题空间进行表征以提升学习者对问题的理解程度等。此外，“具身认知”的概念也于近年涌现。这一概念强调人的认知是身体、环境、活动三者协同作用的结果。具体的研究包括采用虚拟技术开发具身学习环境、设计具身学习活动、采用具身学习方法帮助学生理解抽象的学科知识等。③

（2）聚焦具体学科的教学与学习

在具体学科的学习方面，学习科学的研究大多关注科学、技术、工程学、数学。④ 相关的研究内容包括学习模式与方式（例如，在具体学科学习中采用的问题式/项目式学习、案例式学习、基于目标的学习、解释学习、合作/探究学习、基于模型的推理/教学、设计式学习和设计教育等方式）、为学习者的学习提供支撑作用的支架、复杂系统的学习三大类。⑤⑥研究所涉及到的人工制品包括 Model-It 软件⑦、WISE 平台等。

（3）关注学习中的社会因素

除了对认知、知识学习的关注外，学习科学的研究非常重视学习中的社会文化因素（如对话、表情、手势等）及其对学习者认知能力、知识学习的影响。这些研究通常采用人类学、社会学研究方法，对特定空间、时间和学习活动中的社会文化因素

---

①⑤ 杨南昌、曾玉萍、陈祖云等：《学习科学主流发展的分析及其启示——基于美国〈学习科学杂志〉（1991—2009）内容分析研究》，《远程教育杂志》2012 年第 2 期。

② 詹艺、汤雪平、程元元等：《拓展社会想象力：以公共利益为导向的教育研究——美国 AERA2011 年会述评》，《远程教育杂志》2011 年第 5 期。

③ 詹艺、程佳铭、林立甲等：《知犹不及——美国 AERA2012 年会述评》，《远程教育杂志》2012 年第 5 期。

④ 金莺莲、赵健：《面向设计实践的学习研究：AERA2011 年会学习科学专题述评》，《全球教育展望》2011 年第 9 期。

⑥ 鲍贤清、缪静霞、詹艺等：《学习的生态和技术的功用——美国 AERA2010 年会述评》，《远程教育杂志》2010 年第 5 期。

⑦ 王美：《学习科学、技术设计与科学教育的整合——用技术增进一致性的科学理解》，《全球教育展望》2013 年第 1 期。

进行跟踪记录和分析。① 其中，身份认同一直是研究者们关注的热点。具体的研究包括学习者在不同情境中身份认同的塑造过程和轨迹，周围环境对身份认同建立的影响、身份认同感与学习结果的关系等。②③

（4）完善本领域的研究方法

自身研究方法的形成是一门新学科建立和成熟的标志。学习科学研究者们对研究方法的讨论、建立和反思也从未停止过。④一方面，作为学习科学研究的主要研究范式，设计研究本身一直是研究者们关注的焦点。近年来，一些研究者就如何保证设计研究的质量进行了研究。例如，根据测量学的相关理论开发和设计迭代过程中使用的测量工具，以获得更优质的数据，为设计研究的迭代提供扎实的数据基础。⑤ 另一方面，学习科学的研究也关注如何使用人类学方法、交互分析和话语研究、视频研究技术、民族志观察、话语分析等研究方法挖掘有关学习是如何发生的，以及学习为何会发生的信息。⑥⑦

除了以上四个方面的研究热点外，不少学习科学的研究者还将视野投向了非正式学习环境中的学习，对这种相对正式的课堂学习而言更零散、发散也更有意义的学习进行研究。⑧⑨⑩⑪

2. 主要研究成果

1995 年，美国国家研究理事会成立了“学习科学发展委员会”工作小组，对学习科学的最新进展进行追踪，并将部分研究成果应用到教育与学习实践中。⑫⑬ 1999 年，该工作小组发布了著名的报告《人是如何学习的：大脑、心理、经验与学校》，从学生的学习和教师的教学两方面阐述了学习科学研究的最新进展。该报告一经推出，就引起了学界强烈的反响，被公认为学习科学领域的“里程碑”。⑭⑮⑯

---

①④⑥ 杨南昌、曾玉萍、陈祖云等：《学习科学主流发展的分析及其启示——基于美国〈学习科学杂志〉（1991—2009）内容分析研究》，《远程教育杂志》2012 年第 2 期。

②⑧ 詹艺、汤雪平、程元元等：《拓展社会想象力：以公共利益为导向的教育研究——美国 AERA2011 年会述评》，《远程教育杂志》2011 年第 5 期。

③ 金莺莲、赵健：《面向设计实践的学习研究：AERA2011 年会学习科学专题述评》，《全球教育展望》2011 年第 9 期。

⑤⑨ 詹艺、程佳铭、林立甲等：《知犹不及——美国 AERA2012 年会述评》，《远程教育杂志》2012 年第 5 期。

⑦⑪ 任友群、鲍贤清、王美等：《规范与交叉：教育技术发展趋势分析——美国 AERA2009 年会述评》，《远程教育杂志》2009 年第 5 期。

⑩ 鲍贤清、缪静霞、詹艺等：《学习的生态和技术的功用——美国 AERA2010 年会述评》，《远程教育杂志》2010 年第 5 期。

⑫⑭ 郑旭东：《学习科学的形成与发展：基于编年史的视角（下）》，《软件导刊（教育技术）》2008 年第 6 期。

⑬⑮ 黄德群、贾义敏：《美国学习科学发展研究》，《外国教育研究》2011 年第 5 期。

⑯ 基思·索耶：《学习科学及其跨学科基础》，《世界教育信息》2011 年第 7 期。

2002—2006年，在国家科学基金会大力资助学习科学中心建立的同时，基思·索耶等60余名专家开始着手编辑第一本以学习科学命名的《剑桥学习科学手册》。该书于2006年出版发行，全书涉及学习科学的理论基础、研究方法、知识的本质和分类等众多内容，成为学习科学历史上的另一个“里程碑”。①

此外，学习科学领域的著作还包括着重阐述视频研究方法的《学习科学视域中的视频研究》，作为《人是如何学习的》一书的拓展的《学生是如何学习的》系列著作（课堂中的科学、数学、历史）②，关注脑科学和教育神经科学的《理解脑：走向新的学习科学》和《理解脑：新的学习科学诞生》。③ 2012年，诺伯特·M. 西利（Norbert M. Seel）等人编写的《学习科学百科全书》出版。④⑤ 该书囊括了约4000条目前为止学习科学领域中权威的理论、观点和术语，并提供精准的解释和相关的文献索引，为学习科学研究者们的工作提供了有力的支持。⑥

（二）国内研究现状

1. 研究内容

从20世纪90年代到现在，我国学习科学领域的研究以基础性、反思性、综述性研究为主，但也有了一定比例的应用性研究。⑦

（1）对国外学习科学领域研究的介绍、综述与反思

我国学习科学领域的基础性研究主要是对学习科学的介绍。介绍的内容包括学习科学的兴起、发展历史、内涵、学科基础、研究问题与研究方法，领域主要人物的观点和研究等。此外，也有研究者从国外学习科学领域的杂志、会议论文等途径，获悉了国外学习科学领域的研究现状与进展，并对这些研究进行梳理和和综述介绍。⑧⑨⑩

除了介绍和综述外，也有研究者对学习科学的理论、观点和方法进行了反思。其

---

①⑧ 黄德群、贾义敏：《美国学习科学发展研究》，《外国教育研究》2011年第5期。

② 郑旭东：《学习科学人物谈之二：才华横溢的John D. Bransford》，《软件导刊》（教育技术）2009年第2期。

③ 周加仙：《教育神经科学：架起脑科学与教育政策和实践的桥梁——经济合作与发展组织Bruno della Chiesa访谈》，《全球教育展望》2010年第4期。

④ Encyclopedia of the Sciences of Learning [Z]. http://www.springer.com/education. 2013: 2013.

⑤ 郑旭东、孟红娟：《在联合中走向变革：学习科学与教育技术创新发展的新景观》，《远程教育杂志》2011年第1期。

⑥ Seel N M. Encyclopedia of the Sciences of Learning Sciences. New York: Springer, 2012: 3642.

⑦ 卢立涛、梁威、沈茜：《我国学习科学研究述评——基于20年的文献分析》，《教育理论与实践》2012年第28期。

⑨ 杨南昌、曾玉萍、陈祖云等：《学习科学主流发展的分析及其启示——基于美国〈学习科学杂志〉（1991—2009）内容分析研究》，《远程教育杂志》2012年第2期。

⑩ 金莺莲、赵健：《面向设计实践的学习研究：AERA2011年会学习科学专题述评》，《全球教育展望》2011年第9期。

中，以理论阐述为出发点的反思包括思考学习科学与知识学习和反思①、儿童学习②、理解性学习③、教学系统④、课堂教学创新⑤、教育变革⑥的关系。而从实践应用为出发点的反思则包括学习科学对科学学习⑦、班级建设、教师学习、课程发展、学习模式、理解性学习、高等教育范式、学习环境等实践的指导作用。

（2）学习科学本土化实证研究

除了基础性研究外，目前我国已出现了一定数量的学习科学本土化应用研究。其中包括将适应性专长应用于教师专业发展的教师适应性专长研究⑧⑨、将“设计学习”（learning by design）方法应用于师范生教育的教师整合技术的学科教学知识（Technological Pedagogy Content Knowledge，TPACK）培养研究⑩、对基于案例的推理开展的学习环境设计研究⑪⑫、将面向真实的学习的适应性设计应用于科学学习项目的研究⑬，以及在上海科技馆、上海世博会温哥华馆等地开展的场馆学习设计研究。⑭ 此外，还有对认知学徒制⑮、学习环境设计⑯、变构学习模型⑰⑱、设计研究⑲

① 焦锋、雍克勤：《学习科学视域下的知识学习与反思——兼论“高分低能”现象》，《当代教育论坛》（教学研究）2010 年第 11 期。

② 钟启泉：《学习科学：儿童学习的多元解读》，《全球教育展望》2006 年第 5 期。

③ 胡青友：《关注理解性学习——来自学习科学对学习过程研究的启示》，《教育科学论坛》2008 年第 2 期。

④ 赵建华：《学习科学与教学系统》，《外语电化教学》2006 年第 4 期。

⑤ 苏丹兰、贺慧：《当代学习科学与课堂教学创新——“基础教育未来发展新特征研究”研讨会综述》，《课程·教材·教法》，2012 年第 1 期。

⑥ 柴少明、赵建华：《面向知识经济时代学习科学的关键问题研究及对教育改革的影响》，《远程教育杂志》2011 年第 2 期。

⑦ 林静：《 CAT：基于学习科学的科学概念学习环》，《全球教育展望》2009 年第 10 期。

⑧ 王美：《面向知识社会的教师学习——发展适应性专长》（博士学位论文），华东师范大学，2010 年。

⑨ 王美：《逼真教学问题解决情境中教师适应性专长表现的实验研究》，《中国电化教育》2011 年第 10 期。

⑩ 詹艺、任友群：《培养数学专业师范生 TPACK 的实验研究》，《中国电化教育》2011 年第 10 期。

⑪ 冯锐：《基于案例推理的经验学习研究》（博士学位论文），华东师范大学，2011 年。

⑫ 冯锐、杨红美、郭灿等：《基于案例推理的学习环境设计研究》，《中国电化教育》2011 年第 10 期。

⑬ 赵健、裴新宁、郑太年等：《适应性设计（AD）：面向真实性学习的教学设计模型研究与开发》，《中国电化教育》2011 年第 10 期。

⑭ 鲍贤清、毛文瑜、王晨等：《场馆环境中介性学习工具的设计与开发——以上海科技馆学习单设计研究为例》，《中国电化教育》2011 年第 10 期。

⑮ 陈家刚：《认知学徒制研究》（博士学位论文），华东师范大学，2009 年。

⑯ 王美：《开放学习环境设计》（硕士学位论文），华东师范大学，2007 年。

⑰ 裴新宁：《变构学习模型与教学设计》，《全球教育展望》2006 年第 12 期。

⑱ 吴涛：《变构学习模型研究》（博士学位论文），华东师范大学，2010 年。

⑲ 杨南昌：《学习科学视域中的设计研究》（博士学位论文），华东师范大学，2008 年。

等学习科学领域的主要理论、模型与方法进行了全面详细的梳理和阐述后，开展的本土化研究。由此可见，尽管目前我国学习科学领域的实证研究比例不高，但学习科学理论应用于我国本土的教育实践已开始成为未来研究的走势。

2. 主要研究成果

如前文所述，目前我国学习科学研究者的主要工作是引介，主要的研究成果是对国外经典著作的翻译出版。其中包括“21 世纪人类学习的革命”译丛中的《人是如何学习的》、《学习环境的理论基础》等①，以及《学生是如何学习的》、《变构模型：学习研究的新路径》、《理解脑：新的学习科学的诞生》、《理解脑：走向新的学习科学》、《剑桥学习科学手册》等。②③ 其中，《人是如何学习的》已于近期发行了第二版，对第一版的内容做了增添。

除译著外，国内学者还对国外的相关资料进行了整理、梳理和分析，并出版成书。例如，2007 年出版的高文教授主编的《学习科学关键词》一书，收纳了建构主义、多媒体学习等学习科学领域的关键词进行阐述，④ 是国内第一部有关学习科学的著作，并获得了上海市第十届哲学社会科学优秀成果奖著作类二等奖。此外，杨南昌的博士论文对学习科学所提倡的设计研究的内涵、认知方式、研究模式进行了深入的分析，并建构了基于课堂情境的设计研究实践框架，为在课堂教学中开展学习科学研究提供了方法上的支持。该论文于 2010 年作为“学习科学与技术设计丛书”之一出版。⑤⑥

四、学习科学研究的发展趋势

正如前文所呈现的，自 20 世纪 90 年代以来，学习科学领域逐渐发展成为一个令人瞩目的研究领域。不但研究成果被频繁引用，⑦ 领域专刊《学习科学杂志》的影响因子也位列教育与教育研究类期刊前列。⑧ 虽然在过去的日子里，学习科学领域逐渐成熟且获得了诸多成就，但学习科学研究者们依旧需要继续追寻“人是如何学习的”的答案，也因此依旧面临着诸多挑战。

---

① 庄玉辉：《学习科学的最新拓展——“21 世纪人类学习的革命”译丛简介》，《华东师范大学学报》（哲学社会科学版）2003 年第 1 期。

② ［美］R. 基思·索耶：《学习科学及其跨学科基础》，《世界教育信息》2011 年第 7 期。

③ ［美］R. 基思·索耶主编，徐晓东等译：《剑桥学习科学手册》，教育科学出版社 2010 年版。

④ 高文：《学习科学的关键词》，华东师范大学出版社 2009 年版。

⑤ 王佑镁：《寻找教育研究丢失的一把钥匙——〈学习科学视域中的设计研究〉简评》，《现代远程教育研究》2011 年第 1 期。

⑥ 杨南昌：《学习科学视域中的设计研究》（博士学位论文），华东师范大学，2008 年。

⑦ 贾义敏、詹春青：《情境学习：一种新的学习范式》，《开放教育研究》2011 年第 5 期。

⑧ 郑旭东：《学习研究新学科创建的辉煌历程——学习科学成功之道探秘》，《开放教育研究》2011 年第 1 期。

（一）学习科学的未来趋势与挑战

目前，国外已经产生了大量学习科学研究成果，但这些成果绝大部分仍旧停留在理论或者实验室情境中。学习科学本身是关于真实的人类学习的科学，若其研究结果只停留在真实的学习场景之外，那便失去了该领域的核心意义。事实上，无论是国内还是国外，学习科学领域的研究者们都注意到了这一问题。然而，要实现学习科学“巴斯德象限”① 的学科定位，学习科学推动教育变革，学习科学研究者们任重而道远。

1. 分析真实情境中的学习

与实验环境中的学习不同，真实场景（包括正式的和非正式的）中的学习本身往往更复杂，也会包含大量教育者所未预期到的学习过程和结果。同时，学习者的真实学习发生过程通常被纷杂的无关信息所包围，掩盖在众多表面行为之下。在过去的近30年中，尽管学习科学研究者们已经通过采用多领域的研究方法和视角，对学习者的学习有了更深入的了解，也分析出了许多影响学习的因素。但是，大量未知的因素依旧存在。因此，层层剖析真实情境中的学习，研究学习者的学习、影响学习的因素及因素间的相互关系依旧是学习科学未来的研究重点。而加深多领域研究者沟通、了解与合作，以促进在真实学习场景中的研究能够挖掘出更多更深层次的研究结论，也是学习科学研究者们所面临的挑战之一。

2. 创设面向有效学习的学习环境

仅仅了解学习者是如何学习的，以及学习受哪些因素影响是远远不够的。将有关学习的理解应用于学习环境的创设一直以来是学习科学研究者们的重任，也是实现学习科学“巴斯德象限”定位的途径。因此，如何在不同场所、情境和境脉中创建符合学习科学理论观点的、面向有效学习的学习环境依旧是学习科学未来研究的一大方向和挑战。此外，日新月异的数字媒体作为学习环境中重要的一环，在为学习提供了越来越多的可能性的同时，也带来了学习环境中学习者、教师、媒体、知识等因素相互关系的变化。学习科学研究者们同样需要对这些变化予以关注。

3. 在实践中引导教育变革

近年来，美国、英国、法国、澳大利亚等国都在教育政策的制定中明确将学习科学确立为教育政策基础。② 从这些政策层面的举措我们可以看到，教育领导者已经关注到了学习科学的潜能，并希望其能指引教育实践发生变革。然而，由于学习科学强调有意义的学习而非知识的单纯识记，有着“变革”现有教育的倾向，在进入课堂教学情境时不免要面临与传统的课程框架、教学模式、师生角色、评价方式等协调的

---

① 斯托克斯（D. E. Stokes）用研究的动机（好奇心驱动/应用驱动）和知识的性质（是否具有基础性和原理性）作为直角坐标系，构建了一个科学研究模型。巴斯德象限位于其中的第三象限，代表由解决应用问题产生的基础研究。

② 裴新宁：《学习科学研究与基础教育课程变革》，《全球教育展望》2013年第1期。

问题。①② 虽然这一问题的解决一方面可以通过政府的政策与规定得以实现，但另一方面也更需要学习科学研究者们与一线的教育工作者在实践中的努力。

（二）学习科学与教育技术

学习科学有着变革教育的潜能，而信息技术是实现教育变革的有力工具。因此，在变革教育的道路上，学习科学与教育技术必然相互扶持、共同前行。

1. 学习科学与教育技术的统合

学习科学与教育技术是两个关系特殊的共同体。一方面，尽管学习科学与教育技术两大领域的发展历史迥异，但研究目的、理论立场、认识论、方法论上都有极大的形似之处，都是以促进学习和教学为目标的；③ 另一方面，在学习科学领域蓬勃发展的初期，这两个研究共同体互相排斥，双方关系曾一度紧张。这其中最为著名的事件就是印第安纳大学的学习科学和教育技术研究团队的分裂。④

在两个研究共同体的纷争中，一些研究者看到了自己与对方在研究目的、方法上的相似性，开始意识到互相排斥更多的是因为学习科学作为一个新兴的研究领域，受到了众多的人力、财力支持，使得传统的教育技术研究人员产生了强烈的团队归属感和维护感。然而，从两个领域本身的研究来看，严格区分彼此并没有实际意义。于是，学习科学与教育技术共同体之间的关系逐渐缓和，开始理性地看待对方。包括迈克尔·斯佩克特（Micheal Spector）在内的学者还撰写了《探索学习科学、教学系统和绩效技术》一书，为这两个研究共同体之间的相互联系做了努力。⑤

近年来，学习科学与教育技术相互融合的研究与实践逐渐增多，⑥基于设计的研究也为两个领域的统合提供了桥梁。⑦ 在21世纪的背景下，在学习环境的设计中，技术设计成为一个日益重要的组成部分。这一趋势同时对学习科学和教育技术两个领域提出了挑战。一方面，学习科学必须关注因新媒体和新技术的涌现而引发的人类认知能力、学习方式和学习环境的变化；另一方面，学习环境中的技术设计则需要整合有关学习科学的理论与观点。从学习科学领域最新的研究趋势也能看出，技术支持的学习已经成为学习科学中最为活跃的研究领域之一。

2. 学习科学助力教育信息化的发展

2010年，联合国教科文组织在《ICT变革教育：地区指导》（ICT Transforming Education：A Regional Guide）一书中，将教育信息化的发展划分为出现（emerging）、

---

① 焦建利、贾义敏：《真实境脉中的学习研究与教育变革——学习科学研究回顾、反思与展望》，《开放教育研究》2011年第6期。

② 郑旭东：《学习科学人物谈之总结篇：学习科学的未来趋势与挑战》，《软件导刊（教育技术）》2009年第12期。

③⑥ 任友群、詹艺：《第三只眼睛看教育技术》，《电化教育研究》2009年第12期。

④⑤ 任友群、宋莉、李馨：《教育技术的领域拓展与前沿热点——对话AECT主席J. Micheal Spector教授》，《中国电化教育》2009第11期。

⑦ 杨南昌：《走向统合的学习科学与教学设计》，《中国电化教育》2006年第6期。

应用（applying）、融合（infusing）、转换（transforming）四个阶段。报告指出，教育信息化要跨越这四个阶段的过程，必须是由技术工具和教学方法相辅相成的发展与进化所推进的。也就是说，技术变革教育既需要技术工具的发展与提升，也需要教学方法的发展与提升。①

目前，我国教育信息化的推进工作已经初步实现了硬件普及和使用，但也出现了“黑板搬家”、“教科书搬家”、“人灌+机灌”等技术的非合理使用现象。② 如今，教育技术界的学者们在“姓电”还是“姓教”问题的讨论中基本达成了共识，即技术需要服务教育。基于这个共识，一些研究者最近提出了智慧教室、智慧校园和智慧教育的概念，和以往单纯硬件配备不同，“智慧”的教育技术研究和实践应该综合考虑人、设备、环境、资源以及社会因素。

智慧教室的“智慧性”体现在教学内容清晰可见且适合学习者的认知特点、学习资源获取的便捷性和适应性、课堂教学的流畅互动和跟踪、对物理环境和学习行为的情境感知与检测、教室布局与电器管理五个方面。③ 智慧校园是指具备环境全面感知、网络无缝互通、海量数据支撑、开放学习环境、师生个性服务特征的校园。其实现的关键技术包括学习情景识别与环境感知技术、社会网络技术、学习分析技术、数字资源的组织和共享技术。④ 而智慧教育则是对智慧教室和校园的概括，是指以学生的智慧学习为目标，以先进的学习、教学、管理等理论为指导，以信息技术、学习工具、学习资源和学习活动为支撑，可以全面感知学习情境信息、识别学习者特性和学习情境，灵活生成最佳适配的学习任务和活动的新型学习环境，是教育信息化的最高境界。⑤

从以上这些概念中我们可以发现，不论是智慧教室、智慧校园还是智慧教育，其核心都是“以学习者为中心”设计学习中的设备、资源、环境和社会因素，根据所收集到的实时或非实时的数据，对设计进行适应性调整。而学习科学的理论与方法则可以指导这一设计过程和具体技术的实现。例如，记录和跟踪哪些情境中的哪些学习行为，如何感知情境中与学习者认知情感和态度有关的信息，如何分析所收集到的数据，如何根据现有数据和学习者特征进行适应性调整等。

事实上，在教育第一线，已有不少学习科学与教育技术结合、促进教育变革的实践案例。最近涌现的“颠倒的课堂”就是一个例子。在传统的课堂中，知识的传授

① J. I Anderson CT transforming education: A regional guide, UNESCO Bangkok, 2010.

② 桑新民、郑旭东：《凝聚学科智慧引领专业创新——教育技术学与学习科学基础研究的对话》，《中国电化教育》2011年第6期。

③ 黄荣怀、胡永斌、杨俊锋等：《智慧教室的概念及特征》，《开放教育研究》2012年第2期刊。

④ 黄荣怀、张进宝、胡永斌等：《智慧校园：数字校园发展的必然趋势》，《开放教育研究》2012年第4期。

⑤ 祝智庭、贺斌：《智慧教育：教育信息化的新境界》，《电化教育研究》2012年第12期。

由教师在课堂中通过讲授完成，知识的内化则需要学生在课后通过作业和实践等完成。而在“颠倒的课堂”中，知识的传授通过视频技术和网络技术在课后完成，课上的时间则被用于学生在教师的指导下完成知识的内化。在这种新型的教学模式中，信息技术支撑了教师和学生的角色的转变，体现了学习科学所提倡的“以学习者为中心”的理念。在美国的，这样的模式的教学已在多所中小学中实施，并受到学生、教师和家长的好评。① 从这个例子中我们可以看到，在教学法因素和技术因素的发展、提升和结合，推动教育信息化从“出现”阶段逐步迈向“转换”阶段的过程中，学习科学的观点、视角与方法有着巨大的潜在引导力量。

五、小结

综上所述，自 20 世纪 80 年代至今，国外学习科学领域已经逐渐完善并在教育学界产生了重要的影响力。我国的学习科学研究共同体也已初步建立，在紧跟国外研究前沿的同时，致力于学习科学的本土化研究。无论是国内还是国外，研究者们都开始关注学习科学对教育实践的指导和变革作用。而学习科学本身也必将在走入实践的这一过程中迎来新一轮的领域完善与成熟。

（责任编辑　石筠弢）

① 张金磊、王颖、张宝辉：《翻转课堂教学模式研究》，《远程教育杂志》2012 年第 4 期。

丁念金 1964年生，湖南隆回县人。上海师范大学教育学院教授、博士生导师，教育部国际教育（培育）基地研究员，中国教育学会教育学分会课程学术委员会常务理事。华东师范大学教育学学士（1988），华中师范大学教育学硕士（1991），华东师范大学教育学博士（1999）。研究领域涉及课程论、教学论、教育评价、学习学、教育哲学、教师教育。先后聚焦课程决策研究方面，提出全景教育理念，开展素质文化研究，在中小学发起和主持优质学习研究。已发表论文约百篇，出版学术专著五部。代表性专著有《课程论》（2007），《人性的力量——中西教育文化变迁》（2011）；代表性论文有《试论我国基础教育课程决策机制的转变》（《课程·教材·教法》2001年第5期）等。

《学习学：发展历程、时代境遇及展望》导读

学习学：发展历程、时代境遇及展望

丁念金

【摘要】 学习学即以学习现象为研究对象的学科领域。学习学的发展历程可大致划分为前学科阶段、窄小学科阶段、学科扩展阶段、学科整合阶段，但这种划分是相对的。当前，学习学的时代境遇主要表现为：学习作为人类社会的核心活动日益重要；学校的革新需要学习学的全面指导；中国梦的实现需要学习学的一份贡献。为进一步实现学习学的大发展，需要特别注意：明确学习学的学科定位；明确学习学的研究范围；实施促进学习学发展的策略；避免三种倾向。

【关键词】 学习学；发展历程；时代境遇；展望

学习学，是以学习现象为研究对象的学科领域。广义的学习涉及人类关于学习的各个方面的学问。学习现象贯穿在整个人类历史中。① 人类关于学习的学问，也已有漫长的历史，当今其发展又面临新的时代境遇。为了实现学习学的更快更好发展，并充分发挥共价值，我们需要分析学习学的历史发展和时代境遇，并对其未来发展加以展望和建构。

一、学习学的发展历程

广义的学习学，从其作为学科的特性来看，它的发展历程大致可以划分为以下四个阶段：前学科阶段、窄小学科阶段、学科扩展阶段、学科整合阶段。基于个人的研究取向，本文侧重阐述中国的情况，对西方情况只有少量涉及。这四个阶段并不是绝对的，而是相对的。这四个阶段中，第二个阶段在一定范围内延伸到现在，第三个阶段也在较大范围内延伸到现在。这四个阶段之间既有一种先后相继的关系，也有一种同时共存和交互作用的关系。

（一）前学科阶段（古代到20世纪初）

所谓学科（discipline），简单地说即专门化、系统化的学问。从古代开始，人们

---

① 由于在多数种类的动物身上也存在学习，所以学习现象也贯穿着动物进化的部分历史。本文中所说的学习集中于人类学习。

就开始探索学习现象，积累了不少关于学习的知识。但这些知识还没有专门化、系统化，即没有发展成为一门学科，因此说，学习学处于前学科阶段。

为了更好地了解此阶段学习学的具体发展历程，需要把握直接相关的“学”与“教”及其关联点。这两者分别是学习者的活动与教育者的活动，但它们有一个直接关联点：都是直接指向人的素质发展的活动。这里的“素质”取广义，指人的身心发展的各个方面的水平和特征，包括品德、性格、知识、技能、智力、创造力、身体素质等。从对“学”的关注与对“教”的关注及其关联来看，这一阶段又可以大致划分为三个具体时期。

其一是“学”与“教”不分的时期。就中国而言，这是在西周及其以前。在此时期，将人们掌握知识（如占卜知识）、养成品德（特别是“孝”等品德）的过程，既称为“学”，也称为“教”，“教”、“学”不分，这就是教—学同源。当然，这是一种教以学为基础的同源①。《尚书·兑命》中说：“斆学半”，唐代孔颖达的注释为：上学为教，下学者，学习也，言教人乃是益己学之半也②。也许有人会问：在这么早的历史时期，怎么会产生关于学习的学问呢？笔者的回答是：这时期是产生了关于学习的学问。事实上，这个时期形成了对学习的较多实践和记载，接着是学习实践的发展和完整化，包括完整的“六艺”课程的实践，并在此基础上形成了许多认识，这就是关于学习的学问。这个时期，学问已有一定的发展，《周易》就是一个佐证。在西方国家，也存在类似的情况。例如，learn（学习）来自中古英语中的lernen，它的意思是“学”或“教”。Lernen来自盎格鲁—萨克逊语的lernian，其词干是lar，即是lore的词根，lore的原意也是“学”或“教”。因此，learn和teach是同源派生出来的两个词。当然，在这种派生的用法中，learn涉及到教学的内容③。

其二是以学为主、且以学论教的时期，也就是，学习学（尚未学科化的学习学）作为一种显学而存在。这在中国大概始于春秋时期，止于19世纪末；在西方，大体上是古希腊时期和古罗马时期。就中国而言，这种以学为主、以学论教的特点，主要表现为以下四个方面：在研究以人的素质发展为宗旨的活动的文献中，一般都有个“学”字。比如，《学记》就是一个典型的例子，《论语》的第一篇为《学而》，《荀子》的第一篇为《劝学》，朱熹的《学礼》、《小学》等，直至1898年张之洞的《劝学篇》。在各种相关的文献中，“学”字大量出现，而“教”字则出现得少得多。例如，《论语》中，“学”字出现64次，“教”字仅出现7次；各种以实现人的素质发展为宗旨的活动的机构名称，多数都有个“学”字，如“学宫”、“太学”、“国学”、

---

① 杜成宪：《以“学”为中心的教育话语体系——从语言文字的视角谈中国传统教育思想的重“学”现象》，《华东师范大学学报（教育科学版）》2010年第3期。

② 施良方、崔允漷主编：《教学理论：课堂教学的原理、策略与研究》，华东师范大学出版社1999年版，第5页。

③ 中央教育科学研究所比较教育研究室编译：《简明国际教育百科全书·教学（下）》，教育科学出版社1990年版，第234页。

“乡学”等。对“教”的论述，一般都基于对“学”的论述。例如，《学记》中说：“人不学，不知道。是故古之王者建国君民，教学为先”,①“学者有四失，教者必知之”。②就西方国家而言，在古希腊和古罗马，“以学为主的阶段，且以学论教”的具体情况不同于中国，而主要表现为以下三点：有较多的相关文献，较少直接谈论教，而直接谈论学习目标、学习内容、学习方法等。例如，古罗马昆体良（M. F. Quintilianus）的《雄辩术原理》就是如此；有些文献直接论述学习的基本观念，柏拉图（Plato）关于学习是对知识的回忆的观点就是一个例子。“教育”术语也较多存在，但是那时的“教育”观本身更倾向是一种内发论，即认为知识、智慧等是学习者本来就有的，教师并不是给习者以知识，而是帮助学习者将本来就有的知识引发出来，或者说，教育是一种激发学习者内部力量生长和实现的过程。因此，还是基于学习的，苏格拉底（Socrates）就是一个典型例子。

其三是以教为中心且学习相对受忽视的时期。这在中国大致是从19世纪末开始，至20世纪初；而在西方大致是从中世纪早期开始，至20世纪初。先要从西方谈起。在西方，中世纪时期，特别强调对人性的控制，包括对人的学习与发展的严密控制。因此，就教育的主流而言，是以教为中心的，学习相对受到忽视，较少得到关注和研究。到中世纪晚期，捷克教育家夸美纽斯（J. A. Comenius）针对这种现象提出，大教学论的“主要目的是探索一种教导的方法，使教员可以少教，学生可以多学”。③然而，这种忽视学习及学习研究的现象，总的来说并没有得到明显改变。到了近代和现代，还是以教为中心，相对地忽视学习和对学习的研究。关于这一点的原因，将在下文分析。

在中国，在清代已开始出现以教为中心的苗头。例如，在教育家唐彪等人那里，到19世纪末20世纪初，这种现象得到强化。其重要原因之一，是受西方的以教为中心的思想的影响，尤其是受赫尔巴特流派五段教学法的影响，再加上受工业生产思路的影响（下文将分析），所以较明显地转向以教为中心、相对地忽视学习和对学习的研究。例如，那时流行的“教授法”，就主要关注教师的教（教授），而相对忽视学生的学习。这更加体现了对学习缺乏研究。陶行知在发表于《时报·教育周刊·世界教育新思潮》第1号（1919年2月24日）上的《教学合一》一文是这样批评这种现象的：“现在的人叫在学校里做先生的为教员，叫他所做的事体为教书，叫他所用的法子为教授法，好像先生是专门教学生些书本知识的人。他似乎除了教之外，便没有别的本领；除教书之外，便没有别的事做。而在这种学校里的学生除了受教之外，也没有别的功课。先生只管教，学生只管受教，好像是学的事体，都被教的事体打消掉了。论起名字来，居然是学校；讲起实在来，却又像教校。”④

①② 胡平生、陈美兰译注：《礼记·孝经》，中华书局2007年版，第114，122页。
③［捷］夸美纽斯著，傅任敢译：《大教学论》（新2版），人民教育出版社1984年版，扉页。
④《陶行知全集》（第1卷），四川教育出版社2005年第2版，第18页。

（二）窄小学科阶段（20世纪初至20世纪70年代）

在此阶段，从某种意义上说，人们对学习的研究向前推进了一步，发展成为一门学科，即“学习论”（learning theory）（或学习理论）这门学科，即达到了专门化和系统化（同时，采取了科学化的手段）。不过，此阶段关于学习的学科是窄小的，学习论只是心理学中的一个具体分支。就学习论占学习研究之主导地位的时间来看，此阶段始于20世纪初，止于70年代，这在西方国家尤为典型，在中国稍有滞后。

学习论这门学科先是在西方国家建立和发展起来的。在此阶段，学习论的主流大致可以划分为四个流派。这四个流派在一定程度上也可视为学习论发展的四个具体时期，它们分别是：

一是刺激—反应学习理论。通常又称为行为主义学习理论。这种学习理论认为，所有的学习都是这样一种行为，即个体对环境刺激的反应，刺激与反应之间形成一种S—R联结，所有的学习行为都是习得的，都是可以观察和测量的。桑代克（E. L. Thorndike）、华生（J. B. Watson）、斯金纳（B. F. Skinner）等人都是著名代表。

二是认知学习理论。这种学习理论与行为主义学习理论的观点相反，认为是个体作用于环境，而不是环境引起个体的行为；学习就是个体通过内部心理结构（认知结构）作用于外部环境，并改变认知结构的过程；学习论要关注的乃是个体处理其环境刺激的内部过程，而不是外显的刺激—反应。韦特墨（M. Wertheimer）、苛勒（W. Kohler）、考夫卡（K. Koffka）、勒温（K. Lewin）、皮亚杰（J. Piagt）、布鲁纳（J. S. Bruner）等人都是著名的代表。

三是折中主义学习理论。它也可以称为认知—行为主义学习理论。这种理论克服了早先时期认知主义与行为主义之间的对立，而是融合了认知主义和行为主义两个流派，分别侧重于用不同的观点来解释不同类型的学习。托尔曼（E. C. Tolman）、加涅（R. M. Gagné）等人是著名的代表。

四是人本主义学习理论。这在20世纪60年代作为一场运动和一个较大的学派出现，其宗旨要学习理论和整个心理学变成真正的关于人的科学。它在研究学习时，将人作为一个完整的人对待和考察，全面地注重人的需要，注重人的自我实现，注重自我概念的形成和改变，认为“成为一个完善的人，是唯一真正的学习”。① 著名代表有罗杰斯（C. R. Rogers）等人。

上述四个学习理论流派，都是局限于从心理学领域来研究学习的，而较少从生理学、社会学、文化学、哲学等领域来关注学习。基于此，许多学者对学习论作了符合学习研究之事实的概括。例如，施良方对学习（理）论的解释是：“学习理论是心理学的一门分支学科，是对学习规律和学习条件的系统阐述，它主要研究人类与动物的行为特征和认知心理过程。”②再如，《张氏心理学辞典》对学

①② 施良方著：《学习论——学习心理学的理论与原理》，人民教育出版社1994年版，第18，5页。

习理论的解释是："指心理学家对学习历程的理论性与系统性的解释。"① 又如，《辞海》对学习理论的解释是："对学习机制作出系统解释的心理学理论。"② 概括地说，学习论是心理学中的一个分支，是对学习现象和规律的心理学上的系统研究。

（三）学科扩展阶段（20世纪70年代以来）

在第二阶段，人们对学习的研究虽然已经发展成为一个专门的学科，但是这个学科是相对窄小的，只是心理学中的一个分支学科。而20世纪70年代以来，随着西方社会较全面地经历社会转型，尤其是向学习型社会转变以及思想的高度多元化，人们对学习的研究大量增加，并在迅速地实现学科扩展，即扩展为一系列的学科。这就进入学科扩展阶段，发展成为一个学科群，即学习科学（learning sciences）。这种情况首先发生在一些西方国家，接着发生在中国，目前还在继续。

为了大致理解学习科学，这里列举几种关于学习科学的阐释。美国学者基思·索耶（R. Keith Sawyer）解释说："……之后以称这一新科学为学习科学（the learning sciences），是因为它是一门交叉科学：研究者包括来自心理学、教育学、计算机科学、人类学以及其他学科的专家。学科间的相互合作，就产生了新的想法、新的方法论以及思考学习的新方式。"③ 从他的相关解释可以认为，学习科学是对学习进行全方位研究的一门综合科学。焦建利、贾义敏对学习科学的解释是："第一，学习科学是一个松散的、正在发展的跨学科的领域。学习科学涉及认知科学、教育心理学、计算机科学、信息科学、生物医学工程、人类学、社会学、教育学等众多研究领域。第二，学习科学不仅研究正规的学校情境中的教与学，而且研究非正规学习。立足真实情境是学习科学区别于以往在实验室中开展学习研究的突出特征。第三，学习科学不仅重视对真实情境中学习的理解，而且强调通过设计对学习进行干预。因此，它既包括一般意义上的学习的科学研究，也包括学习的设计与开发。"④

与上一阶段的"学习论"相比，此阶段的"学习科学"具有如下重要特点：第一，学习论只是一个学科，而学习科学则涉及一系列学科，是一个学科群，是学科交叉的产物；第二，学习论各个学派之间对立较明显，而学习科学则各个流派或各个研究团体之间较少对立，而是相互补充、相互交融；第三，学习论特别关注实验室的研究，其中包括在实验室中对动物学习的研究，进而将对动物学习的研究推论到人类学习上来，而学习科学直接聚焦于人类学习，而且特别关注自然情境中的人类学习的研究；第四，学习论对学习的研究往往局限于学习本身，而学习科学的研究特别关注脑

---

① 张春兴：《张氏心理学辞典》，上海辞书出版社1992年版，第655页。

② 辞海编辑委员会编：《辞海》（第六版缩印本），上海辞书出版社2010版，第2164页。

③ ［美］R. 基思·索耶主编，徐晓东等译：《剑桥学习科学手册》，教育科学出版社2010年版，第3页。

④ 焦建利、贾义敏：《学习科学研究领域及其新进展——"学习科学新进展"系列论文引论》，《开放教育研究》2011年第2期。

科学等领域的研究①。

（四）学科整合阶段（20世纪80年代以来）

在此阶段，人们不但实现了对学习现象之研究的专门化、系统化，形成了学科，而且形成了多门学科，即形成了学科群。同时，还将各个具体的学科整合起来，形成了一个大的学科，称为“学习学”。在这个大的学科之下有众多的具体分支学科，这就形成一个有序的“学习学”学科群。学习学的形成与发展，主要是在中国。这个阶段又大致可以划分为以下三个具体时期。

初创时期，为20世纪80年代。在此时期，关于学习学的建设，较有代表性的主张有：1980年，王通讯提出很有必要建立“学习学”。② 1985年，谭继有提出了建立学习学的初步设想。③ 1986年，郭戈对学习学这门新学科进行了简要的论述，认为：“人类社会发展的漫长历史，是一部认识和改造世界的历史，也是一部学习的历史……教育学、心理学等并不能完全解决学习这一复杂的精神生产活动。……学习学和教育学是姐妹科学，是人类智力腾飞的双翼”。④ 1987年，林明榕提出了建立学习学的构想，⑤《建立学习学的构想》一文被中国人民大学书报资料中心的《新兴学科》、《人民日报》海外版等报刊转载或报道。1989年，王凤峣发表《学习学研究综述》一文，对学习学的研究做了介绍和展望，提出学习学应形成一个庞大的科学体系，即形成包括学习学、学习史、学习思维史、学习社会学、学习生理学、学习心理学、学习技术学、学习方法学、学习指导学、各科学习学、自学学等学科的学科丛⑥。此后，“学习学”的提法在我国较常见。1989年，李自章发表《建立学习学的思考与设想》一文，对学习学的建立进行较为具体的思考⑦。

系统建构时期，为20世纪90年代。在这个时期，初步实际地建立起一个关于学习学的理论体系，并开始着眼于在学习内形成分支。研究成果的表现形式如：继续发表这方面的学术论文；将相关研究写成辞典词条；出版学习学方面的著作。此时期较有代表性的研究如：1991年，鄢究发表《试论学习学的研究对象》一文，较深入地分析了学习学的研究对象，这就阐述了一个学科的首要问题⑧；1991年，顾明远主编的《教育大辞典》，收入了“学习人类学”词条，并将学习人类学界定为“运用人类

① 经济合作与发展组织编，周加仙等译：《理解脑——新的学习科学的诞生》，教育科学出版社2010年版，第1—7页。

② 王通讯：《愿你风华正茂》，《文汇报》1980年4月12日。

③ 谭继有：《创立学习学刍议》，《社会科学》1985年第5期。

④ 郭戈：《一门新学科——学习学》，《河南大学报》1986年12月30日。

⑤ 林明榕：《建立学习学的构想》，《山西大学学报》1987年第1期。

⑥ 王凤峣：《学习学研究综述》，《高等建筑教育》1989年第1期。

⑦ 李自章：《建立学习学的思考和设想》，《北京师范学院学报》（社会科学版）1989年第3期。

⑧ 鄢究：《试论学习学的研究对象》，《四川师范学院学报》（哲学社会科学版）1991年第3期。

学的概念、观点、与方法研究学习问题、学习理论的教育人类学分支领域”①；1994年，杨明权发表《“学习学体系”概念辨析》一文②，深入研究学习学体系的概念问题；1992年，青岛大学出版社出版王荣纲、曹洪顺同志主编的《大学学习学》一书；1993年，石油大学出版社出版了董守平、张华、李雁冰撰写的《成人学习学》一书；1999年，新华出版社出版了刘典平、于云才主编的《学习学》一书。

学习学研究的深化和拓展时期，为21世纪以来。学习学研究的深化，主要表现为深入到学习学各个方面的理论基础、其中的各个具体领域；拓展主要表现为拓展到各个相关的学科。当然，存在一种学科整合，即把学习学的各个分支学科整合成一个有序的整体，即深化与拓展相统一、协同。在此时期，学者们继续发表学习学方面的学术论文，论述学习学及其分支学科的问题。例如，张华深入论述了“学习哲学”的一系列主张③；出版学习学方面的著作，如于云才的《学习学导论》（山东人民出版社2004年版），刘泽的《普通学习学》（中国矿业大学出版社2006年版），中国矿业大学出版社2006年开始推出的《学习学研究与推广丛书》等。

二、学习学发展的时代境遇

学习学（广义）本来是一个大的学科，是一门“显学”，但在近现代却被窄化，而且在以教为中心的近现代主流教学体系中，学习学发挥的作用较小。当前，学习学面临着大发展和繁荣的时代境遇。在新的时代境遇之下，我们应该将学习学作为与教育学、心理学并列的一门学科来建设，促进其大发展，并以此应对时代的需要。

（一）学习作为人类社会的核心活动日益重要

人们已经普遍深刻地认识到，人是社会历史的主体，社会的核心是人，而人的内涵是人的素质，人实现其素质发展的首要途径是学习。因此，学习是人类社会的核心活动。

人的素质发展是整个社会发展的核心。第一，人是整个社会发展的根本目的所在，而人的内涵是人的素质，美好社会的首要内容是人的素质的美好，人的美好首先也在于人的素质的美好。每个人都有意无意地希望自己有高的素质，这正是社会的核心目的之一。马克思曾强调，未来社会的基本原则是“每个人的全面而自由的发展”。④ 这就把人的素质发展作为社会发展的核心目标。第二，人的素质发展是整个社会发展的首要条件。例如，社会经济的发展，首先是人的劳动能力、劳动观念、科学技术知识技能、创造力、创业能力、行为方式等的发展；社会政治的发展首先需要

---

① 顾明远主编：《教育大辞典（第6卷）》，上海教育出版社1992年版，第536页。
② 杨明权：《“学习学体系”概念辨析》，《汉中师院学报》（哲学社会科学版）1994年第4期。
③ 张华：《学习哲学论》，《全球教育展望》2010年第6期。
④ 马克思、恩格斯：《马克思恩格斯全集》（第23卷），人民出版社1972年版，第649页。

政治人才的培养、人们普遍的政治观念和其他政治素质的发展；文化发展首先需要文化人才的培养、以人才为载体传承文化、并以人为中心来创造文化，这些都需要借助于人的素质。第三，人的素质的和谐，是社会和谐的核心。例如，社会和谐首先需要人们养成有助于社会和谐的观念、性格、行为特征，这些都是人的素质。关于人的素质发展在整个人类社会发展中的地位，马克思曾强调："人们的社会历史始终只是他们的个体发展的历史，而不管他们是否意识到这一点。"①

人怎样才能实现素质发展呢？这虽然要以先天遗传为基础，但首要的途径是学习。什么是学习呢？对此，人们的观点很不一致。例如，施良方教授认为："学习是指学习者因经验而引起的行为、能力和心理倾向的比较持久的变化。这些变化不是因成熟、疾病或药物引起的，而且也不一定表现为外显的行为。"② B. R. 赫根汉（B. R. Hergenhahn）、马修·H. 奥尔森（Matthew H. Olson）认为："学习是行为或行为潜能相对持久的改变，它是经验的结果，而且不能归因于由疾病、疲劳、药物等引发的暂时性机体状态。"③ 林崇德等人主编的《心理学大辞典》认为，学习是"个体通过练习或经验而导致行为有较持久改变的过程或结果。应从生态个体与环境的关系来理解学习的实质。"④ 在整合各种观点的基础上，我认为，学习是个体经由后天经验、以素质发展为基本指向的活动。也就是说，个体的素质发展的内在途径有二：一是基于先天遗传的发育，二是基于后天经验的学习。显然，学习是更为广阔的途径，因为遗传是有限的，且要一般通过学习才能实现，而学习是无限的。因此，学习是实现人的素质发展的首要途径。

学习是人类社会的核心活动。关于此，人们很早就已认识到。例如，我国先秦时期的《学记》就明确地说："君子如欲化民成俗，其必由学乎……玉不琢，不成器；人不学，不知道。是故古之王者建国君民，教学为先。《尚书·兑命》曰：'念终始，典于学。'其此之谓乎！"⑤ 张之洞的《劝学篇》说："窃唯古来世运之明晦、人才之盛衰，其表在政，其里在学。"⑥ 联合国教科文组织的著名报告《学会生存——教育世界的今天与明天》曾提出：社会正在走向以学习为核心，即正在走向一种学习化社会，"……那么我们除了对'教育体系'进行必要的检修之外，还要继续前进，达到

---

① 马克思、恩格斯：《马克思恩格斯选集》（第4卷），人民出版社1995年版，第532页。

② 施良方著：《学习论——学习心理学的理论与原理》，人民教育出版社1994年版，第5页。

③［美］B. R. 赫根汉、马修·H. 奥尔森著，郭本禹等译：《学习理论导论》，上海教育出版社2011年版，第6页。

④ 林崇德、杨治良、黄希庭主编：《心理学大辞典》（下），上海教育出版社2003年版，第1481页。

⑤ 胡平生、陈美兰译注：《礼记·孝经》，中华书局2007年版，第114页。

⑥ 张之洞著：《劝学篇》，广西师范大学出版社2008年版，序，第4页。

一个学习化社会的境界。”①

（二）学校的革新需要学习学的全面指导

学习是整个社会的核心活动，更是学校各种活动和工作的重心。古代学校总的来说是以学习为中心的。然而，到了近现代，学校走向以教为中心。其原因主要有以下几个方面。第一，受工业生产思路的影响。在工业生产中，工人制造产品；在学校中，则教师制造（塑造）学生，这种制造（塑造）以教师的教为中心。第二，受捷克教育家夸美纽斯思想的影响。虽然夸美纽斯的一个重要目的是要探索少教多学的教学体系，但他并没有实现这一目的，原因之一是他的思想是自相矛盾的。在他的教学体系中，学生的学不能独立于教师的教，因此并不能实现少教多学。他的如下几条“教学定理”说明了这一点：“教就是引导学生接受教导。于是有了教师、学生和教导！教师是传授知识的人，学生是接受知识的人，教导就是传递知识的行为——从教师传给学生”，“没有人教，就教不了任何东西”，“没有教导，就没有知识的传授”,② “没有教，就没有学”，“教得糟，就学得糟”，“教得细心，就学得细心”③。既然学生的学都必须在教师的教之下进行，就必定以教为中心。第三，受人性倾向的影响。人性中含有这样的倾向：实力强的人控制实力弱的人，在学校中，集中表现为教师控制学生。第四，受狭隘的效率观念的影响。人们认为，要提高学校的效率，就要让一个教师同时教许多学生，而要做到这一点，就必须以教为中心。

当前，学校正在经历的根本革新之一，是转向以学习为中心。在一些发达国家，这一转向已经完成得较多，以学习为中心的观念已经普及。例如，联合国教科文组织的报告《教育——财富蕴藏其中》强调：“教师和学生要建立一种新的关系，从‘独奏者’的角色过渡到‘伴奏者’的角色，从此不再主要是传授知识，而是帮助学生去发现、组织和管理知识，引发他们而非塑造他们。”④ 又如，马利欧·托科诺（Mario Tokoro）强调：教育的核心是学习，学习的中心、整个教育的中心是学习者，今天是这样，未来也必定是这样⑤。

在当前的中国，学校也正在向着以学习为中心转变，越来越多的人正在形成以学习为中心的学校观念。当前，向以学为中心转变的学校革新，体现在风起云涌的教学改革中。这些教学改革多数是在教学实践中自发地产生的。杜郎口中学的“三三六自主学习教学模式”，就是一个典型的例子。近年来，国内学校革新中产生的许多新的

---

① 联合国教科文组织国际教育发展委员会编，华东师范大学比较教育研究所译：《学会生存——教育世界的今天和明天》，教育科学出版社 1996 年版，第 16 页。

②③［捷］夸美纽斯著，任钟任译：《大教学论·教学法解析》，人民教育出版社 2006 年版，第 293，295 页。

④ 国际 21 世纪教育委员会编，联合国教科文组织中文科译：《教育——财富蕴藏其中》，教育科学出版社 1996 年版，第 136—137 页。

⑤ Mario Tokoro & Luc Steels（2003）. *The Future of Learning*：*Issues and Prospects*. Nieuwe Hemweg：IOS Press：pp. 11-26.

“教学模式”（实多为教学操作体系），多数在一定程度上体现了以学习为中心的理念。不过，存在一些问题：第一，一种教学操作体系，往往需要漫长的时间才能形成，这一探索过程花代价太大；第二，这些教学操作体系在推广时往往别的学校、别的教师“学不会”，成功推广的空间极小；第三，有些教学操作体系，虽然表面上热热闹闹，但实效性并不高，学生学习质量提高的幅度并不大，学生仍然无法实现素质的全面发展和学习负担的降低；第四，这些操作体系难以用现在的理论来圆满地解释，更难上升为一种新的理论。因此，许许多多人花了巨大的代价，却无法改变他们对当前中国学校感到失望的局面。

要真正实现学校革新的低代价高收益，真正扭转中国学校的局面，就必须加强对学习学的研究，以学习学对学校革新提供全面的指导。因为，心理学和教育学都不能取代学习学。心理学不能取代学习学的一个重要的现实依据是：人的学习不只是一个心理问题，还涉及生理问题、社会问题、文化问题等。教育学不能取代学习学的一个重要的现实依据是：教育中的学习并不是学习的全部，在教育之外也存在大量的学习；即便是在学校中，学生的学习也有而且应该有一部分在教师的教之外进行的。这是不可否认的事实。甚至，教育学也应该是以学习学为基础之一的。过去较长时间内，学习学在一定程度上被教育学所笼罩；今天，我们必须揭开教育学的笼罩，来大力研究学习学、发展学习学，从而为学校活动和工作提供学习学方面的全面的、前瞻性的理论指导，同时也为教育学提供合理而有效的基础。

（三）中国梦的实现需要学习学的一份贡献

已经延续了漫长时间的中国梦——中华民族的伟大复兴，当前被提到了显著的位置，这是历史的必然。通过审慎地分析可以发现，学习学的研究与中国梦的实现之间存在着一种深层的关联：中国梦的实现，从根本上讲是国人的素质的提升，而国人素质提升的首要途径是每个人的学习；每个人的学习质量的提升，需要加强对学习学的研究、以学习学为指导。在中国古代（更确切地说是明代之前），中华民族兴盛的原因之一是以学习为中心，重视学习的研究和实践，这导致在当时的社会历史条件之下人的素质发展较为充分。而从清代开始，中国开始衰落，其原因当然是多方面的，但其中原因之一是：各类学校开始在一定程度上向以教为中心转变，导致学在一定程度上被教所笼罩从而弱化；在近现代，中国人比西方国家的人更加勤劳，但中国的发展较明显地落后于西方国家，其重要原因之一就在于学校较普遍地以教为中心，学从属于教，学生的学习弱化，学习质量低下，素质远远不能充分发展。①

那么，为什么以教为中心、将学纳入教的笼罩之下会导致学习质量下降呢？原因主要有四。第一，人是一个能动体，人的学习与发展本来是一个自主的过程，而如果以教学为中心、将学纳入到教的掌控之下，学生的自主性和能动性就远远不能充分地发展和发挥，学生成为单纯受教的对象，只是被动地配合教师的工作，他们的潜能远

① 丁念金：《对现代主流教学体系两个根本特征的反思》，《教育科学研究》2012年第12期。

远不能充分发挥，他们的学习质量会变得低下，因此他们的素质远远地不能充分发展。第二，以教为中心还必然导致教学的整齐划一。因为，一个教师一般要面对几十个学生，如果认为学生的学时时需要教师的教才能进行，认为要教师持续地教才能保证学生持续地学，就必须采取整齐划一的教学措施。而整齐划一的教学显然违背了学生的个性差异规律，必然导致：学习速度快的学生浪费时间，甚至养成磨时间、低效率学习的习惯；学习速度慢的学生越来越跟不上教学进度，因此越来越失败；学习速度中等的学生，也因他们的学习兴趣各异、认知风格各异，他们的学习质量也不高，他们的素质也不能充分发展。长期以来的近现代教学，我们的教学总的来说并没有达到古代教学中的因材施教的水平，而是整齐划一的，学生的素质发展还是千差万别——较低水平上的千差万别，说明整齐划一并没有达到预期的效果，是失败的。当然，也有学者在一定范围内提倡个性化学习。例如，李秉德先生主编的《教学论》就是如此①。但在现实中，个性化的学习毕竟太少太少。第三，以教为中心、将学纳入教的笼罩之下，使学生很少有机会独立学习，因此学习能力和独立学习的意识都很弱。这一方面导致他们的学习效率和质量低下，另一方面导致他们一旦离开教师，就更加不能自觉而有效地开展学习了。第四，由于学生很少有独立学习和自由发展的空间，所以学生的创造力总的来说变得很弱。而人的创造力弱，正是当今中国经济落后于西方国家而且过分依赖西方国家的先进科学技术的重要原因之一。

由于上述情况，中国教育的现实是不能令人完全满意的。我们看到，中小学生的学习较普遍地只是疲于应付考试，结果多数学生考得很不理想，至于其他素质，如品德、性格、创造力、身体素质等的发展，则更加不如人意了。人们经常慨叹：三至五岁左右的儿童，一般都是很聪明的，此后，本来应该每增加一岁，素质就提高很多，但事实上并未如此。经过几年或十几年的学校教育之后，儿童的素质发展普遍很低，大伤元气，而且许多人毕业以后一辈子都不想再学习了。这样下去，中国梦还能实现吗？有些人把这种情况归因于考试制度，认为考试制度是导致学生素质低下的罪魁祸首。其实，有些学生，因为争取到了较大的独立学习空间，只用少量的时间就很好地完成了基本课程的学习，成功地应对考试，提前很多年就考上大学。例如，张炘炀十岁就考上了本科；或者除了考好之外，其他素质也发展得很好，例如邱虹云。我们的调查表明，凡是独立学习空间大且有一定独立学习能力的学生，都只要用少量的时间学习，就能将基本课程学得很好。根据上述分析，可以认为，应试教育的惨状产生的首要原因乃是：认为学生是由特定教师来塑造的，以教为中心，将学纳入教的掌控之下，学生只是被教的对象，其自主性和潜能远远不能充分发挥，而且不得不采取整齐划一的学习，导致学习质量和效率低下，不得不将全部时间和精力都用于应付考试，还考不好。只有认识到不能通过教育来“制造”人的发展，② 将学从教的掌控之下解

① 李秉德主编：《教学论》，人民教育出版社1991年版，第242—243页。

② 陆有铨：《对当前教育改革的反思》，《基础教育》2011年第3期。

放出来，为学生提供足够的独立学生空间和相关的有效指导，才能真正解决学习质量和素质发展问题，从而有助于中国梦的实现。这就需要研究学习学。

也许有人会问：西方国家近现代的学校教育体系总的来说也是以教为中心的，为什么西方国家比中国发达呢？笔者的分析是：第一，西方国家的学校教育中，教师对学生的掌控并不像中国那么严密，学生相对有较多的独立学习空间；第二，西方教育的多元性特征较明显，虽然学校教育的主流是以教为中心，但也有些学校教育是以学为中心的；第三，尽管如此，西方的近现代学校教育中的学生学习效率总的来说也是较低下的，个体的素质发展更多地是靠个体从学校毕业、走向岗位之后才能实现。因此，有一些西方学者尖锐地批评了西方学校教育的无用和多方危害①。由此可见，西方的教育研究和实践也受工业生产思路的严重影响，西方的学校教育在一定范围内存在与中国同样的问题，只是严重程度不同。学习西方是重要的，但是仅仅靠借鉴西方是远远不够的，更多地要靠我们自己的探索和创造，其中一个当务之急就是摆脱以教笼罩学、以教育学遮蔽学习学的思路迷失，振兴对学习的研究，并以振兴起来的学习学去有效地指导每个人的学习实践，从而振兴每个人的学习，实现每个人素质的充分发展。

三、对学习学发展的展望

在古代中国，学习及其研究处于显要的位置，其分量远远地大于教及其研究。到了近现代，学习及其研究严重地弱化。近年来，虽然已有较多的人重又重视学习学的研究，但学习学尚未获得应有的地位。在未来，我们应该迎来学习学的持续的大发展——作为一门“显学”来发展。那么，如何发展学习学呢？

（一）明确学习学的学科定位

1. 学习学的研究对象定位

任何一门学科都有其特定的研究对象，特定的研究对象是一门学科产生、存在和发展的基本的客观依据。正如毛泽东所说：“科学研究的区分，就是根据科学对象所具有的特殊的矛盾性。因此，对于某一现象的领域所特有的某一种矛盾的研究，就构成某一门科学的对象。”② 学习学的研究对象，简单地来说就是学习现象。显然，学习是一种非常广泛而复杂的现象，可以从许许多多的角度进行分解。第一，从学习者来看，学习包括人类学习，也包括动物学习，严格来讲，此两者都不能忽视；在人类学习范围内，包括儿童学习，也包括成人学习、老年学习。第二，从学习的场所来看，包括学校学习，也包括家庭学习、工作场域学习、家庭学习、社会场所学习等。

---

① Daniel Cottom. *Why Education Is Useless*. Philadelphia: University of Pennsylvania Press, 2003, pp. 1-16.

②《毛泽东选集》第1卷，人民出版社1991年版，第309页。

第三，从学习的独立性来看，既包括“教下学习”① ——教育场域中的学习，也包括独立学习——非教育场域中的学习。这种学习不属于教育学研究的对象，但属于学习学所研究的对象。第四，从学习的内容来看，既包括学科学习，也包括综合性学习，人的发展有大量的是综合素质发展，属于学科知识技能之外，有大量的学习并非学科知识技能的学习。如果把学习窄化为学生在教师的之下在课堂进行的学科知识技能的学习，那么就太狭隘了。这必然危害人的素质发展，现实中却在较大范围内正是如此。

2．学习学的逻辑定位

首先是外部逻辑定位，即学习学与教育学、心理学的逻辑关系。关于学习学与教育学的逻辑关系，笔者的基本看法是：两者是并列又相关的关系，互相不能取代，学习学是教育学的基础之一。有一部分学习现象是教育不能涵盖的——过去的涵盖导致了严重错误和危害，教育现象中也有一部分是学习不能涵盖的，因此，学习学与教育学之间有一种并列的关系，相互之间不能取代；学习现象与教育现象之间有一部分是重叠的，因此学习学与教育学之间不可避免地存在交叉关系；教育实践应该是基于学习实践的，因此教育学应该以学习学为基础。关于学习学与心理学的关系，笔者的基本认识是：两者是并列和交叉的关系，互相不能代替。因为，一方面，学习并不完全属于心理现象，同时还有生理现象、社会现象、文化现象等，心理也不只是学习心理；另一方面，学习与心理之间又存在重叠——即学习心理部分；心理学是学习学的基础之一，学习学在不少情况下要应用心理学的研究。

其次是内部逻辑定位，即学习学内部各个分支之间以及各分支与整个学习学之间的逻辑关系。关于此，需要继续进行探索，包括在学习学范围内进行学科分类的探索。目前，我们应该达到的基本认识是：经过许多人的努力学习学已经发展成为一个大的学科群，其内部包含着许多具体的分支学科。这些分支学科可以从不同角度进行分类，整个学习学形成一个有序的学科群体系。

3．学习学的学科性质定位

我们之所以将关于学习的学问称为“学习学”，而不是称为“学习科学”，原因之一是出于学科性质的考虑：它不只是科学。较长时间以来，许多学者关于人类知识显性领域的划分，采取一种三分法：科学——以追求真为主要目标；艺术——以追求美为主要目标；伦理——以追求善为主要目标。现在看来，人类知识是包含了这些显性领域，但显性领域还有其他一些，例如：哲学，以追求智慧为主要目标；文化，追求综合性的目标。科学、艺术、伦理、哲学、文化，可以说是人类知识的几个主要的显性的侧面。学习学同时涉及到这五个侧面，即完整的学习学应该具有以下多种成分，或者具有以下多种学科性质：科学性质—科学成分，探究学习现象中的真；艺术学性质—艺术成分，探究学习现象中的美；伦理学性质—伦理成分，探究学习现象中

① 丁念金：《学与教之关系的本体论分析》，《教育学报》2006 年第 1 期。

的伦理问题；哲学性质—哲学成分，探究学习现象中的人类智慧；文化学性质—文化成分，进行综合性的探索。

（二）明确学习学的研究范围

有不少学者提出，明确的研究范围是一门学科得以形成和发展的一个重要标志。① 可实现学习学的进一步的有序化发展，也需要对其研究范围有一个构想。关于学习学的研究范围，不同学者的看法很不一致。在古代，各种学习思想涉及的学习问题很多，但是不成系统。其中，关于学习方法和学习内容的研究最多。例如，孔子就提出了学习的许多方法原则。② 近现代的学习论，研究范围也因不同流派而异，但相对来说范围较小。20世纪70年代以来的学习科学，研究范围显著扩大。我国学习学初创之时，较多的人一般认为，学习学包括如下研究范围：一是学习的本质和功能研究，具体探讨什么是学习，学习有什么作用两个问题；二是学习的动因研究，具体分析人类为什么要学习；三是学习内容研究，具体研究学什么的问题，以及决定学习内容的因素；四是学习的过程及其规律研究，具体研究学习过程的阶段、影响学习过程的内在因素和外部因素、学习的动力和调节机制；五是学习的途径研究，具体揭示各种学习途径的特点、功能和内容；六是学习的原则和方法研究，具体研究如何增进人的学习效能的问题，即如何多快好省地学习，包括端正学习态度、明确学习目标、调节学习状态、激发学习兴趣、掌握学习技能（或学习策略、学习方法）；七是学习的指导研究，具体研究教育者如何指导学生有效学习的问题，包括学习指导的目标、任务、内容和模式；八是学习效果的测量与评定研究，具体研究测量与评定的依据、指标、方法等。

整合古代的学习学思想、近现代学习论的研究、当代学习科学的研究成果和当前学习学的相关研究成果，笔者认为，学习学基本的研究范围应该主要包括如下几个方面：（1）学习的基本理论研究，具体包括学习的本质、学习的功能、学习的基本规律等；（2）学习目标研究，具体包括学习目标的分类、学习目标的图景与素质发展、学习目标的选择与设计等；（3）学习内容研究，包括各门学科的学习内容、综合性的学习内容等，例如，陶本一教授主编的《学科教育学》提出的“非学科教育”③就直接涉及到综合性的学习内容；（4）学习过程研究，具体包括学习过程的性质、学习过程的规划与展开、学习过程的影响因素、学习过程的指导等；（5）学习环境研究，包括学校学习环境、社区学习环境、企业学习环境等；（6）学习方法研究，具体包括学习方式研究、学习基本方法研究、学习策略研究等；（7）学习资源研究，具体包括学习的文化资源、学习的人力资源等；（8）学习评价研究，具体包括学习起点评价、学习过程评价、学习结果评价等；（9）学习学分支学科研究，具体包括

---

① 陶本一主编：《学科教育学》，人民教育出版社2002年版，第4—5、19—20页。

② 胡小林、袁伯诚主编：《中国学习思想史》（上册），人民出版社2007年版，第126—140页。

学习哲学、学习文化学、学习心理学、学习人类学、学习社会学等众多的分支学科。

（三）促进学习学发展的若干策略

要促进学习学的迅速发展，就需要采取一系列的有效策略。笔者认为以下几条特别重要。

1. 加强基础研究

对于任何一个学科或学科群，基础研究是其可持续发展的首要条件。没有充足的基础研究，如何开展和保证应用研究呢？学习学中的基础研究范围很广，如：学习学基础理论的研究，包括脑科学的研究、学习心理学的研究、学习哲学的研究、学习社会学的研究、学习文化学的研究、脑科学研究等；学习思想史的研究，包括中国学习思想史的研究、外国学习思想史的研究、学习论史的研究等；学习基本理论的研究，这涉及到学习现象的各个层面；学习学的比较研究，即比较各个国家学习学的相关研究；学习研究方法的研究，这不同于教育研究方法。我们需要通过基础研究，创造出多样化的、坚实的、可靠的学习理论。

2. 聚焦于解决实际存在的关键问题

要增强学习学的生命力，并提升它的价值，就要聚焦于解决实际存在的问题。当前中国的许多严峻问题，都是由于缺乏对学习学的研究而引起的，现在和未来加强学习学的研究，就应该特别注重这些。例如，中小学生学习负担过重，一直作为一个严峻的问题存在，为此，人们一直在进行批评和相关研讨。2012 年 5 月 22 日，北京师范大学教育学部等单位组织召开了“减轻中小学过重学习负担研讨会”。① 笔者认为，要真正解决这一问题，就需要在学习学中认真探索学习规律，探索高效率的学习策略，其中一个方面是，积极地探索学习过程评价，改善学习过程评价从而改善学习过程质量②，同时进行其他相关探索。

3. 处理好与教育学的关系

我们需要在认识到学习学与教育学既相互区分又相互关联的基础上，对学习学和教育学进行协同性的研究。首先，人类认识提高的一个方面是走出混沌状态，对研究对象、问题和方法分化，在此，就是将学习学的相关研究与对教育学的相关研究进行必要的分析，这样才能形成更加清晰的认识。其次，认识到学习学是教育学的重要基础之一，将教育学的研究真正奠基于学习学的相关研究。其中，特别重要的是：课程应该基于学习，真正成为“学习的课程”；③ 教学应该真正基于学习，以学习为中心，而不是以教为中心；整个学校应该成为一个学生学习、教师学习、管理人员学习的地方，真正成为学校，而不是教校。再次，学习学的研究要既注重研究非教育场域中的

---

① 北京师范大学教育学部：《“减轻中小学过重学习负担研讨会”在北京举行》，《教育学报》2012 年第 3 期。

② 丁念金：《学习过程评价的方法探讨》，《基础教育》2012 年第 3 期。

③［日］佐藤学著，李季湄译：《静悄悄的革命——创造活动的、合作的、反思的综合学习课程》，长春出版社 2003 年版第 102—104 页。

学习，也注重研究教育场域中的学习，注重研究不同场域中学习的区别与联系，与教育学的研究进行分工与合作。最后，学习学的研究要充分借鉴教育学研究的各种相关成果，以充实、丰富和检测学习学的研究。

4. 推进学习学研究的多元化

提倡学习学研究的多元化，主要基于如下几点。第一，多元化有助于各种不同的研究之间相互交流和争鸣，从而丰富和发展学术，增强学术的生命力。瞿葆奎先生曾说："只有一种观点的学术，是窒息了的学术；没有争鸣的学术，是死亡了的学术。"① 这是值得我们深思的。第二，多元化有助于了从不同角度，以不同思维方式来认识同样的问题，或者有利于不同研究者发现不同的问题，从而真正有利于学习中各种相关问题的发现和解决。第三，研究也是一种生活，是一种高位地体现人的理性力量的一种生活。提倡和促进学习学研究的多元化，有助于各种不同的研究者们各自过自己喜爱的理性生活，以此来提升人类的生活层次和丰富度。第四，学术研究属于文化的范畴，文化多元化已经有漫长的历史，当今已经被广泛认同，而且人们认识到其依据。② 学习学研究作为一种文化行为，应该追求多元化。学习学研究的多元化，主要包括允许并提倡多元化的研究立场、多元化的价值观念、多元化的研究范式、多元化的研究思路、多元化的研究视角、多元化的观点、多元化的创造风格等。

（四）学习学研究中应避免三种倾向

1. 避免以认识论的原理来推演学习学的原理

在我国的有关研究领域中，存在一种现象：从哲学的一般原理出发，来推演其他学科领域的原理。例如，有些研究教学论的人认为教学是一种认识活动，就从哲学认识论出发来推演教学论的基本原理。在过去的一些学习论的研究中，也存在这种倾向。这种倾向不利于各个学科的丰富化的发展。在此，我们应该认识到如下两点：第一，学习不仅仅是一种认识活动，它也是一种文化过程、社会过程；第二，不同学科都是从各自的立场、角度和逻辑出发的，在处理与哲学的关系时应该遵循这一点。因此，我们应该注意避免以认识论原理来推演学习学的原理。

2. 避免将学习学纳入教学论的范畴之中

如上文所述，学习学与教育学之间是相互区别又相互联系的关系，为体现这一关系，特别要避免将学习学纳入教学论的范畴之中。之所以强调这一点，主要是因为：过去，我国一些学者根据凯洛夫（И. А. Каиров）总主编的《教育学》中的"教和学是同一个过程的两个方面"③ 这一论断，认为学与教是同一过程，是合一的，就将学

---

① 郑金洲、刘孝学：《以"有涯"追"无涯"，以"严谨"求"真知"——瞿葆奎教授谈治学》；熊川武、郑金洲、周浩波主编：《教育研究的新视域》，辽海出版社2003年版，第544页。

② 李德顺、孙伟平、孙美堂著：《精神家园——新文化论纲》，黑龙江教育出版社2010年版，第57—69页。

③［苏］伊·阿·凯洛夫总主编，陈侠等译：《教育学》，人民教育出版社1957年版，第130页。

与教合在一起研究，这就形成教学论研究的取向之一。教学论研究的这种取向，在理论上不利于学习学的独立发展，在实践上则容易导致这样一种思路：所有的学都是在教之下进行的，而且学的过程与教的过程是同一的，这就不利于独立学习的进行。教是教师将自己的知识技能呈现出来并指导和激励学生进行相关的活动的过程，而学则是学生通过自身的相关活动实现自己身心发展的过程；在学生时代，学生也有大量的学习是独立学习（在没有教的情况下进行）；毕业离校之后，人的学习就更多地是独立学习了。这些都需要以独立于教学论的学习学来加以研究。

3. 避免忽略中国古代学习学研究的遗产

学习学的研究，要注重积极吸收已有的各种研究成果，这是大家公认的。不过，在近年来的相关研究中，这种注重显得不太完整：对我国古代学习学研究的遗产的继承和研究还不够。应该对古今中外各种相关研究成果都有充分的重视和吸收。而且，我们还应该考虑到一种情况：古代的学习学研究虽然研究手段较单一，但其成果基本上是符合学习本身的规律的，如充分地注重学生的自主性和独立性，充分注重自然状态下的学习，充分注重学习的个性化，从更加广阔的学习实践中得出理性化的认识。从中国古代的学习学研究的遗产中，我们能吸收到很多有真实价值的东西。当然，我们不能满足于古代的相关研究，而应同时密切关注当前社会生活各个领域、人生各个阶段的学习实践，包括关注各种学习实践中的革新趋势。

（责任编辑　石筠弢）

周洪宇 1958年生，湖北武汉人。历史学博士。华中师范大学教育学院二级教授、教育史专业博士生导师组组长，长江教育研究院院长。湖北省人大常委会副主任，全国人大代表。兼任国家基础教育课程教材专家咨询委员会委员，教育部教师教育专家咨询委员会委员，中国教育学会教育史分会副理事长，中国地方教育史志研究会副会长，中国陶行知研究会副会长等。著有《学术新域与范式转换——教育活动史研究引论》、《周洪宇文化教育史论》、《陶行知与中国现代文化》、《陶行知生活教育学说》、《教育公平论》、《教师教育论》、《中部教育论》、《教育的信念与追求》等。首倡"教育活动史研究"，重构了教育史学学科体系；倡导教育史学"元研究"，建构了教育史学理论与方法新体系；倡导"陶行知学"，建构了陶行知研究新框架；以教育公平为重点，推动了义务教育全免费。在《教育研究》、《历史研究》、*Chinese Education and Society*（美）等中外学术刊物发表论文100余篇。20余次获教育部、国家新闻出版总署等优秀成果奖、原创图书奖。2008年12月，被中国教育电视台评为"改革开放30年中国教育风云人物"。

《重论教育史学的学科体系》导读

重论教育史学的学科体系

周洪宇

【摘要】教育史学的学科体系是教育史学带有基础性和全局性的重要问题，近年来引起了学者们的普遍关注，但众说纷纭，莫衷一是。本文在分析比较以往研究成果的基础上，根据教育史学的研究对象、学科性质和学科发展水平，提出了一种新的学科体系框架，即将教育史学的学科体系分为具体的教育史学研究与抽象的教育史学研究两大部分。具体的教育史学研究包括教育活动史、教育制度史、教育思想史研究，抽象的教育史学研究包括教育史学史、教育史学理论与方法和教育历史哲学研究。文章最后就如何加强教育史学学科建设，从学科定位与规划、理念更新、功能发挥、资源整合、研究重点、队伍建设、学术思想和学术流派建设等方面作了全面而深入的阐述。

【关键词】重论；教育史学；学科体系；建设

教育史学的学科体系是教育史学带有基础性和全局性的重要问题，它关系到教育史学的学科建设，关系到教育史学的功能发挥，关系到教育史学的未来发展，有必要引起我们的高度重视和深入探讨。数年前，郭娅教授与我曾发表《试论教育史学的学科体系》一文①，在分析与研究以往多种相关主张的基础上，提出一种新的学科体系框架设想，即可根据教育史学的研究对象、学科性质和学科发展水平，将教育史学的学科体系分为具体的教育史学研究与抽象的教育史学研究两大块，具体的教育史学研究大致包括教育活动史、教育制度史、教育思想史研究，抽象的教育史学研究大致包括教育史学史、教育史学理论与方法和教育历史哲学研究。与之相应，教育史学研究涉及的有关方面都可在这个学科体系中找到各自的位置。文章发表后，得到了不少同行的认可，也听到一些不同的声音。我们觉得这是学术研究中十分正常的现象。本着“百家争鸣，百花齐放”的方针，我想借这次《中国教育科学》学术辑刊约稿的机会，在前文的基础上，再作适当补充，以引起大家的进一步关注，推动教育史学的学科体系建设。

---

① 郭娅、周洪宇：《试论教育史学的学科体系》，《湖北大学学报》2009 年第 2 期。

一、学术界关于教育史学学科体系的若干代表性观点

学术界对于教育史学学科体系的研究，可谓久矣。自教育史学学科建立之初，学者们就加以探讨。据目前所查到的，最早的可能是1905年在《教育世界》杂志连载其《中国教育史资料》的京师大学堂教习蒋黼。他在该书中虽未明言教育史学学科体系，但从其叙述对象来看，显然涉及教育制度、教育思想以及具体的教育活动。此后，曾草创并由柳诒徵协助辑补完成中国早期教育史著作《中国教育史》的黄绍箕，在其《采辑中国教育史长编略例》一文中提出，中国教育史可分为两类，一类是“关于教育之制度事实”，一类是“关于教育之议论思想”，这或许可算是比较明确将教育史学学科分为教育制度史与教育思想史的先声。此后不少重要的教育史学家，也是按此观点开展自己的研究，并撰写了各种教育通史与专门史。

20世纪20—30年代，随着教育史学工作者的不断成长与成熟，随着教育学科的整体发展，人们对教育史学学科体系的认识更为多样与丰富。冯品兰在他的《西洋教育史》中指出：“教育史就是从人类史中，把一部分教育活动的专门史，特别提示出来，作一个系统的记述，在教育史中，记述者：教育实际的嬗变、教育理论的源流、教育家的事迹。”从冯品兰的论述看，他强调的是“教育实际的嬗变”而非“教育制度的嬗变”，并未将“教育实际”与“教育制度”画等号。

尤其值得注意的是，自觉以唯物主义史观开展教育史学研究、著有《教育史ABC》的杨贤江，对“教育史”的定义，更是作了与前人截然有别的阐述。在他看来，“教育史便是从叙述教育的事实及思想（即所谓实际与理论）之变迁发达为目的者”①。“故凡称为详尽的教育史书，必要对于教育事实之变迁发达分为教育的事实、教育者的活动与教育制度法规等等，详为记载，再要对于教育的思想学说即所谓理论者，广为记录，或更加以评论。为此，有偏重前者，而即以教育史命名的；也有偏重后者，则以教育学史或教育学说史、教育思想史命名。”②他对以往不少教育史学家的观点提出了批判：“说教育史‘叙述’或‘阐明’所谓教育事实及教育理论的发达变迁，固然不算错误。然而我们知道：教育史决不单是留下教育事实的形迹者，教育史决不单是追溯教育上诸英雄诸伟人的形状者，教育史也决不单是记录教育思想的派别者。”③

在杨贤江看来，以往不少教育史学家的工作均不能完成真的教育史的建构。究其原因，在于他们并没有真正理解“教育的意义”，也就无法真正理解“教育思想变迁的真义”和“教育制度变迁的根据”。他认为要编一部“完善的近真的教育史”，不是一件易事，“既须熟悉社会进化的过程、历史变迁的事实，又须熟悉教育制度与教

①②③《杨贤江教育文集》，教育科学出版社1982年版，第321页。

育思想的内容及其发生变革的真意；而更重要的尤在注意教育实质行动之如何存在”。① 由此可见，杨贤江并不否认教育思想史、教育制度史研究的意义，而是要努力抓住教育史的本质。这种教育史的本质就是“教育实质行动之存在”。杨贤江从唯物主义史观出发，否定了以往“教育思想”与“教育制度”的二分法，而把“教育行动之存在”作为一个独立的研究对象与内容提了出来。他还特别强调：“再有一点为研究教育史者注意的，即教育制度之组成与教育行动之存在是两种事实。这个区别，在文明社会如此，在原始社会也如此。”②其区别何在呢？他指出：“这种体制可称为有组织的教育制度；然同时在这社会，虽未随时随地组成这种制度，但于日常生活之间自有种种社会的生活行动在非正式地互相传习，这就是所谓教育之实质的存在。”③也就是说，他区分了制度化教育与日常生活教育是两种不同却同时存在的教育。他认为，就一个时代的教育而言，“当作实质行动之教育还比当作组织制度之教育占得重要的部分”④，这就清楚地表明，杨贤江所理解的“真的教育史”，是全体人类的教育史，而不是某一个阶级的教育史；是包括了“教育的事实、教育者的活动与教育制度法规以及教育的思想学说”，特别是人民群众“教育行动之存在”在内的人类生活的整个教育历史，而不是只有教育制度与教育思想局部的教育历史。杨贤江当年就能依据唯物主义史观洞见这一点，实在令人钦佩并引人深思。他对教育史的理解，有助于深化我们今天对教育史学学科体系的认识。

在教育史学学科体系上，此时罗廷光提出的观点富有代表性。他指出，教育史的研究应包括教育背景的研究、教育通史的研究与教育专史研究三个主要方面。而教育专史研究又包括各级学校教育史研究、各国教育史研究和近代各家教育学说研究。⑤这反映出 20 世纪 20—30 年代教育史学研究领域的特点，即不仅重视教育通史研究，而且开始重视教育专史研究；不仅注重各级各类学校教育发展历史的研究，而且也关注国别教育史的研究；不仅关注对教育制度发展、演变的历史研究，而且重视对近代以来教育思想史的研究。尽管罗廷光对教育史学科体系的认识还不够成熟和完善，如它还尚未注意到教育史学史和教育史学理论层面的研究，但在当时的情况下，已经相当难得，是新中国成立前有关教育史学学科体系方面比较系统的见解，有其重要的历史意义。

新中国成立后不久，应高等师范院校教育系中国教育史学学科教学的客观需求，新中国的教育史学家们开始对教育史学的学科体系问题进行重新思考。1952 年，华东师范大学教育系拟订了一个《中国教育史教学大纲（草案）》。这个大纲按历史发展阶段把中国教育史作为由古代（原始社会—鸦片战争）、近代上（鸦片战争—五四运动）、近代下（五四运动—中华人民共和国诞生）三个不同历史阶段构成的系统。⑥严格说

①②③④《杨贤江教育文集》，教育科学出版社 1982 年版，第 320、325、326、326 页。

⑤ 罗廷光：《教育之历史的研究》，《中华教育界》1932 年 3 月号。

⑥ 沈灌群：《中国教育史教学大纲（草案）》，瞿葆奎主编：《社会科学争鸣大系・教育学卷》，上海人民出版社 1992 年版，第 398 页。

来，这一系统并不是完全意义上的学科体系，但是它毕竟注意到了教育发展特点与历史发展阶段之间的关系，因此，对教育史学的学科体系建设具有一定的启示作用。

20世纪80年代以后，关于教育史学的学科体系建设问题成为学术界关注的热点问题之一。特别是1980年12月，在全国教育史研究会（中国教育学会教育史分会的前者）的年会上，与会代表专门就中国教育史学的学科体系问题进行了专题讨论。由此引发了学术界对教育史学的学科体系的大讨论。此后关于教育史学的学科体系的论述不断出现，概括起来主要有以下观点。

（1）按教育历史发展顺序划分。可以将教育史学学科体系划分为古代教育史、近代教育史、现代教育史，每一断代后，又分为若干历史时段或若干地区的教育历史。见下图：

- 按教育历史发展顺序划分
  - 古代教育史
    - 原始社会教育史
    - 夏商西周教育史
    - 春秋战国教育史
    - 两汉教育史
    - 隋唐教育史
    - 宋元教育史
    - 明清教育史
  - 近代教育史
    - 鸦片战争前的教育史
    - 鸦片战争后的教育史
  - 现代教育史

（2）按受教育阶级属性划分。①将教育史学的学科体系划分为统治阶级的教育史与劳动人民的教育史，统治阶级教育史又可分为教育制度史和教育思想史，劳动人民教育史也可分为劳动人民的教育活动史和民主性的教育思想史等。见下图：

- 按统治阶级与劳动人民两个阶级划分
  - 统治阶级的教育史
    - 教育制度史
    - 教育思想史
  - 劳动人民的教育史
    - 劳动人民的教育活动史
      - 农业教育史
      - 手工业教育史
      - 艺术教育史
      - 科技教育史
      - 民主革命教育史
      - 民主文学教育史
    - 民主性的教育思想史

① 杜成宪、邓明言著：《教育史学》，人民教育出版社2004年版，第70页。

（3）按低、中、高三层次划分。20世纪80年代中后期，高时良将教育史学学科分成三个包含不同内容，具有不同结构层次的学科体系：“①低层次，即限于教育史内部的结构，如高等教育史、职业教育史、秦汉教育史等。②中层次，教育史与其他学科的交叉，如教育训诂学、计量教育史学等。③高层次，‘是从哲学思辨的高度对教育史学进行理论探讨’，如教育史方法论研究等。”见下图：

- 中国教育史学科体系
  - 低层次教育史（教育史学内部各种教育史）
  - 中层次教育史（教育史与其他学科的交叉学科）
  - 高层次教育史（教育史学理论与方法）

（4）按教育实质划分。① 将教育史学学科体系划分为教育制度史和教育思想史两个方面，其中教育制度史又可分为各级各类学校教育史和教育内容、方法史。各级各类学校教育史，再分为古代教育史和近现代教育史。教育内容、方法史包括德育史、课程教材发展史、教学法演变史和考试制度史等，而教育思想史则包括阶级的教育思想史、派别的教育思想史和教育代表人物的教育思想及其历史影响等。见下图：

- 按教育实质划分
  - 教育制度史
    - 各级各类学校教育史
      - 古代教育史
        - 官学史
        - 私学史
        - 私塾史
        - 书院史
      - 近现代教育史
        - 幼儿教育史
        - 小学教育史
        - 中学教育史
        - 高等教育史
        - 职业教育史
        - 师范教育史
        - 教育行政史
    - 教育内容、方法史
      - 德育史
      - 课程教材发展史
      - 教学法演变史
      - 考试制度史
  - 教育思想史
    - 阶级的教育思想史
    - 派别的教育思想史
    - 教育代表人物的教育思想及其历史影响

① 杜成宪、邓明言著：《教育史学》，人民教育出版社2004年版，第70页。

1997年，杜成宪发表了《中国教育史学科体系试构》一文，在前人关于教育史学科体系研究成果的基础上进一步提出了中国教育史学学科体系的设想，形成了由制度史和思想史、通史与专史、内部史与外部史、实质研究与形式研究等不同结构层次构成的教育史学学科体系。见下图：

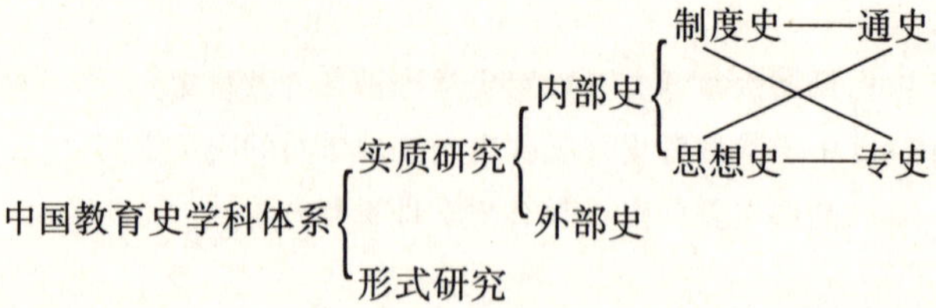

以上几种关于教育史学的学科体系的设想，虽然都从不同的视角为我们重新构建教育史学的学科体系奠定了基础，但是也存在以下一些缺憾：如以历史分期为依据和以阶级为标准构建起的教育史学的学科体系，主要将关注的目光放在了对教育史实质内容的研究上，相对比较忽视对教育史学史和教育史学理论的研究。而低、中、高三层次体系论，虽然引入了教育史学理论和教育史学方法论等研究范畴，但在实际操作过程中，对低、中、高层次教育史学内容的界限较难把握，因此操作起来比较困难。

而按教育实质构建起的教育史学学科体系，虽然“已基本上可以让现实的中国教育史研究的各个领域、各个分支对号入座，各得其所了”，是一个较以往更加合理的体系①，但也存在一些问题值得商榷。

其一，将教育史的实质研究仅仅分为教育制度史与教育思想史两个部分，显然不能全面概括教育历史的全部内容。因为任何教育历史，如果缺乏人的参与活动，都不可能是真正意义上的教育历史。纵观人类教育的发展历史，我们不难发现，任何教育现象都是以教育活动、教育意识或思想、教育制度等形式来体现的。其中最能够充分体现教育现象本质的应该是“教育活动”。这里的“教育活动”是专指“各种直接以促进人的有价值发展为目的”② 的具体活动的总称，也是指教育者与受教育者以各种方式参与教育过程并进行互动的方式的总合。它既包括教育主体能动、现实地改造世界（包括物理世界、心理世界和文化世界），以促进人的素质全面、生动发展的社会互动的具体过程，也包括教育主体在教育过程中的内在心理活动和外在环境活动的影响。

其二，将教育史学的学科体系分成“实质研究”与“形式研究”的两分法，从形式上看虽然对具体教育历史事实、教育史学史和教育史学理论等方面的研究都有所顾及和反映，但仍很难反映教育历史发展复杂性的特点。因为，从经验事实来看，教

---

① 杜成宪：《中国教育史学科体系试构》，《华东师范大学学报》（教育科学版）1997年第1期。
② 石中英：《关于教育活动的理论思考》，《北京师范大学学报》（社会科学版）1996年第2期。

育史学作为历史学的分支学科，它自身就是一个复杂的学科系统，它既包括对任何具体民族和国家教育历史的单独研究和由此形成的国别教育史研究，也包括对某一国家教育历史的分类研究，如教育制度史、教育思想史、教育活动史和教育史学史、教育史学理论等。这些分支研究的出现，显然是依据了不同的研究对象而划定了特定的研究领域。同时，教育史学研究中，不仅包括对具体教育历史事实的研究，同时也包括以教育史学科本身为对象的研究和以教育史料为对象的研究。而这些不同研究对象的研究领域，各自都有自己的特点，具体哪些属于“实质研究”，哪些属于“形式研究”，有时很难明确地分辨清楚。

其三，以“实质研究”和“形式研究”所构建起来的教育史学的学科体系，并没有对教育史学的“形式研究”作详细的论述，因此，很难从总体上反映教育史学学科体系的全貌。

二、关于教育史学学科体系的新构想

在借鉴以上各种关于教育史学学科体系合理之处的基础上，我们根据目前教育史学的研究对象、学科性质和学科发展水平，特提出自己关于教育史学学科体系的新构想，并作具体说明。见下图：

- 中国教育史学科体系
  - 具体的教育史学研究
    - 教育活动史
    - 教育思想史
    - 教育制度史
  - 抽象的教育史学研究
    - 教育历史哲学
    - 教育史学理论与方法
    - 教育史学史

（一）具体的教育史学研究

具体的教育史学研究主要是指对教育历史发展过程中的具体历史现象进行的实证性研究。它主要通过对教育历史事实之间具体联系的研究，描述教育历史在各种因素的相互作用中，向前发展的活生生的教育历史过程。大体而言，具体的教育史学研究可分为教育活动史、教育制度史、教育思想史三个主要部分，其具体的学科表现方式有教育通史、教育断代史和教育专史题等主要形式。

1. 教育活动史

教育活动史主要以历史上感性的、实在的、具体的教育活动的发展、演变历史为研究对象，重点研究人类历史上各种直接以促进人的有价值发展为目的的具体活动以及教育者与受教育者参与教育过程，进行互动的各种方式的发展、演变的历史。“这种活动是由主体自身需要促动并由主体的意识和自我意识调节控制之下展开的活动，因此它是一种内部活动和外部活动的统一而构成的活动”体系。其中，内部的活动又称自我活动，“在这种活动中，人以自身的身心结构作为活动对象”；而外部的活动，主要指“以外在的客体为对象的活动”。在人类教育历史的发展过程中，人们为了“实现某种既定的目的，他会按现实活动的目的要求先后采取实物活动（以实际事物为对象的活动）、交往活动（以他人为对象的活动）、知识学习活动（以负载于物质媒体，包括印刷媒体和电子媒体中的人类精神文化为对象的活动）以及这三种活动的交互联系形式，即采取活动的系列的形式去实现活动的目的。在此情况下，在主体的活动目的的组织下，实物活动、交往活动、知识学习活动及其交互联系形式成为实现主体活动目的的一系列的中介环节和手段，这些中介环节前后相继串联在一起组成一种具体的活动形式。……因此，在对活动的基本形式理解的基础上，我们可以从活动基本形式的具体组合——并联组合和串联组合中去把握具体的活动形式”①。由于“这三类活动分别指向人类生活的三大领域：自然、社会和人类精神文化”，并以此为中介使个体“得以与自然、社会和人类精神文化建立密切的联系和发生相互作用，并从中获得发展资源”，② 进而达到促进人的全面发展的目的，因此教育活动及其演变历史的研究理应成为教育史学研究的主要内容之一。

关于教育活动史应涉及哪些具体的内容，目前学术界说法不甚统一。以我们对教育活动概念的理解，教育活动史具体应包括以下主要内容：（1）分析研究教育历史发展过程中教育、教学过程中教师作为教育主体的内部和外部活动及其表现形式和特征，探索这些活动发生、发展的规律及作用；（2）分析研究教育历史上学生作为学习主体的内部和外部活动及其具体表现形式、特点及活动规律；（3）分析研究教育历史上教育者与受教育者在教育过程中相互作用、相互影响的互动关系及其方式、方法的发展演变过程及规律；（4）分析研究教育发展过程中教育行政人员的管理活动及其表现形式、基本特点及演变的规律；（5）分析研究历史上行政管理人员、教育者、受教育者三者之间的教育活动的基本形式及其相互作用的规律；（6）分析研究家庭教育活动、社会教育活动的内容、形式及其影响的发展、演变历史及规律等等。

2. 教育制度史

教育制度有广义与狭义两种含义。广义的教育制度，泛指有组织的教育和教学机构体系，包括学校教育制度和教育行政制度；狭义的教育制度，“专指各级各类学校教育制度，简称学制”③。这里的教育制度史主要是指对有组织的教育和教学机构体系，包括学校教育制度和教育行政制度历史发展变迁过程的研究，也包括对教育政策和法规产生、发展及演变历史的研究。从这个意义上来说，教育制度史研究，主要是

① 陈佑清著：《教育活动论》，江苏教育出版社2000年版，第33页。
② 陈佑清：《活动发展效应的具体性》，《湖北大学学报》（哲学社会科学版）2003年第1期。
③ 顾明远主编：《教育大辞典》第1卷，上海教育出版社1991年版，第68页。

指制度化的教育形成的历史。主要包括对有组织的教育和教学机构体系的形成、发展的历史过程的记述，如学校教育制度史、教育行政制度史。同时“每个时代中与教育有关的一切设施，只要它是成为一种制度的，都应列入研究的范围”①。因此，制度化了的家庭教育史、社会教育史等也应该是教育制度史研究的对象。

3. 教育思想史

教育思想是指人们在一定历史时代的社会条件下，在教育实践基础上形成的对教育现象与问题的认识和看法。就教育思想的特点而言，由于它是经过人们思维加工而形成的教育理论认识，因此，教育思想在其形成的基础上，具有与人们的教育活动相联系的现实性和实践性；教育思想在其存在的观念形态上，具有超越日常经验的抽象概括性和理论普遍性的特征。教育思想在其存在的社会空间上，具有与社会、经济、政治、文化的条件及背景相联系的社会性和时代性；教育和思想在其存在的历史向度上，具有面向未来的教育发展及其实践的前瞻性和预见性。

古今中外，不同时代和不同社会，教育思想虽然纷繁复杂，类型多样，但是无一例外地都是围绕着培养人的这个中心，来回答各个时代、不同社会中所提出的诸如教育的作用与地位、教育方针与目的、教育内容与方法、教师与学生以及教育管理等方面的问题。但是，由于历史背景和社会条件的不同，不同阶层、不同时期以及不同的政治社会背景的不同人士，对这些基本问题的认识角度和观念均有不同，由此形成了不同历史时期、不同社会阶层的不同的教育思想体系。教育思想史研究，主要是要针对这些教育思想体系作历史的回顾和研究，它以教育历史上的教育理论思维为对象，主要研究教育思想形成、发展的历史过程及其主要内容，同时也兼及对教育历史人物的介绍和评价，对社会分层、学术流派、社会团体的教育主张和思想的研究，并在此基础上把握教育思想发展的主要特点和规律。此外，教育经济思想史、教育政治思想史等，教育家教育理论思维的范畴、体系和规律等，也都属于教育思想史的研究范畴。

4. 教育活动史、教育制度史、教育思想史三者之间的关系

人类教育是由教育活动、教育思想和教育制度组成，并相互作用的完整而复杂的系统。从现代系统论的观点来看，教育可以被视为一个包括诸多子系统的大系统。就这一系统的组成要素而言，教育活动主要指人类有计划地培养下一代，并促进其有目的地发展的具体活动，以及教育主体与教育客体之间以各种方式参与教育过程并进行互动的方式和过程的总和。教育思想则是一定社会历史条件下，在教育活动的基础上产生、抽象出来的对人类教育现象与问题的认识和意识。而教育制度，主要指在教育活动和教育思想发展到一定阶段后，所产生的有组织的教育政策体系和教学的机构体系，包括学校教育制度和教育行政制度等。

人类教育的三个子系统不是各自孤立的，三者之间存在着密切的关系。人类教育

① 顾树森编著：《中国历代教育制度》，江苏教育出版社1981年版，“前言”第1页。

本身作为有意识地培养下一代直接活动的产物，它源于人类劳动过程中的教育活动。当人类教育活动从自发行为向自觉行为过渡时，人们在观念上出现了关于教育的各种看法，即教育意识，有些教育意识在发展过程中又进一步升华为教育思想。当教育发展到自觉阶段，在一定的教育思想的指导下，便出现了各种各样的教育制度。从这个意义上而言，教育制度是教育现象中的最高级形态。从教育发展的过程来看，人们总是以一定的教育活动参与到教育过程中去，而不可能以意识或思想的形式参与教育过程。教育活动是教育思想和教育制度产生的前提，当一定的教育思想通过教育活动得以体现，进而以教育制度的形式将其固定化起来时，这时的教育活动就成了联结教育思想与教育制度的桥梁和中介。因此，在整个教育过程中，教育活动是教育思想和教育制度产生的基础和起点，而教育思想和教育制度则是教育活动的表现方式和成果形式；教育思想和教育制度一旦形成，它们就会反过来指导教育活动（见下图）。同样，教育制度一旦形成，它也会对教育活动和教育思想产生影响和制约作用。人类教育的历史正是在教育活动、教育思想和教育制度三者之间的作用与反作用中不断地盘旋发展的。

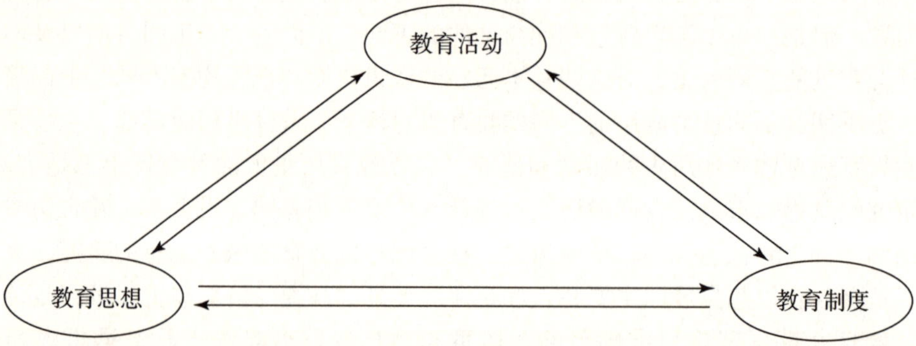

从上图可以看出，教育活动应该是教育现象存在的最基本的形式。没有教育活动，就不可能有教育思想和教育制度的产生；同样，在人类教育活动中，如果缺乏教育思想的指导，没有教育制度的规范，那么教育活动不可能朝着科学而有效的方向发展。近年来，教育学界对“教育活动”研究的关注程度的提高及其新的研究成果的出现，也在一定程度上证明了教育活动在人类教育实践发展中的重要地位。因此，在教育史学研究中，只重视教育制度史和教育思想史的研究显然是不够的，而应该将教育活动史的研究与教育制度史和教育思想史的研究提高到同等重要的位置，甚至更重要的地位，才能客观地反映教育现象发展的历史。具体到教育史学领域中，我们也应该将教育活动史的研究作为教育史研究的基础，在探索教育活动发展演变历史规律的基础上，研究教育思想史和教育制度史，才能使我们对人类教育历史的发展过程及其对人的发展的内在机制有更加清楚的认识。

（二）抽象的教育史学研究

抽象的教育史学研究既不是对具体的教育历史问题的研究，也不是对客观的教育史现象的研究，而是对教育史认识过程的形式与规律的研究。大致包括教育史学史的研究、教育史学理论和方法的研究以及教育历史哲学的研究。

1. 教育史学史研究

教育史学史研究主要以教育史学科为研究对象，揭示教育史学科发生、发展过程、规律以及未来发展趋势。具体包括对教育史学科发生、发展过程的历史回顾，对教育史学科研究状况的回顾，对教育史学科发展规律的探讨和教育史学科未来发展趋势的展望等。

2. 教育史学理论和方法的研究

教育史学理论和方法的研究主要是在教育史学史研究基础上进行的理论抽象，是对教育史学科本身进行反思的理论产物。主要包括：对教育史学的学科性质、功能与作用的研究，教育史学的学科体系的研究，教育史学理论范畴的研究，教育史学研究的方法研究，教育史编纂学研究，教育史料学研究，教育史学的跨学科研究，教育史学研究者的素养研究，教育史学评论研究等。

3. 教育历史哲学

教育历史哲学是指对教育历史进程进行的抽象的理论研究。教育历史哲学研究强调对于教育历史的研究应该达到一种哲学的或理论的理解。因为人类教育历史是过去的活动，但人们对教育历史的认识却不应该仅仅限于要求确定或者知道历史事实，还应要求能从历史事实中总结出一种理论观点来，“亦即应将编年史的记录提升到一种思想理论的高度上来，寻求历史发展变化的某些规律和法则，从历史事实中抽绎出意义，或者是给历史事实赋之以意义，从而把历史事实归纳为一种理论体系”。“历史哲学的性质和任务，可以作三点归纳：①历史哲学是以正确的哲学作指导，其抽象程度低于哲学的一种理论形态；②历史哲学不应该完全脱离史学的实证性特点，不应该是一种纯粹的形而上学，它对历史过程的理论论证，是结合着一些具体事实的阐释进行的，这一点也使它和哲学相区别；③历史哲学对记述史学的各门分支学科的发展有重要的促进作用，离开历史哲学的深入发展不可能写出真正反映历史内在联系的通史性著作。”① 既然如此，教育历史哲学应该包括两个层面的理论概括：一是对客观历史事实的抽象概括，二是对教育史学科发展过程中历史事实的抽象概括。

（三）具体的教育史学研究与抽象的教育史学研究之关系

从中外教育史学的发展历史过程来看，具体的教育历史的研究及程度，总是高于抽象的教育史学研究的。这是因为，抽象总是建立在对具体事物研究的基础之上的，没有具体，也就无所谓抽象，抽象的对象是具体，抽象的结果，又是为具体事物服务的，因此抽象与具体是相互依赖的一对范畴。具体的教育史学研究，是进行抽象的教

① 李振宏著：《历史学的理论与方法》，河南大学出版社1999年版，第70页。

育史学研究的基础，抽象的教育史学研究又为具体的教育史学研究发展提供理论指导。

当然，由于学科是发展的，而发展又是无限的，因此，学科体系只有相对的存在价值，而没有绝对不变的固定模式，关于教育史学的学科体系的概括，从某种程度上反映出划分学科体系所依据的原则不同。因此，对现有的学科体系不能绝对地认为哪一个好，或哪一个不好，而应该从划分者所依据的划分原则出发，客观地予以认识与评价。

三、加快教育史学学科体系建设的建议

我认为，加快教育史学学科体系建设，应该做到如下“六个加强”。

第一，加强教育史学学科体系建设规划的制订与引领工作。

规划是愿景，是目标，是行动的依据和指南，它处于先导的地位，起着纲领性的基础作用。教育史学学科要想健康发展，首先要明确未来我国教育史学的学科定位，即全球视野、中国本位、文化积累、服务社会。与此同时，全国教育科学规划领导小组教育理论与教育史学科组以及新一届的中国教育学会教育史分会领导集体，应在此基础上，尽快制订年度计划和未来五年乃至更长时期教育史学学科的发展规划（这个规划应该包括未来五年每年的年度计划和总的规划，既有近期阶段目标，又有长远总体目标），明确未来工作任务和发展愿景，使近期阶段目标与长远总体目标相衔接，循序渐进，分步实施，做到规划先导，引领研究，持续开展，务求实效。

第二，加强教育史学学科体系建设的理念更新与功能发挥。

学科发展需要解放思想，更新理念，否则就会落后于时代与社会的需要，影响学科自身建设。长期以来，教育史学界有一个普遍的共识，就是学科体系包括两大部分，即教学体系与研究体系（科学体系），学科建设的功能与任务就是人才培育与学术积累。从一般意义上来说，这并不算错。但随着社会形势与需要的变化，随着学科体系自身建设的深入，随着人们对学科功能与任务认识的深化，发现传统认识是不够全面的，传统学科体系是不够完整的，既落后于社会形势与需要的变化，也影响了学科自身建设，严重影响了教育史学学科功能的全面发挥。

在我看来，教育史学学科体系应包括三个部分，即教学体系（课程体系）、研究体系（科学体系）与服务体系。教学体系（课程体系）的功能与任务是培育人才；研究体系（科学体系）的功能与任务是学术积累；服务体系的功能与任务是普及知识，提高公民文化素养，并为政府教育决策提供历史借鉴。培育人才、学术积累、社会服务是教育史学学科体系的三大功能。与之相关，教育史学学科建设今后的任务是，加强三大体系建设，全面而充分地履行教育史学学科的功能与任务，以自身的积极作为，赢得在学术界和社会上应有的位置。

第三，加强教育史学学科体系内外各种资源的整合运用。

教育史学研究者应本着“大教育观”、“大史学观”、“大学科观”和“大服务观”等新理念，来努力整合内外各种资源，创新学科体系，发挥教育史学功能。

一是应以“大教育观”打通教育科学内部相关学科的联系，加强教学体系与研究体系的改革。首先是打通中国教育史与外国教育史研究，整合相关资源在一起开展教学与研究。中外教育史研究者同根同源，整合有利于学生成长和学科发展。要避免中国教育史与外国教育史研究者各自画地为牢，自缚手脚。从事中外教育史教学与研究的教师应经常在一起开展学术活动，在硕士、博士研究生课程设置上，科学合理地设置中外教育史课程，以完善学生的知识结构，拓宽学生的视野，增强学术通感；可以考虑联合培养硕士生和博士生。在教育史研究过程中，中外教育史师生可开展共同研究，注重协同创新。如在中国教育史教师编写出版中国教育史方面某种著作之后，外国教育史教师也可考虑编写出版相应著作；反之亦然，相互呼应，相得益彰。还可打通教育史学研究与比较教育研究，整合相关资源在一起开展教学与研究活动。外国教育史与比较教育同出一源。一般说来，外国教育史研究的是第二次世界大战前的教育，比较教育研究的是第二次世界大战以后的教育，两者在研究时限上有明显区别，但这并不能隔断两者之间的内在联系。在中国，许多研究比较教育的教师最早都是研究外国教育史的学者，比较教育学科就是从外国教育史学科中逐步独立出来的。也正因此，两者关系十分紧密，不应隔断，也隔断不了。教育史教师与比较教育教师在学科学位授权点的申报与建设、教学与研究活动等方面，应该也可以加强协作，甚至共同培养学生，开展研究。

二是应以“大史学观”打通教育史学与历史学的联系。教育史学属于教育学与历史学交叉而成的交叉学科，既是教育学的基础学科，又是历史学的分支学科，具有双重属性。在积极借鉴教育学研究成果的同时，也应认真借鉴历史学研究的成果，丰富和完善教育史学学科。教育史学研究者应主动与有关高校历史文化学院、历史研究所、历史学国家重点学科以及教育部重点人文社会科学研究基地等，合作开展教学与研究活动。教育史学研究者除了可在教育学杂志发表成果，也应力争在历史学杂志发表成果，提升教育史学的史学品味和学术水准，扩大教育史学在历史学界的影响。两者可在信息、资料、课题、人员等方面进行全方位合作，实行资源共享；互为生源地，互相推荐研究生，在教学实习、社会实践方面与其合作，而且在论文开题与答辩时也可邀请其相关教师参与。

三是应以“大服务观”打通历史、现实与未来的联系，加强服务体系的建设，充分发挥教育史学的社会功能与现实作用。一方面，尽量关注和研究与现实有关的各种教育历史问题，通过“回溯式研究”，为今日教育改革提供历史借鉴。如可以围绕国家加大基础教育师资队伍建设，将近现代中小学教师管理制度、中小学教师薪酬问题等作为博士论文选题；也可围绕当前教育体制改革，将近现代教育部建设、教育社团、教育运动、语文教育改革、英语教育改革、大学校训及精神、教育出版、出国考察、教育交流等作为硕士、博士论文选题。另一方面，在开展教育史教学与研究的同时，可组织研究生研究各类相关现实教育问题，培养研究生关注现实教育问题的兴趣与研究现实教育问题的能力，既有助于造就复合型人才，以利于学生就业，又可为国家教育决策提供意见。还可编写相关教育史通俗读物（如各类教育史插图读物、教育家画传等），普及教育史知识，提高全民文化素质。

第四，加强具体的教育史学研究与抽象的教育史学研究。

前文提及，可将教育史学学科体系分为具体的教育史学研究与抽象的教育史学研究两大方面。具体的教育史学研究主要是指对教育历史发展过程中的具体历史现象进行的实证性研究。它主要通过对教育历史事实之间具体联系的研究，描述教育历史在各种因素的相互作用中，向前发展的活生生的教育历史过程。具体的教育史学研究大致可分为教育活动史、教育制度史、教育思想史三个主要部分，其具体的学科表现方式有教育通史、教育断代史和教育专题史等主要形式。而抽象的教育史学研究则与对具体的教育历史问题的研究不同，不是对客观的教育史现象的研究，而是对教育史认识过程的形式与规律的研究。抽象的教育史学研究大致包括教育史学史的研究、教育史学理论和方法的研究以及教育历史哲学的研究。

在具体的教育史学研究方面，目前国内学界对于教育思想史和教育制度史比较注重，也有相当多的研究成果。相形之下，对教育活动史的研究还很少。因此，应该积极组织力量，加强教育活动史的专题研究、断代研究和通史研究，如组织编写出版中国和外国教育活动史专题研究丛书、断代研究丛书和中外教育活动通史。还可以组织力量研究教育活动史里面的教育生活史，如教师生活史、学生生活史等，探讨不同时期不同阶段教师与学生的真实生活状态，以更好地把握历史真相，探讨教育历史规律。

在抽象的教育史学研究方面，目前国内学术界已有一些教育史学史和教育史学理论和方法研究的成果，但还不系统深入，有待进一步开展。至于教育历史哲学研究，可以说迄今尚未开展，还是一块生荒地。教育历史哲学研究与教育史学理论和方法研究虽然都是理论研究，两者有共性，但也有明显区别。教育历史哲学研究更注重从哲学的高度研究教育历史，强调对教育历史达到一种哲学的理解，更多的是从历史本体论、历史认识论、历史方法论等方面来思考教育史学问题。未来应该组织力量加强对教育历史哲学的研究，使教育史学学科体系更加完整，研究更加深入。

第五，加强教育史学队伍建设，提高教育史学队伍整体素质。

学术队伍是学科建设的关键。有一支好的学术队伍，学科建设才能成为现实。过去有一种认识，认为学术队伍建设就是师资队伍建设，这样说当然没有错，但不完整全面。在我看来，学术队伍可分为潜在的队伍与现实的队伍两大块。学术队伍建设，相应地也应包括高素质的学生培养与高素质的师资培养。前者是后者的基础，后者是前者的提升。没有前者，不可能有后者；没有后者，前者也缺少了动力与目标。

在潜在的队伍建设方面，即高素质的学生的培养方面，教育史学学科应根据时代、社会和学术发展的需要，注重培养德、智、学、能兼备，历史感、现实感、未来感交融，知行合一，视野开阔，思维敏锐，学术功底扎实，有相当文化底蕴，善于表达，富有探究精神和创造能力的高级专业人才。具体来说，应培养具有“思想力、研究力、生活力、行动力”的高素质的学生，为我们造就现实的学术队伍打下坚实的基础。

所谓“思想力”，即培养学生的求知欲、想象力、思考力、创造力，为其将来创造性地开展科学研究与教学工作奠定良好的基础。可以举办各种教育史学论坛，由硕士生、博士生牵头承办论坛活动，每学期举办数次，由硕士生、博士生报告自己的最新研究成果与考察见闻，展开热烈讨论，最后由导师作点评，激发思想火花，产生思想碰撞，形成思想观点。

所谓“研究力”，即注重培养学生的阅读能力、写作能力、表达能力，指导学生学会读书、学会写作、学会表达。可成立教育史读书会，引导学生养成阅读教育历史名著的良好习惯。每周定期开展读书交流会、主题报告会、新书推荐会等活动，增强学生们对教育历史名著的阅读兴趣。教师可给学生编辑相关图书，为之提供参考读物，培养学生的人文情怀。同时，应要求硕士生、博士生积极参加实践活动，包括参加本学科教师的课题研究、教学实习活动等，规定学生参加学术活动的次数，写读书笔记，作学术报告，并填写《学术活动考核表》。实践活动结束后，由导师和导师组进行考核，确定合格或不合格。不合格者，不能参加答辩。

所谓“生活力”，即指导学生学会生活、学会生存、学会交往、学会做人，在集体中生活与学习。可经常组织小型聚会，让学生们感到自己生活在一个相互关心与支持的大家庭当中，增强学术团队的认同感与凝聚力。要求研究生们在生活上相互关心，相互照顾，相互帮助。强调品行修养，尊重老师，爱护同学，关心集体。遇到问题，导师及时指出，不留隐患。

所谓“行动力”，指执行能力、协调能力、管理能力与应变能力。由于不少研究生是从学校走向学校，缺乏社会经验，更没有执行能力、协调能力与管理能力，无法适应社会的需要，因此，应注重学生的自我管理，要求制订学习计划，对照执行。分年级组成学习小组，平时建立联络员制度，印发师生通讯录，导师有事通知联络员，再由联络员逐一通知其他同学。联络员适时更换，让更多的同学得到锻炼与提高。还可让研究生到本科班跟教授听课学习，课余对本科生辅导答疑，在实践中提高协调与管理能力。

在现实的队伍建设方面，即高素质的师资培养方面，应“内培外引”并举，加强师资建设，建设优质团队。努力培养和引进优秀人才，充实研究团队。为青年教师的成长搭建各种平台，如安排高水平培训、到国内外名校进修提高、多上讲台锻炼、组织开展科研、推荐参加高层次评聘、组织参加有益的社会活动等，使教育史学的师资队伍健康发展，不断提升素质与能力，适应时代、社会和学科发展的需要。

第六，加强教育史学学术思想与学术流派的建设。

学术思想和学术流派的出现，是学科体系建设成功的重要标志之一。一个健全的学科体系，不仅要有自己的研究对象、研究范围，自己的研究理论与方法，重要的标志性的研究成果，更要有自己的代表性人物，形成诸多学术思想，乃至风格鲜明、影响甚大的学术流派。

由于学术思想、学术流派的形成，是一个长期探索、曲折反复、不断打磨的过程，不可能一蹴而就，因此，教育史学研究者必须善于反思总结，提炼概括，凝练特色，形成学术思想，产生学术流派。

教育史学研究者的学术思想必须以一定的历史观和学术信念为前提和核心。尽管研究者没有或缺乏历史观和学术信念并不妨碍其从事教育史学研究，但可断言，没有历史观和学术信念的教育史学研究者不可能形成自己的学术思想，更不可能形成自己的学术流派。我认为，无论历史观和学术信念如何因人而异，各有不同，但在以下几个问题上达成共识是必要的。

一是关于历史与现实的关系。“历史是曾经的现实，现实是未来的历史，研究历史从某种意义上讲就是研究现实。”

二是关于历史学家的研究课题。“历史尽管过去千万年，但是过去、现在与未来，总是前后连续，割舍不断，已逝的‘人事代谢’和‘古往今来’，是留给历史学家永恒的课题。”

三是关于历史学的任务。“历史与其说是知识，不如说是力量。历史学的任务就在于把过去的一个个人物、思想和事件转化成推动社会发展的力量，一种生成想象力和创造力的力量。”

四是关于历史研究者的学术追求。“历史研究应以人物活动为中心、问题意识为导向、本土原创为特色、范式转换为手段、学术增长为目标。”

五是关于历史研究的视线与重心。“历史研究应将研究的视线逐步向下移动和对外扩散，实现研究视线从精英向民众、从高层到基层、从中心向边缘、从主流向非主流、从正规向非正规、从经典向世俗的过渡。”

六是关于历史研究的几个结合关系。“历史研究者应力求史料与史观的结合、宏观与微观的结合、重点与一般的结合、本土与域外的结合、历史与现实的结合、理论与实际的结合。”

七是关于历史学家的责任。“历史学家不应是具有某种技艺的工匠，而应是富有社会责任感、深刻洞察力和强大行动力的学问家、思想家和实践家。不仅应该描述历史、反思历史，更应该参与历史、创造历史”，“优秀的历史学家，不仅要‘立志’、‘立言’，更要‘立功’、‘立德’，具有强大的人格魅力，并推动历史的发展”。至于学术信念，至少“育才求真、经世致用”不能缺位。

就个人的理解而言，在教育史学的学术思想和学术流派建设上，学术目标应注重“守正开新，自成一家”；研究内容应注重“活动史、思想史与制度史三者并重”；研究重心应注重“视线下移，关注民间”；学科体系应注重“教学体系、研究体系、服务体系”建设；研究路径应注重“整合打通，殊途同归”；学术风格应力求中学与西学互参、实证与思辨并重、史料与文采相辅、理性与激情兼具；学术追求应注重“大中国”、“大教育”、“大历史”，讲究整体感、全局性和通贯力；学术境界应注重“致广大，尽精微，极高明”。尽管理想可能遥远，目标可能过高，但有总比无好，高总比低好。古人早已说过：“取乎其上，得乎其中；取乎其中，得乎其下；取乎其下，则无所得矣。”

总而言之，学科建设的基础是定位与规划，前提是理念更新，途径是资源整合运用，切入点是教学体系（课程体系）建设，难点是研究体系（科学体系）建设，重点是学科队伍建设，创新点是服务体系建设，着力点是学术思想和学术流派建设，目标是学科良性发展。抓住这些，就抓住了学科建设的关键。我相信，不同高等院校和科研部门的教育史学研究者有许多宝贵经验可资借鉴。相互交流，就能取长补短，共同进步。世界上没有无能的学科，只有无能的学者。在急剧变化的社会转型期，怨天尤人无济于事，苦干实干才会成功。只要全国教育史学界同人齐心协力，携手并进，教育史学研究就一定会在我们这一代人手上另开新局写新篇。

（责任编辑　冯卫斌）

史静寰　1955年生，北京人。清华大学教授、博士生导师、教育研究院常务副院长，英国曼彻斯特大学客座教授。1983年开始在北京师范大学教育系从事教学、研究工作。1989年在北京师范大学获得教育学博士学位。1995年晋升为教授、博士生导师。2002年调入清华大学工作。主要研究领域为高等教育、教育史、国际与比较教育研究。主要学术及社会兼职有：首都女教授协会会长，中国高等教育学会高教研究机构协作组副组长、学术委员会委员，澳大利亚第三级教育质量及标准评价机构（Tertiary Education Quality and Standards Agency，TEQSA）海外评估专家。主要著作有《妇女教育》（2000）、《当代美国教育》（2001年初版，2011年修订再版）、《走进教材与教学的性别世界》（2004）、《高等教育史》（2010）等。研究成果多次获得国家和省部级奖项。

延建林　1973年生，山西平定人。中国工程院咨询服务中心研究人员。2006年在北京师范大学教育学院获教育学博士学位，2007—2009年在清华大学人文社会科学学院从事博士后研究。主要研究领域：国际与比较教育、教育史、科技政策、工程科技战略咨询。

《西方教育史学百年反思：教育史之内与教育史之外》导读

西方教育史学百年反思：教育史之内与教育史之外

史静寰　延建林

【摘要】 本文是全国教育科学“十五”规划教育部重点课题“二十世纪西方教育史学理论与研究范式研究”结题报告的总论部分。文章从教育历史的记忆与反思开始，勾勒出西方教育史学百年的主要变革历程；进而运用国别研究、人物研究、专题研究和比较研究的案例揭示出西方教育史学百年变革的主题，特别是其多面与杂色特点；最后用教育历史的继承与超越为聚焦，概括西方教育史学百年历程对中国教育史研究的启示。

【关键词】 西方教育；史学；百年；反思

教育史学者面临一般历史研究者所要面对的共同问题：什么是历史研究的本质？史学研究者如何定位自己的工作和角色？把历史视为“解释的科学”的德国学者狄尔泰曾经这样概括历史学家的特质：我们都是历史性存在，我们都是对历史进行静观的人；历史的研究者同时也是历史的创造者。① 无独有偶，主张批判性思考历史的美国教育史学家斯普林也认为：关于历史的解释正确与否没有公正的答案，只有不同的观点。教育史学者的功能是“呈现各种不同的历史阐释和历史问题，让读者能够去思考历史，而不是被动地接受各种事实材料”②。无论是狄尔泰赋予历史学家“创造”历史的责任，还是斯普林把“思考”和“判断”历史阐释的权利交给历史作品的读者，两位不同国度、不同时代、不同领域的学者，在如何定位历史（教育史）研究的问题上表达了几乎相同的观点。从他们的论述中，我们可以触摸到西方史学研究范式的转变：史学研究的立足点从客体转向主体，从历史现象转向历史认识，注重历史思维与历史解释，对历史学进行全面深刻的哲学反思。

研究历史的人与其研究对象具有时空上的距离，“历史”作为实际而存在的时候，还不是历史，而当它已经过去，可以称为历史的时候，又同时变成了“记载和表

---

①［德］威廉·狄尔泰著，艾彦、逸飞译：《历史中的意义》，中国城市出版社2002年版，第1—2页。

②［美］乔尔·斯普林著，史静寰等译：《美国学校——教育传统与变革》，人民教育出版社2010年版，第1页。

现历史的材料”。但是，我们在承认历史研究所特有的这种“距离感”的同时又必须看到“人们生活在历史之中”，历史研究者和其他人一样，自己的现在和过去有机联系在一起，自己生活于其中的世界的现在与过去也几乎不可分割。“作为历史的现在”绝非历史研究者所独有，也是每个人感知自我、认识世界、形成代际关系的基础。如果“西方教育史学百年”的话题太大，让人感觉老虎吞天，无从下口，我们就先从“反思”说起。反思既可以是学者个体的，也可以是学科系统的。反思使学者不断成长成熟，使学科体系不断丰富发展。

一、研究的缘起与意义：教育历史的记忆与反思

笔者记得刚开始学习西方史学理论时，深深地为汤因比的一段话所打动：历史学家是他自己时代和区域的囚犯，他眺望历史长河上游唯一的立足点，是他本人一直乘坐的沿着波涛翻滚的激流顺流而下的小船的不断移动的桅顶。① 汤因比所说不仅呈现出历史学家的困境，更揭示了历史研究的意义。历史不仅是对往事岁月的记忆，更是对逝去时光的反思。知识的积累、人类的进步以记忆为基础，更通过反思来建构。我们可以毫不夸张地说：历史的记忆和反思是人类社会心智成熟、健康成长不可缺少的精神维生素。2009年笔者编写《高等教育史》一书时，曾这样来概括：“历史决不是外在的约束现代人的紧身衣，而是内在的形成现代人的DNA。历史研究的任务是通过捕捉和揭示这种DNA使人类更好地了解自己，认识自己的本质、自己的现在和未来。”②

教育史学研究是教育史研究者对学科和自身进行反思的组成部分，开展西方教育史学研究，不仅可以开拓研究视野，还有助于提升教育史学者的理论修养和学术自省能力，这是中国现阶段推进教育史研究工作深入开展的重要基础。

20世纪90年代以来，伴随着社会主义市场经济体制的建立以及师范教育向教师教育的转型，我国的教育史研究工作面临前所未有的深刻危机。这种危机不仅仅表现为教育史课程在教师教育中地位不断降低，教育史学科研究队伍不断萎缩、研究人员结构失调和研究工作失范，③ 更重要的是大部分教育史研究者缺乏历史研究的理论自觉意识，研究工作要么是受传统史学的影响，停留于史料的爬梳、整理和加工，要么是借鉴或依附其他学科的研究成果及方法，生搬硬套、削足适履，反而失去历史研究

---

① [英] 阿诺德·汤因比著，晏可佳等译：《一个历史学家的宗教观》，四川人民出版社1998年版，第17页。

② 刘海峰、史静寰主编：《高等教育史》，高等教育出版社2010年版，下编导言。

③ 张斌贤：《全面危机的外国教育史研究》，《高等师范教育研究》2000年第4期，第40—45页。

的韵味。① 这种理论危机的出现，很大程度上是由于教育史学界的研究人员极少对自身学科进行理论和方法的总结与反思，研究的规制及惯性制约了研究者的思维和理论水平，影响教育史学学科地位的提升。② “任何一门科学，随着它的日益发展成熟，都必然要在两个方面取得成绩，一是对它的研究对象的研究的深入，二是对本学科自身的研究的深入，并且正是后者的发展水平，标志着该学科成熟的程度。”③ 教育史学科要实现可持续的发展，必须要加强对教育史学科自身的反思，在教育史学理论研究方面取得实质性突破。开展西方教育史学研究，就是这种教育史学理论探讨工作的重要组成部分。

20 世纪是西方教育史学发展与变革的重要时期，把握这一时期西方教育史学理论和范式转型，有助于我们更好地认识西方教育史研究。长期以来，我国的西方教育史研究的兴趣点主要集中在利用西方教育史料编撰外国教育史教材或者相关著述，进而服务于国内的教师教育工作。大多数研究西方教育史的学者重视西方教育史著述和史料的研读与整理，忽略了对于隐藏在这些著述背后的教育史观的分析与反思。事实上，我们今天所接触到的西方教育史，是由教育史学家重塑的历史，而不同的教育史学家是依据一定的对教育历史发展逻辑和规律的假设来撰写教育史的。如果不把潜伏在教育史家讲述历史事实背后的内容揭示出来，我们就无法深刻领悟历史学家研究的深意，也无法真正读懂西方教育历史。

西方的教育史研究至今已经有近两百年的历史，教育史的研究队伍、研究主题、研究方法、研究范式都已经发生了深刻变革。尤其是进入 20 世纪后，西方历史研究在“新史学”的旗帜下，发生了历史性的“路标转换”，年鉴学派、新马克思主义和社会科学新史学派等新的史学范型，不断突破以兰克学派为代表的传统史学范型，对西方历史研究在史学观念、研究方法、研究范围和模式等方面进行了重新定向。④ 西方历史学界的这种历史性裂变也深刻地影响着西方教育史研究。如美国教育史学界在新史学的鼓舞下掀起了波澜壮阔的“修正”传统教育史研究的运动；法国教育史学界深得年鉴学派的濡染，转而重视跨学科的整体教育史研究；英国教育史学界则受到马克思主义史学研究的影响，重视从阶级分析的视角探讨长期以来被忽略的民众教育运动。西方国家出现的这些对教育史研究进行重新分析和解构的不同理论范式与流派，极大地挑战和丰富了包括教育史研究在内的人文社会科学研究的疆界。所有这一切都为我国的教育史研究，特别是外国教育史研究提供了难能可贵、值得借鉴的理论资源。认真梳理和研究西方教育史学理论和研究范式，可以使我们更清楚地了解西方

---

① 张传燧：《教育史学的反思与重构》，《华东师范大学学报》（教育科学版）2001 年第 3 期，第 81—86 页。

② 周洪宇、申国昌：《新世纪中国教育史学的发展趋势》，《华东师范大学学报》（教育科学版）2007 年第 3 期，第 82—91 页。

③ 李振宏著：《历史学的理论与方法》，河南大学出版社 1999 年版，第 1 页。

④ 于沛：《变动中的西方史学》，《当代中国史研究》2003 年第 6 期，第 62—72 页。

教育史研究的理论基础，更明晰地揭示不同研究者重塑教育历史的思想逻辑，更深刻地展现教育史研究的复杂性。

在当代经济全球化背景下，越来越多的国家和地区正在深刻地融入到世界历史发展的洪流之中，国家和地区的交流与合作变得越来越频繁，任何一个国家和地区发生的变革都越来越具有全球性的特征。就教育史研究而言，中国学者正在遭遇的危机与挑战事实上在西方国家同样存在。20世纪末，国际教育史常设会议（International Standing Conference for the History of Education，简称ISCHE）就曾广泛讨论过西方教育史研究面临的危机，结论是："作为教育理论和教育实践的一种要素的'教育史'已经失去了其学术能力。结果，教育史作为一门教育学科来说已经不能引起未来的教师、父母、行政官员们的兴趣。"① 教育史研究究竟要往哪里去？已经成为全球范围内的教育史学习者和研究者迫切需要回答的一个基本问题。在现今的时代背景下，中国学者要做出恰当的判断、找到合适的答案，除了要在全面回顾和反思传统教育史学研究的基础上继续提升教育史研究者自身的史学反思能力之外，还需要培养起一种全球性的视野，能够从全局上把握世界范围内教育发展的基本趋势，能够分析不同地缘政治背景条件下教育发展的具体情势。正像英国著名比较教育学者萨德勒（M. Sadler）所指出的："如果我们以一种同情的精神去理解外国教育制度的真正作用，我们就会更好地使自己深入到我们自己的民族教育的精神和传统中，更敏锐地感受到其中尚未被表达的理想，更迅捷地捕捉到反映教育制度发展或衰退的征兆，更乐于去识别威胁教育制度的危险以及有害的变革中的微妙影响，这难道没有可能吗？以一种正确的精神和严谨的治学态度研究外国教育制度的作用，其实际价值就在于，它将促使我们更好地研究和理解我们自己的教育制度。"② 这也正是我们今天要深入挖掘和探索西方教育史学理论与范式变革的基本意义所在。探讨西方教育史学发展趋势，是更好地推动我国教育史研究工作融入世界范围内教育史学研究洪流的有效路径。

二、研究的体系与内容：教育历史的多面与杂色

笔者是外国教育史研究领域的师生。为师者在1998年开始为外国教育史博士生上"当代西方史学理论与外国教育史研究"的专业基础课。开设这门课程的初衷是带领博士生们一起阅读西方史学及教育史学原著，提升外国教育史博士生的史学理论素养。上课期间，师生一起系统研究西方史学理论的主要代表人物和作品，分析他们

① ［俄］卡特林娅·萨里莫娃、［美］欧文·约翰·宁迈耶主编，方晓东等译：《当代教育史研究与教学的主要趋势》，教育科学出版社2001年版，第2页。

② M. Sadler. How Far Can We Learn Anything of Practical Value from the Study of Foreign Systems of Education. *Comparative Education Review*. Feb., 1964.

对教育史研究已经产生和可能产生的影响，运用西方史学理论的最新成果分析教育史研究的相关问题。这些活动激发起师生的共同愿望——编写一部西方教育史学理论的著作。

2001年11月，我们正式申请全国教育科学“十五”规划课题——“二十世纪西方教育史学理论与研究范式研究”，并获得立项。在随后的研究工作中，我们发现，无论是在西方，还是在中国，我们并没有找到像历史学界那样以研究“史学史”“史学理论”为专业方向的研究者，所谓的“教育史学”和“教育史学理论”更多地体现在不同研究者以各自选择的史实、重塑各自所期望的教育历史的著述之中。我们更需要做的是，整理和分析这些教育史著述的文本及相关研究文章，从中勾勒出指导不同时期、不同国家教育史研究工作的思想、理论和精神。我们深刻地认识到，坊间流传的“传统教育史学”“进步主义教育史学”“修正主义教育史学”“新教育史学”等称谓，并非是现成的标签可以分门别类地贴在不同教育史家和教育史著作上，同样，新马克思主义、批判教育学、女性主义、多元文化主义、后殖民主义、后现代主义等现代思潮对教育史研究的影响也比我们已经看到的要复杂、深远得多。因此，我们并没有采取传统的自上而下的历史研究路径，也没有试图描绘和构建西方教育史学的理论构架，而是通过自下而上、多案例、多维度地对西方教育史著作进行文本分析，进而揭示出西方教育史学理论的具体内涵和丰富表现。此后的数年中，我们一边学习、整理文献资料，一边激烈讨论和争议相关问题。在这一过程中，我们的研究团队不断调整研究思路与分析进程，不仅产生了数篇博士论文，而且最终形成了这份研究成果，主要包括国别研究、人物研究、专题研究、比较研究和启示探索五个组成部分。

国别研究部分主要选取美国和法国作为研究对象进行分析。以这两个国家为案例，不但因为其教育史研究都比较成熟活跃，更重要的是两国分别代表20世纪欧洲大陆国家和英美国家两种教育史学走向。我们知道，19世纪的西方教育史研究阵地主要集中在德国，以客观主义为特征的兰克史学流派和高度发达的现代国民教育体系，为德国教育史研究工作的繁盛创造了优越条件。19世纪的西方教育史研究因此成为德国的世纪。① 进入20世纪之后，美国和法国成为向德国教育史学传统提出挑战并成功进行变革的典型代表。受新史学思潮的鼓舞，美国的教育史学家率先向传统的、以大教育家思想传记和学校教育为中心的教育史研究发动挑战，并沿着两条路线“修正”美国教育史学：一是以贝林（Bernard Bailyn）、克雷明（Lawrence A. Cremin）为代表的温和修正派，以拓宽美国教育史研究领域为特色；二是以凯茨（Michael Katz）和斯普林（Joel Spring）等为代表的激进修正派，试图从根本上否定美国公立学校教育制度甚至美国政府的合法性。这两股修正主义潮流汇成了20世纪美国教育史学的变革洪流，进而影响到整个英美国家的教育史学变革。与美国相似，受年鉴学

① 杜成宪、邓明言著：《教育史学》，人民教育出版社2004年版，第316页。

派倡导的历史客体建构论、问题史学以及时限的辩证法与总体史思想的影响，法国教育史学家也掀起了变革传统教育史的努力，致力于借鉴和吸收其他社会学科的资源，拓展研究课题和推动研究方法的多样化，倡导在完全理解史料的基础上进行阐释历史，充分体现教育历史编撰者的主体意识，形成了特色鲜明、视野宽阔的教育史学研究风格，代表了典型的欧洲大陆国家教育史学变革动向，同时也为世界教育史研究注入新的生机与活力。

人物研究部分主要分析美国的劳伦斯·克雷明和乔伊斯·斯普林，以及英国的布雷恩·西蒙（Brain Simon）三位教育史学家的教育史学创作。这三位作者是战后英美教育史学界的变革者。克雷明和斯普林分别代表美国战后向传统教育史学提出“修正”的两股力量：克雷明作为温和派修正史学代表，最早尝试从广阔的社会史、文化史和心智史的角度，对美国教育史进行综合性研究。他编撰的三卷本美国教育史，即《美国教育：殖民地时期的历程，1607—1783》（1970）、《美国教育：建国时期的历程，1783—1876》（1980）、《美国教育：都市化时期的历程，1876—1983》（1988），成为战后重新阐释美国教育史的经典范本。斯普林是激进派修正史学的代表。他的教育史创作更多受到社会科学研究范式和历史相对主义思想的影响，着重运用“文化控制与冲突”的社会学模型，从种族、阶级、性别的多元化视角描述和批判美国教育的发展历程，并且毫不隐瞒地凸显历史研究中的主体意识，成为战后美国教育史界一位充满火药味道的反叛者。西蒙是战后英国史学变革的一位重要旗手。1960年，西蒙的著作《教育史研究：1780—1870》问世，代表了英国教育史学者从伟人生平研究到激进批评的转向。此后，西蒙的其他三本教育史著作相继问世：《教育与劳工运动：1870—1920》（1965）、《教育改革的政治策略：1920—1940》（1974）、《教育与社会秩序：1940—1990》（1991）。他运用马克思主义阶级分析的立场、观点和方法，撰写出由事件变故的丰富多样和稳定持续的历史基础及规律，涉及生活的方方面面和所有社会阶级观念及利益关系的教育史，并在恢宏的历史场景中回应当代英国教育的现实问题，他的著作“改变并重塑了英国教育史”，对英国教育史界产生重要影响。① 如果说在西蒙的作品中，我们仍然可以细致地欣赏到一幅完整的英国教育历史画卷的话，那么在克雷明的作品中，我们看到的教育历史画卷多少已经变得模糊不清，而在斯普林的著作中，我们只能快速地浏览到一种被碎片化的美国教育历史场景。品味这三位教育史家的历史研究，或许能够帮助我们认识到西方教育史变革的多样化特征。

专题研究部分集中探讨国民教育史研究和女性主义教育史学两个主题。国民教育史研究是西方教育史研究的传统主题。从国家层面来讲，西方国民教育史研究展现出公共教育制度从无到有、从小到大的发展演变历程。20世纪西方历史学家就此问题先后给出包括辉格论、修正论和后修正论在内的三种不同解释；从学校层面来讲，西

① R. Aldrich. The Real Simon Pure: Brain Simon's Four-Volume History of Education in England. *History of Education Quarterly*. Spring, 1994.

方国民教育史的研究表现为学校教育制度形成和发展的研究，在传统历史学者的描述中，这种学校教育制度是一种历史的延续，而我们在分析这些历史学者的描述时，却发现学校教育制度是一种全新的事物，其形成过程表现出明显的历史断裂特征。女性主义教育史学是西方新史学、多元文化主义、女性主义、后现代主义思潮综合促成的教育史学研究的新主题。女性主义教育史学重视把社会性别视角引入到历史思考中，进而成功地发现和揭示出那些在传统教育史学中被屏蔽和掩盖的诸多事实，并给西方教育史学变革带来一股清新的力量。我们特别选取美国女性主义教育史学家关于女教师职业发展的历史研究为案例，详细分析这种新的教育史学范式给传统教育史研究带来的冲击和影响。这部分内容将西方教育史学界的新旧两个专题并置，可以使我们更全面地观察到西方教育史学的变革与创新。

比较研究部分着重分析美国和英国的教育史变革特征。美国和英国是西方教育史学发展的两个代表性国家。在20世纪的西方教育史学变革中，英美两国既表现出了趋同性特征，又保留着各自差异性特色。从趋同角度来看，20世纪的英美教育史学研究取向，先后经历了从辉格教育史学到社会教育史学，再到文化教育史学的转换，这种转换既是教育史学研究者为适应学术生存环境的变化在研究理路上必须进行的调整，也是其在广泛吸收相关学科研究成果的基础上，主动进行学科研究创新的结果；从差异角度来看，美国教育史学的变革表现出鲜明的断裂性特征，新旧史学交相辉映，从卡伯莱代表的传统教育史学到克雷明代表的温和修正主义教育史学，再到斯普林代表的激进修正主义教育史学，后来者总是尝试寻求对先行者的批判和质疑，并在此基础上推陈出新，汇聚成美国教育史学不断变革的洪流。英国教育史学变革更多体现的是一种连续性、渐进性变化，新旧史学之间的界限相对模糊，教育史学界更习惯于探讨关于材料、历史事件、目的的解释，而很少像美国同行那样进行方法论的争吵，后来者总是在充分尊重和理解先行者的基础上进行历史创作的变革，而且历史学家始终对借鉴社会科学研究保持谨慎小心的态度。对比英美两国教育史学的变革，可以使我们更深入地把握西方教育史学变革的细节性内容，避免以偏概全。

启示探索研究部分又重新回归到中国教育史学研究。这部分内容着重从两个视角回应我们研究初期提出的问题：一是反求诸己，全面回顾20世纪中国学者进行的外国教育史研究。我们发现，作为一门教育学科，或者一个研究领域，外国教育史本身自外部世界舶来，而且研究对象也是外向型的。这些因素在很大程度上制约着外国教育史研究在中国的独立开展，使之在很长一段时间内不得不保持着对外部的深深依赖关系；同时，我们也会发现，中国学者一直在不断尝试进行独立探究与反思，努力寻求建立起与中国社会实际和学科土壤相适应的外国教育史研究模式，从“新学知识”到“教育课程”，从独立“教育学科”到专门“研究领域”，外国教育史研究在中国的发展尽管颠沛动荡、危机重重，但是仍然获得了历史性变革与突破。二是外推于人，分析西方新史学的兴起对我们外国教育史研究的现实意义，进而使中国的教育史研究界更好地与外国研究同行交流。如前所述，20世纪西方教育史的变革是在新史学浪潮的冲击中完成的，在全球化趋势不断增强的今天，西方史学变革能否对中国的外国教育史研究产生影响呢？答案是肯定的！借鉴西方新史学研究范式，不断拓展教育史的研究视域，积极发挥历史学者主体认识的作用，巧妙变革教育史的叙事体例，多手段收集教育史料，无疑都会为我们教育史研究的未来发展提供更为宽泛的生长基点！

三、研究的启示与思考：教育历史的继承与超越

科学研究的价值不仅仅体现在给未知的问题提供确切的答案，更重要的是在未知的领域中提出新的问题。探索外国教育史学的发展与变革是一项富有挑战性的任务，开展外国教育史学理论与范式的研究也缺乏现成的路径。当我们的研究成果呈现在读者面前的时候，我们更多感受到的是，在外国教育史学领域中，我们仍然有许多值得深思和回味的问题。

（一）危机与转机

西方教育史研究最初是作为近代学校教育以及随之而来的教师教育发展的衍生物而发展起来的。从19世纪后半期到20世纪前期，教育史在承担教师培训任务的教育学院、师范学院和大学教育系中获得了极其稳固的地位，那些承担教师培训任务的教育者也天然地担负起从事教育史研究的任务，而他们的历史研究也主要集中在学校教育的范围之内。进入20世纪后半期，教育史从制度基础和思想基础两个方面都遭遇到前所未有的挑战。从制度层面来讲，西方国家的教师教育开始更加注重职业化训练，部分实用性和理论性更强的课程逐步取代教育史在教师培训中的传统地位，教育史课程在教师教育中的地位急剧下滑。如曾任哈佛大学校长的科南特在1963年发表《美国教师的教育》，批评教师教育中的教育哲学、教育社会学和教育史课程。在他看来，开设这些课程的人缺乏相关的“母”领域的专门训练。他甚至建议取消这些课程，不是因为它们没有价值，而是它们给了教育系一个坏名声。① 从思想层面来讲，长期以来形成的围绕大教育家思想传记和学校教学活动编撰教育史教科书的史学编撰传统，受到历史学家的质疑和批评。如哈佛大学教授本纳德·贝林（B. Bailyn）1961年撰文《美国社会形成中的教育》认为：教育史应包含影响人类发展进程的所有社会与文化因素，而传统教育史学者身上普遍缺乏一种历史学家应有的素质，总是习惯于从现实任务出发到历史场景中寻找回应，这种先入为主的现实主义历史编撰或许暂时能够回答现实中面临的实际问题，但是从长远来看却无法经受历史的考验！而

---

① Sol Cohen. The History of the History of American Education, 1900-1976: The Uses of the Past. *Harvard Educational Review*. Vol. 46, No. 3, 1976, p. 323.

且狭窄的史学视野也限制了教育史学家历史研究的空间。① 在这种风声鹤唳的境地之中，西方教育史学处境岌岌可危，到20世纪90年代后期，传统意义上作为教师职前培养课程的教育史黯然退出历史舞台，一大批教育史学者也纷纷离开教育史课堂转而讲授其他课程。整个西方教育史学危机重重！

然而，任何事物总是存在两面性：危机中也总是潜伏着令人意想不到的转机！也正是在四面楚歌的危机之中，西方教育史在20世纪后半期却获得了超越以往任何时期的历史性成就。从研究队伍来看，专业历史学家开始大规模地向教育史研究领域进军，改变了传统的教育史学者一枝独秀的历史研究局面。如从20世纪50年代末期到20世纪60年代，美国哈佛大学、哥伦比亚大学、约翰·霍普金斯大学和华盛顿大学的历史系学者，纷纷介入到美国教育史的研究中。法国年鉴学派的历史学家孚雷（F. Furet）和奥祖夫（J. Ozouf）合作编写《读与写：从加尔文时期到茹尔·费里时期法国的读写能力》（1973）②，也给法国教育历史的研究带来一种清新的气息。正是专业历史学家的参与，使得西方教育史学的研究力量不断得到壮大。从研究机制来讲，西方各国教育史学者纷纷建立专业化的学术团体和学术刊物，为教育史学摆脱危机开辟重要的思想交流和传播阵地。1948年，美国全国教师教育学院协会在大西洋城宣布成立教育史协会，翌年《教育史杂志》（*History of Educational Journal*）创刊；1967年，英国教育史协会成立，并从1972年开始正式创办《教育史》（*History of Education*）；1973年，德国教育史研究协会成立；1978年，法国《教育史》（*Histoire L'Éducation*）杂志创刊；1979年，旨在促进国际教育史研究人员交流与合作的国际教育史常设会议在比利时鲁汶成立，并从1980年开始出版机关刊物《国际教育史简讯》（INHE）。这些专业协会和学术期刊的出现，反映了西方教育史学正在逐步朝更加制度化和规范化方向转型。从研究范式来讲，受新史学思潮的影响，西方教育史学逐渐摆脱此前孤立封闭的状态，重新被接纳为整个历史研究尤其是社会史研究的组成部分，史学家开始以更加批判和理性的研究审视教育历史，多元化的、跨学科的、整体化的教育史研究正在蔚然成风。从这个意义上来讲，西方教育史研究界不但没有出现危机，反而是一派生机盎然！

从危机到转机，西方教育史学界发生根本性逆转原因在于历史研究主体的积极而为。从科学发展的规律来看，“危机是科学的正常状态：一种科学感觉不到危机，说明它正处于停滞状态”③。20世纪西方教育史学界生生不息的生命力，在于教育史学家们敢于直面来自学科内外的各种挑战，并在积极采取应对措施中不断化解矛盾、缓解危机，不断丰富自己、壮大队伍，进而使学科不断走向成熟。如果从这个角度来反

① B. Bailyn. *Education in the Forming of American Society: Needs and Opportunities for Study.* 1960, Forword, vii.

② Francois Furet & Jacques Ozouf. *Lire et ecrire: L'alphabetisation des francais de Calvin a Jules Ferry.* 2 vols. Paris, 1977.

③ 鲍绍霖等著：《西方史学的东方回响》，社会科学出版社2001年版，第208页。

观国内教育史研究的危机，我们又当作何为呢？笔者认为，我们既不能抱怨时运、顾影自怜，也不可固守残缺、自视清高。中国新时期的教育史学研究者，应该具有开阔的视野、开放的心态、开明的思维，勇于突破传统的束缚，克服自我中心的局限。人只有通过历史才能更好地认识现在，人也可以借助他人更好地丰富自已。对西方教育史学百年历程的反思为我们带来的不仅是对中国教育史学界过去和现实的重新认识，还应该有对未来发展机遇的判断与把握。变危机为转机如何在中国教育史学界实现，有待于所有教育史学人的共同努力。

（二）历史与理论

20世纪西方教育史学研究范式的变革中，一个不可忽略的因素就是外部学术思想的影响，主要表现为来自历史学和社会科学研究范式的介入。19世纪后期作为教师培训课程而发展起来的西方教育史学，主要是作为教育学科而存在。这种学术倾向在英美国家表现更为明显。与教师教育专业化相适应，这种以制度化教育尤其是学制、学校教材、教法的发展史为研究对象的教育学科，日益表现出一种远离历史学的趋势。20世纪后半期，世界范围内的历史学发生了两次风向性变革：第一次是发起于第二次世界大战结束后不久的从客观主义史学到新史学的变革，第二次是肇兴于20世纪70年代的从新史学到后现代史学的变革。① 这两次性质不同的史学变革极大地改变了西方史学的版图，并且波及教育史研究领域。美国教育史学者克雷明受美国新史学的启示，将教育的含义放大到“有意的、系统的和持续不断的传递或者激发知识、态度、价值、技能和敏感性的努力”②，进而撰写出包括学校、家庭、教堂、图书馆、工厂、出版物、电视台、慈善团体、群众组织等丰富教育内容的、结构性的、多元化的、生活化的、平民化的美国教育史。英国教育史学者布雷恩-西蒙受西方马克思主义史学影响，把教育理解为“所有对人的个体的和社会的发展具有形成性作用的影响”③，并指出，“教育史中充满了各种事变和趣味，涉及生活的方方面面，涉及所有社会阶级的观念和利益”④，进而撰写出反映不同时期英国社会各阶层教育政治运动的四卷本英国教育史。法国的伊桑伯特-贾马蒂（V. Isambert-Jamati）受年鉴学派的影响，通过分析1860年到1965年间法国中学授奖的演讲内容，考察此十年间和彼十年间，或此教育家集体和彼教育家集体之间教育目标的变迁，从而揭示了教育理念

① 王邵励：《20世纪西方史学中两次性质不同的变革》，《史学理论研究》2006年第3期，第130—131页。

② L. Cremin. *America Education: The Colonial Experience, 1607-1783*. New York: Harper and Row, 1970, pxiii.

③ Brain Simon. Research in the History of Education. In *Research Perspectives in Education*. London: Routledge & Kegan Paul, 1973, p126.

④ Brain Simon. *The Two Nation and the Educational Structure*. London: Lawrence & Wishart, 1974, p13.

的变迁与普遍的社会意识形态变迁的内在关联，成为教育心态史研究的典范。① 美国的斯普林明显受到后现代主义的影响，倡导相对主义史观，并在《美国学校》（2000）中公开承认，“在历史阐释中没有公正的答案，而只有对于哪些历史阐释是正确的这个问题的不同见解”，读者必须根据自己的社会的和政治的价值观做出决定，至于教育史家的任务，主要是把各种不同的教育史材料和解释呈现给读者，引导和启发读者思考教育史问题，而不是直接提供答案。②

与史学变革同时出现的是，社会科学日益成为战后西方学术研究中的显性力量，包括社会学、人类学、人口学、统计学、心理学等在内的现代社会科学的研究范式不断地向历史研究中渗透，历史学的社会科学化成为20世纪后半期的史学潮流。教育史的研究中也出现了社会科学化的倾向。美国鲍尔斯和金蒂斯（S. Bowles & H. Gintis）撰写的《资本主义美国的学校教育》，借用马克思关于社会再生产的理论，历史地分析了美国资本主义的劳动分工和阶级关系在学校教育史中的演变。③ 普林斯顿大学高等研究中心的社会史学家劳伦斯·斯通提倡，运用计量方法开展工业革命时期的识字率以及大学入学率的历史研究。④ 大多数的教育史家则把社会学中的许多术语，如“阶级”“社会控制”“社会秩序”“社会化”等，吸纳到教育史研究中。与社会科学研究的结合，使得教育史编纂摆脱了过去单纯依赖哲学思辨的做法，从而在方法论上为教育史学者把“全部的社会知识带给作为其中一部分的教育研究”创造了条件。⑤

毫无疑问，跨越学科界限进行历史研究的做法，极大地改变了西方教育史学的研究传统，越来越多的教育史学家开始自觉运用理论指导开展历史研究工作。当然，这项工作做得究竟如何，仁者见仁，智者见智。1977年，西尔弗在《牛津教育评论》（*Oxford Review of Education*）撰文《忽略的东西：维多利亚时期大众教育的奇特案例》，指责那些滥用社会科学范式进行历史研究的作品中普遍存在的毛病就是，用一种削足适履的做法来取代严谨深入的历史分析，许多教育史学者所做的只不过是将社会科学中形成的某些概念与假设套用在历史解释中而已。这种近似于教条主义的做法，不但歪曲了基本历史事实，而且限制了研究者的视野，从而忽略了许多应该关注

---

① V. Isambert-Jamati. *Crises de la societe*, *crises de l'enseignement*. Paris, 1970.

② Joel Spring. *American School*: *1642-2000*. Fifth Edition. Boston: McGraw-Hill, 2000, preface, pp. 1-2.

③［美］S. 鲍尔斯、H. 金蒂斯著，王佩雄等译：《美国：经济生活与教育改革》，上海教育出版社1990年版。

④ Lawrence Stone. Literacy and Education in England: 1640-1900. *Past and Present*, 42 (1969): 69-139; Lawrence Stone. *The University in Society*. Princeton: Princeton University Press, 1989.

⑤ Gillian Sutherland. The Study of the History of Education. *History*, liv, 1969. In *History of Education*: *the Making of a Discipline*. edited by Peter Gordon & Richard Szreter. The Woburn Press, 1989, p82.

的历史问题。① 没有理论的历史研究是贫乏的，而缺乏历史的理论同样是空洞的。正如意大利著名史学家克罗齐（B. Croce）所说的："史实只有通过史学家本人心灵或思想的冶炼才能成为史学。"② 历史学家这种用心灵进行冶炼的过程就是运用理论思考史实的过程。在跨学科研究已经成为一种时尚的今天，理论进入教育历史的研究已经成为一种必然的趋势，然而，教育史学者究竟应当如何在历史研究与理论分析中掌握平衡？如何在进行历史研究中自觉地运用理论分析的指导，避免使历史研究沦为剪刀加浆糊的拼凑？如何在运用理论指导从事历史研究的过程中，避免简单化与教条化的倾向？仍然需要中国的同行们认真地思考与探索！

（三）继承与革新

回顾20世纪，我们可以看到，西方教育史学始终处在不断的变革之中，并且也始终在变革中寻求新的理论取向与研究范式。这场变革，在美国表现为从以卡伯来为代表的进步主义教育史学向以克雷明为代表的温和修正主义教育史学的转变，最后再向以斯普林为代表的激进修正主义教育史学的变迁；在英国则表现为从以亚当森（J. W. Adamson）和里奇（A. F. Leach）等为代表的早期辉格教育史学取向，到二战后以布雷恩·西蒙为代表的马克思主义教育史学取向的转变，最后到以西尔弗（H. Silver）等人为代表的文化教育史学取向的转变；在法国表现为受年鉴学派的影响，教育史研究领域中出现了关注整体、注重基层、重视阐释的倾向，教育史研究中的学术性、思想性或专题性得到强化，并逐步向寻求史学家和社会学家共同努力的新途径方面过渡。③ 到20世纪70年代之后，美国、加拿大、法国以及欧洲其他国家的教育史学家已经在四个重大的历史编撰学问题上达成了共识：（1）教育史是整个历史的一个重要组成部分；（2）以往教育史处于与世隔绝的状况，而现在则不得不考虑对学校制度发生影响的社会、政治和经济的背景；（3）教育史需要运用社会科学方法论和范式；（4）教育史不能再讲述那种通过学校教育不断取得社会进步的史诗似的故事。④

教育史学的新变革无疑是振奋人心的，而且往往会成为历史学家关注和追逐的对象，因此也就有越来越多的教育史家尝试运用新的研究范式开展历史研究工作。倘若不加批判地接受这样的历史解释，我们所看到的景象就是西方教育史学总是处在变动不羁的状态中，新的教育史学总是在高歌猛进中取代旧的教育史学成为新的时代宠

---

① Harold Sliver. Aspects of Neglect: the Strange Case of Victorian Popular Education. *Oxford Review of Education*, 3/1 (1977). In *History of education: Major Themes*, 195-210.

② Benedetto Croce. *History: Its Theory and Practice.* New York: Harcourt, Brace & Co., 1923: 176.

③ 转引自［法］安多旺·莱昂著，樊慧英、张斌贤译：《当代教育史》，光明日报出版社1989年版，第2—3页。

④ Patrick J. Harrigan. A Comparative Perspective on Recent Trends in the History of Education in Canada. *History of Education Quarterly*. Vol. 26, No. 1, Spring 1986, p. 73.

儿。事实果真如此吗？贾劳斯奇（Konrad H. Jarausch）曾经注意到发生在教育史学领域中的革新是一种国际性的过程，但他同时更注意到，“新教育史”并没有取得绝对的胜利，因为许多教育史学者仍然在继续沿着传统的人文主义路径进行历史叙述，仍然把学校教育制度和精英人物教育思想作为他们叙事的核心，而且这样的作品更是层出不穷。① 与此同时，新教育史学也不断遭到来自学界的质疑和批判。尽管大量曾经被传统教育史学屏蔽的内容，随着新教育史学的出现而不断被揭示出来，然而也是由于新教育史学的出现，又使得更多的内容在历史学家的笔触中遭到掩盖。社会科学的介入使得历史研究变成结构化和程式化的叙事，统计数据和理论分析的加盟使得历史研究表现出缺少人文关怀的底蕴，而文化史学的心灵叙事又使得历史变成了不可捉摸的碎片。新教育史学同样面临着历史学所经历的危机！

历史常写常新。不同时代、不同阶级、不同意识形态、不同历史场景中的历史学家，都希望从自己的历史时代出发，按照各自的意志重新解释历史，历史知识在一代代人不断进行的历史再认识中向前发展。西方教育史学的不断嬗变，是西方教育史学本身内在逻辑展开的自然过程，同时也是西方教育史学者进行历史再认识过程中主动选择的结果。历史再认识的不断更迭体现了历史认识本身的短暂性。历史学家无法操纵身后的变革趋势，他们所能肯定的就是：将来的历史学将反驳或改变他们所写的东西。② 当代的教育史学家究竟应当承担起怎样的历史责任？究竟如何才能撰写出真正经得起历史检验的教育史作品？我们不但需要掩卷深思，更需要起而行之。

（责任编辑　胡兰江）

① Konrad H. Jarausch. The Old "New History of Education": A German Reconsideration. *History of Education Quarterly*. Vol. 26, No. 2, Summer 1986, pp. 225-227.

② 周采：《20世纪美国教育史学的思考》，《南京师范大学学报》（社会科学版）2003年第6期，第84—91页。

顾之川 1958年生，河南商水人。人民教育出版社编审，课程教材研究所研究员。兼任中国教育学会中学语文教学专业委员会秘书长，教育部考试中心语文专家组成员、教师资格考试专家组成员，教育部“国培计划”首批专家。主要从事语文教材编写和语文教育研究工作，曾主编人教版多套初中、高中语文教材。主持北京大学语文教育研究所课题“中学语文教材研究”、全国教育科学规划课题“中学语文学业评价标准研究”，均已结项。现正主持2011年教育部重点课题“高考语文阅读能力考查研究”、2012年国家社科基金教育学重点课题“中小学语文教育改革研究”子课题4“语文教材研究”。主要著作有《明代汉语词汇研究》、《语文论稿》、《顾之川语文教育论集》及论文数十篇。

《中小学语文教育研究三十年》导读

中小学语文教育研究三十年

顾之川

【摘要】本文将我国改革开放三十多年来的语文教育研究，以吕叔湘1978年在《人民日报》发表《当前语文教学中两个迫切问题》为起点，以1997年“语文教育大讨论”为标志，分为前后两个时期。分析其历史背景，梳理其具有代表性的研究成果，记述其具有重要影响的语文人物与语文事件，重点归纳总结值得借鉴吸收的经验教训。前期的主要特点是：拨乱反正、文道统一成为主旋律，一批语文大家发挥着引领作用，广大语文教师的教学改革与研究热情高涨，全国中语会、小语会发挥了重要的桥梁和纽带作用。后期的主要特点是，语文教育受到高度重视，区域性的语文教育教学研究日趋活跃，语文教育研究仍然存在种种缺憾。最后，对教育改革、语文教育、识字写字、文学教育、口语交际以及理想的语文教材等进行了反思，提出了一些具体的改进意见与建议。

【关键词】语文；语文教育；课程教材

一、缘起

2013年，中国教育学会教育学分会与人民教育出版社联合创办会刊《中国教育科学》，主编约我为“学科教育学”栏目写篇文章，总结梳理三十年来我国中小学语文教育研究的概况。古人说：“三十而立。”三十年时间并不算短，值得认真总结梳理、爬梳剔抉，吸取精华，剔除糟粕，是其是而非其非，以为今后改革的基础与依据。回顾过去并不是为了以史为史，而是为了以史为鉴，鉴往知来，以往为师，为今所用。最好能够从中归纳出一些经验教训，概括出一些具有规律性的东西，以供研究借鉴。唐代刘知几认为史家应具史才、史学与史识，清代章学诚又提出史德的要求，以笔者的学养和识见，谈何容易！只能就管见所及，举其荦荦大者，加以概述。名曰博采众长，为我所用，实则或挂一漏万、取舍无据，或评述失当、琵琶乱弹。缺憾谬误，在所难免。知我罪我，唯祈方家。至于因工作关系而囿于见闻，导致中学稍详而小学稍略，则只能表示遗憾了。

我以为，要对一个学科某一历史时期的研究概况加以总结梳理，开展学术史的研究，有两点最重要：一是选准起讫点；二是找到这一历史时期中的形式转折点，适当确定分期。然后才能举重若轻，纲举目张。纵观我国三十多年来的中小学语文教育研究，正如电视剧《三国演义》主题曲中所唱的那样，“历史的天空闪烁几颗星，人间一股英雄气在奔涌纵横”，“眼前飞扬着一个个鲜活的面容”。关于前者，如果以《中国教育科学》创办的2013年为终点，上溯三十年，按照语文教育界的惯常做法，只能选取吕叔湘先生1978年在《人民日报》发表《当前语文教学中两个迫切问题》为起点。尽管这样已不止三十年，但仿前人惯例，取其整数，亦无不可。关于后者，本文则以1997年“语文教育大讨论”为形式转折点。这样就把三十多年来的中小学语文教育研究分为前后两个时期，即1978—1997年为前期，1997—2012年为后期。前期是语文教育的拨乱反正时期，后期则是语文教育的改革反思时期。每一时期，选择在语文教育领域具有标志性意义的事件为线索，概述其历史背景，梳理具有重要影响的语文人物与事件，记述其研究成果，归纳其总体特点，重点总结值得今天借鉴吸收的经验。

二、语文教育的拨乱反正（1978—1997年）

（一）概述

十年“文革”给我国包括语文教育在内的文化教育事业带来灾难性破坏。这不仅在于知识分子成了“臭老九”，惶惶不可终日，关键是在人们思想上造成了极大混乱。诚信缺失，道德滑坡，斯文扫地，文脉难继。专门负责编写中小学教材的人教社被撤销，语文教材停止使用，广大语文教育工作者欲罢难休，语文教育研究扫地以尽。1976年粉碎“四人帮”，百废待兴。邓小平复出后，首先从科学、教育入手，纠正“文革”错误，提出“尊重知识、尊重人才”。百年大计，教育为本。教育大计，教材为先。1977年9月，教育部以召开中小学教材编写工作会议的形式，制定教学计划，集中编写中小学各科教材。当年秋季恢复高考。这些无疑为我国中小学语文教育劫后重生、凤凰涅槃提供了社会现实基础。

1978年3月，在吕叔湘主持下，中国社会科学院语言研究所召开北京地区语言学科规划座谈会，特邀部分语文教师参加。吕叔湘《当前语文教学中两个迫切问题》发表于1978年3月6日《人民日报》，叶圣陶《大力研究语文教学，尽快改进语文教学》和章熊《我对“语文教学科学化”的几点想法》也相继发表。9月，《中国语文》编辑部又召开了北京地区语文教学座谈会，①大大激发了广大语文教育工作者的改革热情。张志公提出小学低年级语文教改应走“分进合击”之路的设想，②华东师大校长刘佛年提出“初中语文能力过关”的改革构想，上海陆继椿、吉林张翼健、

① 参见《语文教学问题》，中国社会科学出版社1979年版。

② 顾黄初主编：《中国现代语文教育百年事典》，上海教育出版社2001年版。

辽宁欧阳代娜等参加实验。《小学语文教师》创刊。11月下旬，东北师范大学附中举办部分省市语文教学座谈会，北京、上海、吉林、辽宁、广西等地50余名代表应邀出席。会议不仅就语文学科的性质、任务以及当前语文教学存在的问题展开热烈而充分的讨论，还有一个具有历史意义的提议，就是决定向教育部申请成立全国中学语文教学研究会。在回北京的火车上，章熊、王世堪等就开始起草申请报告。经教育部党组讨论同意，全国中学语文教学研究会（中国教育学会中学语文教学专业委员会的前身，简称“全国中语会”）于1979年12月25日至31日在上海召开成立大会和第一次年会。会议取得四点共识：一是要搞好语文教学改革，就必须进一步解放思想，端正思想方法，破除极“左”路线和形而上学思想方法的危害；二是要搞好语文教学改革，必须加强调查研究；三是要迅速提高语文教学的质量和效率，必须搞科学化；四是要处理好“锦上添花”和“雪中送炭”的关系。① 全国小语会于1980年7月22—28日在大连成立。② 从此，拉开了我国拨乱反正时期语文教学改革的序幕。

1979年冬，根据吕叔湘的倡议，在张志公、刘国正指导下，人民教育出版社中学语文室派出两个调查组，分别到四川、福建进行实地调查。结果表明：学生的语文基本功太差，语文基础知识掌握的情况也不能令人满意。张志公写了《语文学科的现代化问题》，刘国正写了《谈谈中学语文教学改革的几个问题》。③ 1981年7月，全国语法和语法教学讨论会在哈尔滨召开，王力、吕叔湘等语言学家参加会议。会议讨论通过了张志公主持制定的《中学教学语法系统提要》。

1983年，邓小平为景山学校题词“教育要面向现代化，面向世界，面向未来”发表，语文教育界开始思考“三个面向”与语文教学的关系。大家认识到，语文教学改革必须贯彻实事求是的路线，正确处理好数量与质量、继承与批判、借鉴与创新的关系。广大语文教育工作者积极性空前高涨，涌现出一大批语文名师。这些名师的教学经验与教育思想，集中反映在人民教育出版社《优秀语文教师上课实录》、《我和语文教学》以及江苏教育出版社《中国著名特级教师教学思想录》里。可以说，这一时期，是我国中小学语文教育界思想最解放、教改经验最丰富、研究成果也最卓著的时期。

20世纪90年代前后，改革开放成为我国社会生活中的主旋律。逐渐开放的经济体制改革，大大改善了我国经济状况，增强了综合国力，同时也刺激了人们对自身利益的关注和追求，加之现实生活中经济利益的多元化和利益差别的逐步扩大，出现了文化、精神的“滑坡”，实用主义、拜金主义盛行。反映在教育上，就是急功近利的

① 张鸿苓、张定远、陈金明、苏立康：《新中国中学语文教育大典》第一卷，语文出版社2001年版。

② 全国小学语文教学研究会会刊编委会：《小学语文教学研究——全国小学语文教学研究会第一次年会会刊（上）》，教育科学出版社1981年版。

③ 人民教育出版社中学语文编辑室：《中学语文教学现状和设想》，人民教育出版社1980年版。

“应试教育”思潮兴起，而且愈演愈烈。语文教育由早期强调“双基”（基础知识和基本技能）训练，逐渐沦为考什么教什么、机械训练、题海战术，学生的课业负担越来越重，师生叫苦连天，社会怨声载道。特别是进入 90 年代后，教育改革严重滞后于经济改革，“应试教育”逐渐使语文教育走入死胡同。人们不禁开始反思和批判，山雨欲来风满楼，一场语文教育的暴风骤雨也就不可避免了。

总之，这 20 年的语文教育，语文教育界“三老”（即叶圣陶、吕叔湘、张志公）的振臂高呼，全国中语会、全国小语会的相继成立与摇旗呐喊，一大批语文教育报刊如雨后春笋般地应运而生，中语会、小语会积极组织各种形式的语文教学研讨，人民教育出版社组织开展大规模的“中学生语文状况调查”，大大激发了广大语文教育工作者的研究与实验热情，研究实验如火如荼，红遍大江南北，涌现出一大批有影响的语文教育教学成果和语文教学名师。

（二）主要成果

这一时期的研究成果，主要表现为语文教材、语文教育研究论著、语文报刊和语文教学实验。

1. 语文教材

我国语文教材以 1987 年为分界线，之前为“国定制”（即“一纲一本”），之后为“审定制”（即“一纲多本”）。① 所以，这一时期的语文教材以人教版为主，各地涌现出一些颇有特色的实验教材，共同构成语文教材的繁荣景象。

1978 年 3 月，教育部颁布小学、中学两个《全日制十年制学校语文教学大纲（试行草案）》。据此编写的教材于 1978 年秋季开始试用。这是粉碎“四人帮”以后第一套全国通用的语文教材。其主要特点有：一是清除极“左”思潮的影响，提高课文质量，增加课文数量；二是语文知识力求精要、好懂、有用；三是循序渐进，由易到难。后又经过修订，改为正式本，但仍存在一些缺点，主要是：如何处理培养读写能力和进行思想政治教育的关系，课本不够明确，容易导致教学中发生偏向；课文采用记叙、说明、议论的编排顺序，但并没有落实到每个单元、每篇课文，没有形成科学的教学体系。②

1978 年 1 月，教育部颁发《关于办好一批重点中小学的试行方案》。为了适应这一要求，人民教育出版社陆续编写出一套初中、高中实验教材，供重点中学使用。初中实验教材分为《阅读》（张定远负责）和《作文·汉语》（王连云负责），高中实验教材分为文言读本、文学读本、文化读本，周正逵主编。同时，各地也先后编写出一批语文实验教材。主要有：上海 H 版（徐中玉、徐振维主编）、上海 S 版（姚麟园

① 庄文中、王本华主编：《新中国中小学教材建设 1949—2000 研究丛书·中学语文卷》，人民教育出版社 2010 年版，第 3—6 页。

② 顾振彪：《人教版 1978 年—1982 年初中、高中语文课本介绍》，参见张鸿苓、张定远、陈金明、苏立康主编《新中国中学语文教育大典》第三卷，语文出版社 2001 年版，第 562—564 页。

主编)、浙江版(王尚文主编)、北师大实验中学版(沈心天主编)、辽宁版(欧阳代娜主编)、江苏版(洪宗礼主编)、北大版(张志公主编)、河北版(胡中柱主编)、沿海版(曹础基主编)、四川版(潘述羊主编)。另有湖南师大附中(邓日主编)、华东师大一附中(陆继椿主编)、华东师大二附中(杨达平、谢德和主编)、广东湛江(李寰英主编)、初中语文自学辅导(颜振遥主编)、中央教科所、开明版(洪镇涛主编)、北京东城区(赵大鹏主编)、广西教育学院(耿法禹主编)、景山学校、西安六中(董敏堂主编)等版本。

2. 语文教育研究论著

(1)著名教育家语文教育论著的整理编辑

经过十年"文革"的严重摧残,语文教育界急需理论指导,著名教育家语文教育论著的整理编辑出版应运而生。这些论著主要有:中央教育科学研究所编《叶圣陶语文教育论集》(上、下,教育科学出版社 1980 年版),河南教育出版社从 1985 开始陆续出版的朱自清、叶圣陶、夏丏尊、陈望道、郭绍虞、吕叔湘、王力等人的语文教育论著,人民教育出版社陆续出版的叶圣陶、黎锦熙、张志公等人的语文教育论著。刘国正主编的《叶圣陶教育文集》(人民教育出版社 1994 年版),是为纪念叶圣陶诞辰一百周年而编辑出版的,共 5 卷,第一卷收编关于教育的文学作品,第二卷收编关于教育的论著,第三卷收编关于语文教育的论著,第四卷、第五卷收编语文教材节录。吕叔湘的《吕叔湘论语文教学》(山东教育出版社 1987 年版)、《语文常谈》(三联书店 1980 年版)、《吕叔湘语文论集》(商务印书馆 1983 年版)、张志公《语文教学论集》(福建教育出版社 1980 年版)、《朱自清全集》(江苏教育出版社 1988 年版)、叶至善编《叶圣陶答教师的 100 封信》(开明出版社 1989 年版)、张中行《谈文论语集》(内蒙古教育出版社 1994)、全国中语会编《叶圣陶、吕叔湘、张志公语文教育论文选》(开明出版社 1995 年版)、商金林《叶圣陶传论》(安徽教育出版社 1995 年版)、张中行《张中行作品集》(中国社会科学出版社 1995 年版)、《陈望道语文教育论集》(上海教育出版社 1997 年版)。这些论著的整理出版,为语文教育研究起到引领方向、启迪思考的作用。

(2)语文名师的教育论著和教学实录

瞿葆奎主编《优秀语文教师上课实录》(人民教育出版社 1980 年版)是我国最早通过课堂教学实录传播语文名师的教学经验集。该书共选编了于漪、陆继椿、高润华、陈钟梁等优秀语文教师的 44 节课堂实录,这对刚刚摆脱"文革"桎梏而渴望教学革新的一线语文教师是一个极大的鼓舞,迅速在全国语文教学界产生巨大影响。可以这样说,在这本书的引导下,语文教学界开始重视教学实践改革,迎来了语文教育发展的黄金十年。小学语文教师教学经验的著作也相继出版。如《袁瑢语文教学三十年》(上海教育出版社 1983 年版),《霍懋征语文教学经验选编》(人民教育出版社 1983 年版),李吉林《训练语言与发展智力》(江苏人民出版社 1984 年版)。刘国正主编《我和语文教学》(人民教育出版社 1984 年版),共收录于满川、于漪、叶圣陶、叶苍岑、江山野、吕叔湘、刘国盈、向锦江、何以聪、辛安亭、张毕来、张传宗、张志公、张寿康、卢元、张孝纯、张隆华、陈哲文、时雁行、沈蘅仲、罗大同、林炜彤、闻国新、徐中玉、黄光硕、钱梦龙、程力夫、蒋仲仁、曾仲珊、谭惟翰、黎思明、颜振遥等 32 位语文教育专家的论著和教学实录。刘国正主编《中国著名特级教师教学思想录·中学语文卷》、杨再隋主编《中国著名特级教师教学思想录·小学语文卷》(江苏教育出版社 1996 年版)是一套首次全面、系统地总结中国建国以来中小学语文著名特级教师教学思想的大型丛书。其中小学卷收录丁有宽、王企贤、曲卫英、李吉林、张玉洁、郑祖读、袁瑢、斯霞、靳家彦、滕昭蓉、霍懋征共 11 位，中学卷收录于漪、宁鸿彬、朱泳燚、时雁行、张富、林炜彤、欧阳代娜、洪宗礼、钱梦龙、徐振维、顾德希、蔡澄清、魏书生共 13 位，全面展示他们的教学思想、教学实践以及求学与治学、为人与育人等情况。正如主编刘国正、张定远在该书《后记》中说："各家的教育思想的最大特色是理论与实践一致。他们的实践不是盲目的、事务性的实践，而是在理论思考下的实践；他们的理论不是空洞的、无根蒂的理论，而是从实践中产生、并随时受实践检验的理论。这种从理论与实践结合中产生的教育思想，最富生命力，最能有力地解决实际问题，学习运用也最亲切，最易见时效。"

(3) 语文教育史研究及史料整理

以史为鉴是任何改革的必然诉求。这一时期的语文教育史研究与史料整理研究成果，主要有：李伯棠《小学语文教材简史》(山东教育出版社 1986 年版)、陈必祥《中国现代语文教育发展史》(云南教育出版社 1987 年版)、张隆华《中国语文教育史纲》(湖南师范大学出版社 1991 年版)、张志公《传统语文教育教材论——暨蒙学书目和书影》(上海教育出版社 1992 年版)、林治金《中国小学语文教学史》(山东教育出版社 1995 年版)，顾黄初、李杏保主编《二十世纪前期中国语文教育论集》(四川教育出版社 1991 年版)，等等。还有一些论著虽然不是以语文教育为主，但与语文教育史有关。如顾树森《中国古代教育家语录类编》(上海教育出版社 1983 年版)，璩鑫圭、唐良炎编《中国近代教育史资料汇编》"学制演变"分册(上海教育出版社 1991 年版)，徐梓《蒙学读物的历史透视》(湖北教育出版社 1996 年版)，浦卫忠《中国古代蒙学教育——历代少儿启蒙教育方法》(中国城市出版社 1996 年版)，陈汉才《中国古代幼儿教育史》(广东高等教育出版社 1996 年版)，王建军《中国近代教科书发展研究》(广东教育出版社 1996 年版)，熊承涤《中国古代学校教材研究》(人民教育出版社 1996 年版)。

(4) 语文教育教学论著

主要有《中国语文》编辑部《语文教学问题》(中国社会科学出版社 1979 年版)，张隆华《中学语文教学法》(湖南人民出版社 1980 年版)，张定远编《作文教学论集》(新蕾出版社 1982 年版)(此后又陆续编辑出版《阅读教学论集》、《文言文教学论集》、《中学语文教学论集》)，钟为永《语文教学心理学》(浙江人民出版社 1983 年版)，刘国正、陈哲文主编《语文教学在前进》(人民教育出版社 1984 年版），张鸿苓、张锐《中学语文教学》（光明日报出版社 1987 年版），张志公、刘国正编《语文教学改革新成果选粹》（广东教育出版社 1988 年版），张鸿苓《语文教育学》（北京师范大学出版社 1993 年版），钟为永《中学语文学科教学论》（广西教育出版社 1993 年版），张锐等《教师口语训练手册》（北京师范大学出版社 1994 年版），曾祥芹《文章学与语文教育》（上海教育出版社 1995 年版），李杏保主编《语文学科教育参考资料类编》（高等教育出版社 1996 年版）。

他山之石，可以攻玉。借鉴国外和我国港台地区语文教学的经验，也是繁荣和丰富中小学语文教学的必需。介绍国外或港台地区语文教学的研究论著也在这一时期开始出现，如［美］鲁斯·M. 诺伊斯《美国关于中小学作文教学指导的最新看法》（刘春健、刘云祥译，《外国教育动态》1981 年第 5 期），杨怀珍、鲁宝元《法国中学低年级的语文教学简介》（《北京教育》1981 年第 12 期），吴立岗《苏联的作文教学》（教育科学出版社 1982 年版），鲁宝元编《日本中学语文教学》（福建教育出版社 1983 年版），朱绍禹《美日苏语文教学》（吉林文史出版社 1991 年版），谢泽文《新加坡华文教学论文集》（北京语言学院出版社 1994 年版），郭国英《香港"中国语文"会考题述评》（江西《语文教学》1981 年第 5 期），俞越龙《大陆、台湾、香港中学语文教学大纲的比较》（《上海师范大学学报（哲社科）》1992 年第 2 期），刘正伟《台湾作文教学发展新趋向（《中学语文教学参考》1995 年第 6 期），施仲谋《中国内地、台湾、香港、澳门语文测试能力与比较》（语文出版社 1996 年版）。

2. 语文报刊

理论与实践总是相辅相成的，语文教育的复兴，必然带来语文报刊的兴盛。中学语文报刊主要有：1978 年 1 月，《语文教学通讯》创刊于山西师范大学（1981 年 5 月，该校又创办《语文报》）。1979 年 7 月，《中学语文教学》和《语文学习》分北京和上海同时创刊。前者由人民教育出版社和北京师范学院共同主办，后者由上海教育出版社主办。1979 年 10 月，全国 13 所重点中学联合创办《作文通讯》（1980 年改由新蕾出版社出版）。1981 年 4 月，杭州大学《语文战线》（后改名为《语文导报》）编辑部主办"西湖笔会"。1982 年，《中学语文教学参考》创刊于陕西师范大学（由该校早期内部资料《中学语文教学参考资料》改版而成）。1984 年，《中学生阅读》创刊于河南郑州（1993 年开始分为高中版和初中版）。1989 年，《语文周报》创办于河北师范学院。此外，华中师范学院《中学语文》、徐州师范学院《语文教学周报》（1996 年 8 月）等，都曾在语文教育界发挥过重要作用。

小学语文报刊主要有：《小学语文教师》1981 年创办于上海教育出版社（在原《语文学习（小学版）》的基础上改版而成。《小学语文教学》1982 年创办于太原，与后来创办的《小学阅读指南》、《小学语文报》、《百家作文指导》、《小学生作文》等，成为小语会的会刊会报。

3. 语文教学实验

语文教学实验在这一时期也异常活跃。上海育才中学在段力佩校长的主持下，60

年代就以“紧扣教材、边讲边练、新旧联系、因材施教”的16字教改方针闻名全国。1979年，该校就在全国率先开展语文教学改革：一是自编教材与统编教材有机结合，二是有领导的“茶馆式”的教学方法，三是作文批改的大胆革新。初中侧重古代章回小说，高中侧重文言文。初一上读《西游记》、初三下读《三国演义》，高一读《史记》列传，高三选诸子哲学及史论。此后，各种各样的语文教学改革实验风生水起，各领风骚。如于漪的情感教学、章熊的语言思维训练、钱梦龙的“语文导读法”、刘朏朏和高原的“三级作文训练”、张孝纯的“大语文”教学观、蔡澄清的“点拨”教学、欧阳代娜的“初中语文能力基本过关”试验，宁鸿彬的“卡片”辅助教学、陆继椿的“一课一得，得得相连”，魏书生的六步教学法和自学能力培养，余蕾的“课见外衔接语文能力训练”，李希贵“语文实验室计划”等，都在全国引起了很大反响。

小学语文教学实验，影响较大的有：黑龙江的“注音识字，提前读写”改革实验（1982），丁有宽读写结合教学实验（1985），辽宁东港市实验小学韵语识字教学实验（1986），上海一师附小组织的愉快教育实验（1992），浙江宁海县实验小学的“写字评段”教学实验等。

（三）主要观点

1. 语文是基础工具。语文是人们在社会生活中最重要的交际工具，也是彼此相互交流思想感情、传情达意的工具。张志公1963年发表《说工具》。① 叶圣陶（1978）认为，“语文是工具，自然科学方面的天文、地理、生物、数、理、化，社会科学方面的文、史、哲、经，学习、表达和交流都要使用这个工具。”② 洪宗礼（1978）认为，“三百六十行，行行有工具。而行业不同，工具各异。但是，有一种工具却被三百六十行所广泛运用，不论工、农、商、学、兵行行用得着，这就是‘语文’。”“语文，归根到底是一种‘基本’的‘基础’的工具。”“确认语文的基础工具性质，是语文教学的基点，也是语文教学改革的根本点和出发点。”③ 刘国正（1996）认为，“语文学科的工具性，是由语言是一种工具来决定的”。④

2. 语文教学的基本任务是打好基础、培养能力。杭苇（1980、1981、1982）认为，语文教学的任务，是要把学生培养成为有知识、有能力、有聪明才智的人，同时要让他们掌握语言文字的规律，培养他们听说读写的能力。⑤ 能力是从知识转化来的，要培养能力，同掌握知识分不开，知识是基础……语文课中观察、思维、表达、

① 张志公：《张志公自选集》，人民教育出版社，第206—213页。

② 叶圣陶：《大力研究语文教学，尽快改进语文教学》，《中国语文》，1978年第2期。

③ 洪宗礼：《论语文是基础工具》，《语文函授》，1978年第12期。

④ 刘国正：《刘征文集》第一卷，人民教育出版社，2000年版，第355页。

⑤ 杭苇：《语文教学方法要改进——在全国小学语文教学研究会成立大会上的讲话》，《小学语文教学研究——全国小学语文教学研究会第一次年会会刊（上）》，教育科学出版社1981年版。

自学这四种能力的培养往往不是孤立地进行，而是综合在一起的。① 语文教学要处理好语文教学和培养一代新人的关系，基础知识与培养能力、发展智力之间的关系，文和道的关系，教和学的关系。②

3. 语文教学既要实，又要活。刘国正（1996）认为，语文基本功的训练，一是“实”，二是“活”。学习语文没有多少捷径好走，就是要花一点笨功夫，字要一个一个地识，一个一个地写，词语要一个一个地积累，文章要一篇一篇地熟读背诵。要指导学生扎扎实实地练好基本功，字、词、句、篇，听、说、读、写，样样都不能马虎。求实的同时，还要求活。引导学生生动活泼地、主动地进行，不能搞机械的被动的训练。③

4. 阅读是一种重要的、独立的能力。韩雪屏、张春林、鲁宝元（1983）认为，阅读是一种复杂的社会的、心理的活动，阅读能力是一项重要的、独立的能力，培养阅读能力是语文教学的一个重要任务，一个有独立阅读能力的读者，应该能够根据实际需要，独立地解决寻找读物、确定阅读目的、选择阅读方法。全面、有效的阅读能力由认读、理解、记忆、速度、技巧等要素构成。④ 王俊明（1997）认为，阅读能力是与听、说、写比肩而立的一种相对独立的语文能力。⑤

（四）基本特点

1. 拨乱反正、文道统一成为时代的主旋律

经过十年“文化大革命”，语文教育工作者从噩梦中走出来，面对过去以阶级斗争为纲、把语文变成无产阶级专政工具的思想禁锢，语文教育界逐渐形成了这样的共识：一、“不要把语文课上成政治课”，二、要突出语文课的工具性，三、语文课要有语文味。正是在这样的思想语境中，语文教学界开始了拨乱反正、正本清源的工作。因而，培养学生正确理解和熟练运用祖国语言文字的能力成为语文教育的主要内容和基本任务。

2. 一批语文大家发挥着引领作用

叶圣陶、吕叔湘、朱德熙、张志公等，都是著名的文学或文字学专家，同时又是语文教育家。他们除了以自己的学术著作和思想进行学术引领外，还亲自参与语文教育的具体工作，如叶圣陶先生作为人民教育出版社社长兼总编辑，亲自领导设计语文课程方案，编写语文教材。吕叔湘先生早在 1948 年就与叶圣陶、朱自清合编《开明新编高级国文读本》（六册）和《开明文言读本》（3 册）。1978 年，他又和叶圣陶

---

① 杭苇：《谈“加强基础，培养能力，发展智力”》，《教育研究》1981 年第 11 期。

② 杭苇：《文道统一，加强基础，培养能力，发展智力——在全国小学语文教学研究会第二届年会上的讲话》，1982 年。

③ 刘国正：《实和活——刘国正语文教育文选》，人民教育出版社 1996 年版。

④ 韩雪屏、张春林、鲁宝元：《应当建立一门阅读学》，见张定远编《阅读教学论集》（下），新蕾出版社 1983 年版。

⑤ 王俊明：《阅读能力是一种独立的能力》，《中学语文教学》1997 年第 8 期。

将《开明文言读本》改编重印。到 1985 年，与张合行合编《文言读本》续编。1979 年，全国中语会成立时，他欣然出任全国中学语文教学研究会第一任会长。朱德熙先生从 1978—1983 年，一直担任全国高考语文命题组长，亲自主持了我国高考语文试卷的设计，把阅读能力列入语文高考的考查范围，就是在朱先生的主持下形成的，一直沿续至今。他还担任过全国中小学语文教材审查委员会顾问。张志公先生从 1950 年代起，就在人民教育出版社负责汉语及外语教材编写工作，不仅出版了《传统语文教育教材论》，还主持制订了 20 世纪 50 年代的《暂拟汉语教学语法系统》和 20 世纪 80 年代的《中学语法教学系统提要》，是我国教学语法的奠基人。① 难能可贵的是，这些大家，甚至还亲自评改学生作文，如朱德熙先生评改《万花纷谢柿犹在》，吕叔湘评改《澜沧江边蝴蝶会》。按照规范性的要求对作品的缺陷进行分析与补正，成为文章评改的经典案例。他们从不因为这项工作"浅"而不为，世人也从未因此而认为他们的学问不大。他们影响了整整一代人，前辈风范永远值得我们景仰。

3. 广大语文教师的教学改革与研究热情高涨

时代大潮的激励，专家的引领，极大地激发了广大语文教育工作者开展教育教学研究的积极性，语言文字工作者关注中小学语文教育，师范院校语文教学法课程从无到有、不断提高，语文报刊相继创办，各种语文教育教研活动、教学实验风起云涌。以全国青语会（即"全国青年语文教师联谊会"）为例，在各地纷纷成立青语会的基础上，山东省青语会负责人程翔在《中学语文教学》发表《致全国青年语文教师的倡议书》，倡议成立全国青语会，并于 1995 年 8 月在泰安召开成立大会。会议通过《全国青年语文教师联谊会章程》、《关于认真学习研究叶圣陶、吕叔湘、张志公语文教育思想的倡议》和《关于成立学习研究于漪语文教育思想课题组的决定》，极大地激发了广大青年语文教师改革探索的热情，一大批青年名师脱颖而出。

4. 全国中语会、小语会发挥了重要的桥梁和纽带作用

全国中学语文教学研究会、全国小学语文教学研究（简称"小语会"）为中国教育学会中学语文教学专业委员会、中国教育学会小学语文教学专业委员会的前身。中语会 1979 年成立于上海，此后，分别在福州（1981）、北京（1984）、广州（1988）、大连（1991）、成都（1995）、天津（1999）、武汉（2003）、杭州（2008）召开年会暨学术研讨会，吕叔湘、刘国正、张鸿苓、张定远、陈金明先后任会长（理事长），现任理事长苏立康。小语会 1980 年成立于大连。此后，分别在南宁（1984）、武汉（1989）、苏州（1994）、南京（1998）、哈尔滨（2002）、西宁（2007）、北京（2012）召开会员代表大会暨学术年会。郭林、袁微子、高惠莹、崔峦先后任会长（理事长），现任理事长陈先云。中语会、小语会成立 30 多年来，都积极开展学术研讨、组织申报课题，进行教学观摩活动。除年会外，还以不定期召开学术研讨会、专题研讨会的形式开展学术研讨活动。如中语会"中语西部行"、农村语文教育研究中

① 田小琳：《田小琳语言学论文集》"语言学大师研究"，东北师范大学出版社 2006 年版。

心、“语文报杯”全国中青年教师课堂教学大赛等，小语会的阅读教学观摩研讨会、青年教师阅读教学观摩活动、两岸四地小学语文教学观摩交流等活动，都深受广大一线语文教师的欢迎。

三、语文教育的改革反思（1997—2012年）

（一）概述

1997年，以《北京文学》第11期发表邹静之《女儿的作业》、王丽《中学语文教学手记》和薛毅《文学教育的悲哀》一组文章为标志，社会上发起了一场声势浩大的中小学语文教育大讨论，《光明日报》、《中国青年报》、《中国教育报》、《北京青年报》、《南方周末》等报刊相继加入讨论。一时间，社会各界人士通过各种媒体纷纷发表文章或谈话，对中小学语文教育提出自己的看法。参加讨论的人数之多，时间之久，范围之广，气氛之热烈，都堪称空前。关于这次讨论的情况，王丽编《中国语文教育忧思录》（教育科学出版社1998年版），孔庆东、摩罗、余杰《审视中学语文教育》（汕头大学出版社1999年版）有所反映。

在经过一场广泛讨论后，语文教育逐步转向理性思考。人民教育出版社于1998年10月在北京召开“中学语文教育座谈会”，邀请北京大学、北京师范大学等高校和科研院所的专家学者，就语文教育的改革问题进行座谈。谢冕、钱理群、陆俭明、何九盈、王宁、童庆炳、刘锡庆等参加了座谈会。1999年6月，又在昆明召开“中学语文课程教材专家研讨会”，邀请冯钟芸、刘国正、潘钟茗、朱绍禹、顾黄初、钱梦龙、张鸿苓、欧阳代娜、申士昌参加会议。这两次座谈会，围绕着语文教育大讨论、语文教育改革的方向和路径以及语文教材的编写修订等问题进行了充分交流与沟通。在此基础上，由人教社小学语文、中学语文编辑室发起，分别向全国中小学语文教育工作者征稿，编辑出版《问题与对策——中小学语文教育改革》。① 1999年12月，中国语文报刊协会发起，在北京香山召开“面向21世纪中小学语文教育改革座谈会”。会议对中小学语文教育的现状做了比较实事求是的评价，对其症结所在做了比较准确、全方位的分析，对语文教学改革的前景、措施提出了规划和设想。②

通过这次讨论，语文教育界对许多重要问题形成了新的更高层次的共识，这直接推动了语文教学改革。教育部于1999年启动新一轮基础教育课程改革，2000年秋季开始，各中小学使用修订后的语文教学大纲和教材。2001年颁布《义务教育语文课程标准（实验稿）》，并于当年秋季开始在全国38个实验区开始实验。2003年4月颁布《普通高中语文课程标准（实验）》，自2004年秋季起，高中新课程在部分省（市）实验。义务教育新课程到2005年、高中新课程到2012年已在全国全面实施。

---

① 钟晓雨主编：《问题与对策——中小学语文教育改革》，人民教育出版社2000年版。

② 中国语文报刊协会编：《21世纪语文对话》，江西教育出版社2001年版。

从2007开始，教育部考试中心颁布新课标版《考试大纲》，实行新高考。到2012年，全国已有20个省（自治区、直辖市）使用新课标卷。

新课程提出了一些新的理念，如“一切为了学生”“为了一切学生”，面向全体、全面发展、主动发展，自主、合作、探究等等，为教师成长提供了机遇，学生的语文学习环境在某种程度上得到了改善。但是，由于没有按照课程改革“先实验、后推广”而原则办事，而是实行“边实验，边推广”的方针，引进的所谓“芬兰经验”，又明显水土不服。因此，新课程一直在争议中曲折前进，步履维艰。围绕新课程的争论，重要的观点或论著有：王策三《认真对待“轻视知识”的错误思潮》、① 苏长虹《山东各中学师资不足 高中新课程改革受阻》、② 全国政协委员姜伯驹院士关于新课标的提案、③ 王本陆《新课程的理论之争》、④ 查有梁《新课程改革需要“软着陆”》、⑤ 郭华《新课改与“穿新鞋走老路”》，⑥ 等等。

新课程在教材建设上继续实行“一纲多本”“多纲多本”政策，小学有12套，初中、高中各有7套语文教材。但由于教材建设上的急功近利，导致利益分割中的无序竞争，给正常教学教研带来种种负面影响。⑦ 2006年初，国务院常务会议提出：减少教科书的种类，提高教科书的质量，降低教科书的成本，防止利用教科书非法牟利。为此，教育部提出“建设主流教材”。

2012年，教育部颁布《义务教育语文课程标准（2011年版）》，同时启动普通高中语文课程标准实施状况调研，目的是总结《课标》在实施过程中的经验和存在的问题，客观分析《课标》取得的成绩与不足，为修订《课标》提供具体的意见与建议。调研组通过实地调研（访谈、座谈）、问卷调查和文献研究等形式开展调研工作，对调研结果和数据进行客观、深入的分析，向教育部提交了调研报告。

（二）主要成果

这一时期语文教育研究成果，主要表现在以下几个方面。

1. 老一辈语文教育家研究论著的整理出版

经典总是长盛不衰，老一辈语文教育家研究论著受到人们的持续喜爱。有系列丛书，如“三联精选”文库，收录朱自清《经典常谈》、《论雅俗共赏》，朱光潜《诗论》，唐弢《文章修养》，吕叔湘《语文常谈》和陈原《在语词的密林里》（三联书店1998年版）。“跟大师学语文”丛书，收入夏丏尊、刘薰宇《文章作法》、夏丏尊、叶圣陶《文话七十二讲》、《文章讲话》、叶圣陶《怎样写作》《语文随笔》（中华书

① 参见《北京大学教育评论》2004年第7期。
② 参见《人民日报》2004年10月28日。
③ 参见《光明日报》2005年3月16日“教育周刊”。
④ 参见《中国教育报》2006年8月26日。
⑤ 参见《传播学论坛》2006年第12月29日。
⑥ 参见《课程·教材·教法》2010年第1期。
⑦ 顾之川：《多纲多本：语文教科书的现状与思考》，《中学语文教学》2009年第10期。

局2007年版)。这套丛书正如朱自清评价《文心》所说的那样:“不独是中学生的书,也是中学教师的书。”也有个人全集、文集或论著选编,如《叶圣陶集》(16卷,江苏教育出版社2004年版),《吕叔湘集》(花城出版社2009年版),《吕叔湘全集》(19卷,辽宁教育出版社2002年版),《吕叔湘文集》(6卷,商务印书馆2004年版),《张志公自选集》(北京大学出版社1998年版),刘国正《刘征文集》(5卷,人民教育出版社2000,2010年又出版续编2卷),周士琦编《周祖谟语言文字论集》(人民教育出版社2000年版),王本华编《纪念张志公学术文集》(人民教育出版社2001年版),郭戈编《李廉方语文教育论著选》(语文出版社2006年版)。也有研究论著或资料整理,如董菊初《叶圣陶语文教育思想概论》(开明出版1998年版),商金林《叶圣陶年谱长编》(人民教育出版社2004年版)等。

2. 语文教育史的研究及史料整理

有整体研究,如张隆华、曾仲珊《中国古代语文教育史》(四川教育出版社1997年版),李杏保、顾黄初《中国现代语文教育史》(四川教育出版社1997年版),费锦昌主编《中国语文现代化百年记事(1892—1995)》(语文出版社1997年版),顾黄初、李杏保主编《二十世纪后期中国语文教育论集》(四川教育出版社2000年版),郑国民《从文言文教学到白话文教学——我国近现代语文教育的变革历程》(北京师范大学出版社2000年版),王松泉等《中国语文教育简史》(社会科学出版社2002年版),吴洪成《中国小学教育史》(山西教育出版社2006年版)。也有专题研究或区域研究,前者如潘新和《中国现代写作教育史》(福建人民出版社1997年版),张心科《清末民国儿童文学教育发展史论》(北京师范大学出版社2011年版)。后者如苏立康、陈金明主编《北京市中小学语文教育50年》(开明出版社1999年版),分别总结了十七年的北京语文教育(1949—1966年)、“文革”十年的北京语文教育(1966—1976年)和新时期的北京语文教育(1978—1999年)。

除了史的研究外,这一时期还涌现出一些大型的史料工具书。

顾黄初、李杏保合编的《二十世纪后期中国语文教育论集》(四川教育出版社2000年版)。该书共收录1949—1999年50年间有关语文教育研究的重要论文,正如刘国正在《序》中所言:“史料颇为详备……对研究当代语文教育史确是一部难得的好书。”张鸿苓、陈金明、张定远、苏立康主编《新中国中学语文教育大典》(语文出版社2001年版),全书共分四卷,第一卷《新中国中学语文教育五十年记事》(张鸿苓主编)、第二卷《新中国中学语文教育研究资料精编》(陈金明主编)、第三卷《新中国中学语文教材建设》(张定远主编)、第四卷《新中国中学语文教学改革与实验》(苏立康主编),从不同侧面,全面展示了新中国中学语文教育演变的历史轨迹。顾黄初主编《中国现代语文百年事典》(上海教育出版社2001年版)。该书内容涵盖社会政治、语言文字、教育科学、语文教育等方面,而以语文教育为主线。以历史资料为依据,回顾和总结中国现代语文教育萌生和发展百年来的风雨历程,为开创新世纪中国语文教育新局面提供借鉴。此外,李树编《中学语文教学百年史话》(山东人民出版社 2007 年版），以一位语文教师的视角，记录了这一时期语文教育的若干史实。

3. 课程教材研究

这一时期的语文课程教材研究取得了丰硕成果，主要反映在语文教材编写和语文课程教材研究两方面。

在语文教材编写方面，为了配合教育部的新课改，语文教育工作者研究编写出系列课标实验教材。其中小学 12 套，分别是：人教版（崔峦、蒯福棣主编），中华书局版（郭预衡、章培恒、陈平原主编），长春版（张翼健、张笑庸主编），北师大版（马新国、郑国民主编），苏教版（张庆、朱家珑主编），西南师大版（董小玉主编），冀教版（高雅贤、陶月华主编），语文版（A 版，史习江、李守业主编），语文版（S 版，王均、杨曙望主编），教育科学版（吴景岚主编），鄂教版（王先霈、徐国英主编），湘教版（杨再隋、曾国伟主编）。初中 7 套，分别是：人教版（顾振彪、顾之川、温立三主编），苏教版（洪宗礼主编），语文版（史习江主编），河北大学版（王富仁、傅中和主编），鄂教版（王先霈、徐国英主编），北师大版（孙绍振主编），长春版（张翼健、张笑庸主编）。高中 7 套，分别是：人教版（袁行霈、顾之川、温儒敏主编），苏教版（丁帆、杨九俊主编），语文版（史习江、张万彬主编），鲁人版（谢冕、王景华主编），粤教版（陈佳民、柯汉琳主编），北师大版（童庆炳主编），京教版（顾德希主编）。

值得一提的是，在学生课外读本的编写方面，钱理群、王尚文等主编的《新语文读本》（广西教育出版社 2001 年版）是影响较大的一种。编者的心愿是："要用我们民族与全人类最美好的精神食粮来滋养我们的孩子，让他们的身心得到健全的发展，为他们的终生学习与精神成长'打底'。"该书出版后，在全国引起热烈反响。①

在课程教材研究方面，成果显著。洪宗礼、柳士镇主编《中外母语教材比较研究丛书》（江苏教育出版社 2000 年版），包括《外语文教材评介》、《汉语文教材评介》、《中外母语课程标准译编》、《中外母语教材选粹》、《中外母语教材比较研究论集》，扩大了语文课程教材研究的视野。在此基础上，作者又联合上百位国内外学者参与课程教材研究，出版了十卷本《母语教材研究》（江苏教育出版社 2007 年版）丛书，进一步拓宽了母语教育研究的视野，填补了我国语文教材研究中的空白，极大丰富了教育科学研究宝库。课程教材研究所编《20 世纪中国中小学课程标准·教学大纲汇编　语文卷》（人民教育出版社 2001 年版），汇集了从 1902—2000 年我国颁布的中小学语文课程标准·教学大纲，客观地反映了我国中小学语文课程发展的历史，为语文课程教材史的研究提供了翔实资料。朱绍禹、庄文中主编《国际中小学课程教材比较研究丛书·本国语文卷》（人民教育出版社 2001 年版），分上、下篇，上篇是分国研究，分别研究德国、法国、英国、苏联、美国、日本和中国的语文课程教

① 钱理群主编：《新语文读本：一段历史，一个故事》，广西教育出版社 2007 年版。

材；下篇是综合比较，对语文学科的地位、性质目的、课程内容、教科书编著、测试及课外活动等六个方面进行了比较研究。课程教材研究所编著《新中国中小学教材建设史1949—2000》“小学语文卷”、“中学语文卷”（人民教育出版社2010年版），集中反映了从我国1950—2000年的50年人教版中学、小学语文教材编写的基本情况、主要内容及经验教训，丰富了我国语文教材史的研究。其他如朱绍禹《中学语文教材概观》（人民教育出版社1997年版），江明《语文教材的建设与思考——首届全国义务教育初中语文教材建设理论研讨会论文集》（语文出版社1998年版），顾黄初、顾振彪的《语文课程与语文教材》（社会科学文献出版社2001年版），闫苹、张雯主编《民国时期小学语文教科书评介》和《民国时期小学语文课文选粹》（语文出版社2009年版），李斌《中学国文教科书研究（1912—1949）》（[台湾]花木兰文化出版社2012年版）等，都是值得重视的研究成果。

4. 语文教育理论研究

刘国正、顾黄初、章熊主编“中国语文教育丛书”（四川教育出版社1997年版）共6种，旨在全面反映中国汉语文教育的过去、现在和未来。反映语文教育现状的4种分别是：张若田、陈良璜、李卫民《中国当代汉字认读与书写》，韩雪屏《中国当代阅读理论和阅读教学》，张鸿苓《中国当代听说理论与听说教学》，章熊《中国当代阅读与写作测试》。这4种主要叙述1978—1992年间中国新时期语文教育的概况。王荣生《语文科课程论基础》（上海教育出版社2003年版），从现代课程论的视角，审视近百年来语文教育研究的历史和现状，经验与教训，所涉及的都是语文教育研究领域的前沿课题。后来，作者又主编一套大型丛书《语文教育研究大系（1978—2005）》（上海教育出版社2005年版）。这套丛书分综述卷、理论卷、中学教材卷、小学教材卷、中学教学卷、小学教学卷，视野开阔，勾勒语文教育研究足迹，评述语文教育研究成果、展望语文教育研究前沿，是一套重要的语文教育研究成果。崔峦《求是·崇实·鼎新——崔峦小学语文教育文集》（人民教育出版社2005年版），收录了作者从事小学语文教育研究的主要成果，可以看出我国小学语文课程、教材、教学的演进轨迹。曾祥芹《曾祥芹文选（上、中、下卷）》（高等教育出版社2010年版），上卷为实用文章学研究，中卷为汉文阅读学研究，下卷为语文教育学研究，比较全面地反映了作者的语文教育研究成果。温儒敏《温儒敏论语文教育》、《温儒敏论语文教育二集》（北京大学出版社2010、2012年版）。作者以学者的眼光审视中小学语文教育，关注语文课程、教材及高考，这两本书集中反映了他的语文教育思想。章熊等《和高中老师谈写作教学》（人民教育出版社2012年版）是作者关于高中写作教学的又一力作。该书以开阔的视野，站在语文学科发展的前沿，关注写作学的发展，系统反映了作者的写作教学思想，对中学写作教学具有重要的参考价值。

此外，王尚文《语感论》（上海教育出版社2000年版），李海林《言语教学论》（上海教育出版社2000年版），饶杰腾《语文学科教育学》（首都师范大学出版社2001年版），章熊《思索·探索　章熊语文教育论集》（人民教育出版社2002年版），倪文锦、欧阳汝颖《语文教育展望》（华东师范大学出版社2002年版），钱理群《语文教育门外谈》（广西师范大学出版社2003年版），史绍典《语文永远是语文——史绍典自选集》（湖北人民出版社2003年版），潘新和《语文：表现与存在》（福建人民出版社2004年版），徐云知《语感和语感教学研究》（高等教育出版社2004年版），钱理群、孙绍振《对话语文》（福建人民出版社2005年版），章熊等《中学生言语技能训练》（人民教育出版社2005年版），陈军《语文教学时习论》（上海教育出版社2005年版），马智君《语文教师修养》（湖南教育出版社2005年版），孙绍振《名作细读》（上海教育出版社2006年版）、孙绍振《孙绍振如是解读作品》（福建教育出版社2007年版），曹明海主编《当代语文教育与课程改革理论前沿丛书（共5卷）》（山东人民出版社2007年版），王荣生、宋冬生主编《语文学科知识与教学能力》（初中卷、高中卷）（高等教育出版社2011年版），都是这一时期值得重视的语文教育理论研究成果。

新课程实施以来，广大语文教育工作者聚焦新课程，推出了一批重要成果。如，巢宗祺等《全日制义务教育语文课程标准解读》、《普通高中语文课程标准（实验）解读》（湖北教育出版社2002、2004年版），郑国民《新世纪语文课程改革研究》（北京师范大学出版社2003年版），倪文锦《小学语文新课程教学法》、《初中语文新课程教学法》（高等教育出版社2003年版），潘新和主编《新课程语文教学论》（人民教育出版社2005年版），靳彤《语文综合性学习理论与实践》（中国社会科学出版社2007年版），温立三《语文课程的当代视野》（中国社会科学出版社2007年版），秦训刚《新课程语文教学论》（华中师范大学出版社2008年版），王鹏伟《语文教育：世纪之交的嬗变》（教育科学出版社2011年版），余虹《文学作品解读与教学》（高等教育出版社2011年版）。教育部基础教育教材审定工作办公室编《新课程实验教材精粹选评丛书》（人民教育出版社2011年版，其中“小学语文卷”杨再隋主编，“初中语文卷”方智范主编，“高中语文卷”雷实、方智范主编）等，都是这一时期的重要成果。

5. 语文教学研究

这一时期的语文教学研究，除语文名师教育思想的总结，着眼于语文教师专业发展，更有一批新生代名师的论著出版，既有教育行政部门、研究单位推出的系列丛书，也有教师个人系列专著；既有名师研究，也有夫子自道。这些都反映或见证了时代进步和语文教学的发展。

反映语文教师教学成果的系列丛书主要有：张定远主编《中学著名语文特级教师教育思想精粹》（语文出版社1999年版），集中展示了7位著名中学语文特级教师的风采，详细记录了他们的教学经验与教育思想。顾黄初主编“21世纪语文教育文库”（社会科学文献出版社2001年版），收录顾黄初、顾振彪《语文课程与语文教材》，李杏保、陈钟梁《纵论语文教育观》，郈启扬、金盛华等《语文教育新思维》，徐林祥主编《语文教师继续教育指南》和时金芳《语文教学设计》。教育部人事司、课程教材研究所“中国特级教师文库”（人民教育出版社 2003 年版）共五辑四十多种，其中语文特级教师的论著有：于漪《我和语文教学》、李吉林《小学语文情境教学》、吴昌顺《明师心语》（2003）、蔡澄清《中学语文点拨教学法》、李元功《语文教学艺术与思想》（2004）。教育部师范教育司组织编写“教育家成长丛书”（北京师范大学出版社 2006），作为全国中小学教师继续教育用书，丛书收录《丁有宽与读写导练》、《李吉林与情景教育》、《窦桂梅与主题教学》、《孙双金与情智教学》《于漪与教育教学求索》、《程红兵与语文人格教育》、《钱梦龙与导读艺术》、《赵谦祥与绿色语文》、《魏书生与民主教育》、《高万祥与人文教育》、《韩军与新语文教育》、《李镇西与语文民主教育》。于漪、刘远主编《名师讲语文》（语文出版社 2007 年版）是一套系列丛书，收录蔡明、胡明道、李卫东、赵谦祥、程红兵、程少棠、储树荣、邓彤、黄厚江、李海林、李胜利、沈江峰、肖家芸、严华银、尤立增、余映潮等共 16 位新生代语文名师，以“讲”的形式，通过反思语文人生、总结语文理念、展示语文实践、淬炼教学语录的方式，展示各自深邃的语文教育思想和独特的语文教学风格。张玉新主编《名师成长丛书》（长春出版社 2011 年版），收录《在形下之作与形上之思间徜徉》（张玉新）、《语文——生命栖息湿地》（朱昌元）、《仰望语文的星空》（董一菲）、《严华银语文行思录》（严华银）、《在坚守中成长》（冯为民）、《我的经典语文》（任玲）。

全面反映语文教师学术成果的个人文集主要有：方仁工《方仁工教育文选》（上海教育出版社 2006 年版）共五卷，分别为《拾掇记忆的碎片》、《追求阅读的精神高度》、《与青少年朋友握手》、《开启写作的成功窍门》、《寻访历史人物的踪影》和《走进斑斓的童话世界》。于漪《于漪教育视点丛书》（山西人民出版社 2011 年版），分《涌动生命的课堂》、《滋润心灵的文化》、《开启门扉的智慧》、《倾诉如歌的岁月》四种。丁有宽、戴汝潜、朱作仁、田本娜《丁有宽小学语文读写结合法》（山东教育出版社 1999 年版），江平《小学语文课程与教学》（高等教育出版社 2004 年版），史绍典《交流沟通对话　语文教学案例研究》（开明出版社 2005 年版），《李吉林文集》（人民教育出版社 2006 年版），陈日亮《我即语文》（福建教育出版社 2007 年版），《张庆文集》（江苏教育出版社 2009 年版），潘新和《语文：审视与前瞻——走进名家》（福建人民出版社 2009 年版），程翔《一个语文教师的心路历程》（清华大学出版社 2009 年版），袁振国主编《这就是教育家　品读洪宗礼》，这些论著记录了语文名师的心路历程。

此外，何文胜《中国初中语文教科书编选体系的比较研究》（香港文思出版社 2005 年版）、王爱娣《美国语文教育》（广西师范大学出版社 2007 年版）、刘永康主编《西方方法论与现代中国语文教育改革》（人民出版社 2007 年版）、马浩岚编译《美国语文——美国著名中学课文精选》（中国妇女出版社 2008 年版）、周纪焕《现代作家语文教育思想论》（语文出版社 2008 年版）等论著，拓展了语文教育研究的视野，也从不同方面丰富了语文教育研究。

（三）主要观点

1. 以人为本成为语文教育改革的强音。20世纪80年代，在西方掀起了一股人文主义思潮。这种思潮随着我国的改革开放，必然与我国传统的“人文”思想相融汇。人文性既涵盖了语文教育的思想内容，也包括人的世界观、人生观、价值观、审美观等一切属于人的精神世界的教育因素。于是，人们便用“人文性”取代传统语文教育中的“道”，用来概括语文学科在教学内容上的特征。① 在此背景下，人文论成为语文教育的改革强音。有的甚至主张，中小学语文教育就应该是一种人文教育。②

2. 工具性与人文性的统一是语文学科的基本特点。语文课程标准提出：“语文是最重要的交际工具，是人类文化的重要组成部分。工具性与人文性的统一，是语文课程的基本特点。”研制者认为，“‘工具性’着眼于语文课程培养学生语文运用能力的实用功能和课程的实践性特点，‘人文性’着眼于语文课程对于学生思想感情熏陶的文化功能和课程所具有的人文学科的特点”，“语文课程性质的核心应该是工具性和人文性的统一”，并且坚信：“科学与人文的统一，工具性与人文性的统一，可以成为人们的共识，也反映了社会各界对语文教育的共同期望。‘工具性与人文性’的提法符合当前课程改革的基本理念，也有利于课程目标的展开和实施。”③

3. 语文教育主要是学好语言文字。王宁（2005）认为，语文教学的根本目的是提高人的语言运用能力，包括理解和分辨能力、综合与加工能力、复述与表达能力，要语感与语理并重，指导应用和积累的知识要更新。④ 章熊等人（2002）认为，一旦能够清楚地解析中学生言语能力的发展轨迹，中学言语教育里的许多问题就将迎刃而解。⑤

4. 语文教育是注重继承中国语文教育的优良传统。刘国正（1995）认为，改革语文教学，实现语文教学现代化，不能脱离民族语文的特点，不能脱离对传统教育经验的研究。教学改革越深化，越要更多地凭借这个国产的重要利器开拓前进。⑥ 童庆炳（2008）认为，中国自身有丰富的有效的语文教学经验，我们完全可以在分析的基础上加以继承、借鉴。语文教学改革一定要重视中国经验。外国的方法可以供我们学习和参考，但不宜照抄照搬。

5. 语文教育要培养学生对母语的热爱。柳斌认为，语文教育要为提高国民的语文素质而努力（1999），要学好汉语拼音，热爱民族语言（2002），要珍视我们自己

---

① 顾黄初：《语文学科性质之我见》，《语文学习》1997年第1期。

② 葛红兵：《中小学语文教育应是人文教育》，《中华读书报》2005年10月19日。

③ 巢宗祺、雷实、陆志平：《全日制义务教育语文课程标准（实验稿）解读》，湖北教育出版社2002年版，第33—34页。

④ 王宁：《语文教学与提高语言运用能力》，《中学语文教学》2005年第8期。

⑤ 章熊：《中学生言语能力发展的轨迹》，《中学语文教学》2002年第4—6期。

⑥ 刘国正、陈金明：《叶圣陶、吕叔湘、张志公语文教育论文选·前言》，开明出版社1995年版。

的语言（2004），爱我中华，兼爱我语言（2006），还要保护母语，传承文化（2009）。①

（四）基本特点

1. 语文教育受到高度重视

2011年8月28日温家宝总理在河北张北县农村教师大会上，特意讲到语文教育。他说："不要把语文课看作是一般课程，它是整个学习的基础，是学好各门课的基础，没有语言文字，就不能学好其他知识。同时它又是教会学生与社会、家庭与朋友与老师交流的工具，它是架设国与国之间的桥梁，更重要的它是了解我们祖国历史文化不可缺少的一把钥匙。"温家宝、刘延东等领导多次就语文教育做出批示。莫言获诺贝尔文学奖后，他写于1997年的《虚伪的教育》也成了语文教育受到重视的某种契机。

2012年，全国教育科学规划办公室首次将"中小学语文教育改革研究"列入"国家重点课题"面向全国招标，北京师范大学任翔教授领衔的团队中标。该课题的七个子课题及负责人分别是：语文教育观研究（山东师范大学曹明海教授）、中国语文教育历史沿革研究（北京师范大学李运富教授）、语文教育整体设计研究（北京语言大学李宇明教授）、语文教材研究（人民教育出版社顾之川编审）、语文教师研究（北京师范大学李怡教授）、语文教学研究（语文出版社王旭明社长）、语文评价研究（华东师范大学倪文锦教授）。

2. 区域性的语文教育教学研究日趋活跃

我国地域辽阔，由于种种原因，各地在经济、文化、教育等方面发展很不平衡，甚至存在着很大差异。因此，当年中语会吕叔湘会长就曾提出，除全国性的会议外，最好组织一些区域性的语文教研活动。近年来，区域性的语文教育教学研究活动日趋活跃。如，上海《语文学习》编辑部组织，上海、浙江、江苏、安徽教研部门参加的"长三角语文圆桌论坛"，广东、海南、湖南、湖北、河南中语会组织的中南五省语文教育年会，福建省语文学会组织的"闽派语文论坛"，吉林、辽宁、黑龙江、内蒙古中语会组织的东北地区语文活动，以及四川、重庆、云南、贵州、广西组织的西南五省区语文活动等，各展风采，各领风骚，都大大推动着语文教育教学研究向纵深发展。

3. 语文教育研究仍然存在种种缺憾

目前的语文教育研究存在种种缺憾，主要表现为以下三个方面：一是语文教育理论与语文教学实践脱节，具体表现为：(1) 课程标准、教材、教学、高考中考脱节；(2) 小学、初中、高中不同学段的语文教学脱节，缺乏"一条龙"的整体设计；(3) 语文教育理论界的理论研究、教材编写、教师培养与中小学教学实际脱节。二是继承与创新不足。语文教育是母语教育，我国古代语文教育、民国时期的语文教育

① 柳斌：《改造我们的教育》，人民教育出版社2012年版，第262—347页。

以及当代语文教育，有哪些成功的经验值得继承，又有哪些沉痛的教训值得吸取，特别是对今天的语文教育改革有什么作用和价值，还缺乏清晰的勾勒。语文教育该如何创新，怎样借鉴国外母语教育的经验，怎样处理国际化与民族化的矛盾，等等，都值得进一步研究。三是研究的深度与广度有待加强。比如，语文教育与人的成长规律、教育规律和教学规律之间的内在关系是什么，语文教育是否有“理”可循，小学、初中、高中不同学段的学生，他们语文能力发展的规律与特点是什么，理想的语文教材怎么编，什么样的教师才能胜任语文教学，等等，都需要进行深入的研究。语文教育研究既要有理论的高度，又要有实践的力度。站在国家与民族的高度审视语文教育现状，以全球化的视野关照古今、中外的语文教育。要继承优秀的语文教育传统，汲取成功的语文教育经验，为我国未来的语文教育提供一个可参照的方案。

四、对语文教育的若干思考

（一）关于“语文教育”

语文教育是一个“老大难”问题，“三老”的语文教育观也曾经饱受非议。在世纪之交的“语文教育大讨论”中，甚至有“误尽苍生是语文”之说。① 十几年过去了，语文教育仍然步履维艰，语文生态逐步恶化。语文教育不仅没有借助新课程的实施而有所改善，反而愈演愈烈，饱受非议。我认为，批评指责并不是坏事，这正说明“语文天生重要”，每个人都离不开语文，都希望有好的语文素养，希望自己的下一代能够享受到高质量的语文教育，所谓“爱之深而责之切”，因而受到的社会关注度也最高。

除社会的大环境外，语文教育的小环境也不容乐观，主要表现在：一是“应试教育”愈演愈烈，学生不是发自内心地喜欢阅读、喜欢写作，而是为了高考分数学语文；二是由于受到来自各方面的负能量干预太多，语文教育工作者缺少话语权，造成课程、教材、教师、教学与高考中考脱节，小学、初中、高中不同学段脱节；三是语文教师素质参差不齐，优秀语文教师总量太少，难以满足需要。四是语文教育地位逐渐下降，语文教师缺乏成就感。

（二）关于“识字写字”

中小学教育是基础教育，无疑应根据《国家通用语言文字法》的基本要求，帮助学生树立汉语汉字的规范意识，说普通话，写规范汉字。但要实现“中国梦”和“民族梦”，实现中华文化的伟大复兴，增强文化自信和爱国情感，加强对外及与港澳台地区文化交流，增加民族认同感和国家向心力，有必要在语文课中让中小学生适当学点繁体字。当然，应遵循“识繁用简”的原则，不必要求学得太多、太深、太专业，只要求会认，不要求会写，也不列入考试范围，避免增加学生的课业负担。义

---

① 孔庆东、摩罗、余杰主编：《审视中学语文教育》，汕头大学出版社1999年版。

务教育阶段（即小学、初中），认识教育部《义务教育语文课程标准（2011 年版）》规定的3 500 个常用简体汉字，在书法课上则可以让学生初步接触繁体字。高中教育阶段，在以简体字为主的基础上，要求认识教育部《义务教育语文课程常用字表》中“字表一”2 500 字的繁体写法，允许语文教科书的古诗文课文使用繁体字。①

（三）关于“文学教育”

中小学生喜欢读文学作品，语文教材中适当选一些文学作品也是必要的。但文学教育只是语文教育的一部分，不能成为语文教育的全部。人人都需要一定的文学素养，但不一定人人都成为文学家。语文教学应以培养学生基本的语文素养为目的，以培养学生正确理解和熟练运用祖国的语言文字为基本任务。正如叶圣陶先生所说：“大学毕业生不一定要能写小说诗歌，但一定要能写工作和生活中使用的文章，而且非要写得既通顺又扎实不可。”事实上，语文教材中大量文学作品的表达方式并不是所有学生都需要掌握的，也是大多数学生掌握不了的。现行课标和教材过于强调文学教育，一些作家、文学家也有意无意夸大文学教育的功能，应予纠正。实用类与文学类文本，不仅内容形式不同、应用功能不同、价值追求也不同。实用类求真，文学类求美。随着社会的发展，语言文字的运用也在发展。作为基础教育的语文课，要培养学生全面的读写能力。现行课标在“必修课程”的“阅读与鉴赏”中，强调的都是文学作品。选修课程设计中，也缺少实用类文本的读写要求。语文是认知工具、交流工具、思维工具。语文课程的“工具性”，只读写文学作品是不全面的，语文课程的“人文性”，只强调审美也是不全面的。②

（四）关于“口语交际”

我们已进入一个信息发达、知识爆炸的时代。信息的生成与传播日益迅速，人际交往愈加频繁。这就要求现代公民不仅要具有下笔千言、倚马可待的写作能力，还要有能言善辩、口若悬河的口语表达能力。如果一时做不到，最起码也要能把自己的意思说清楚，让别人明白你在想什么，否则就无法交流。中国传统文化历来强调君子讷于言而敏于行，此时无声胜有声，说得好不如干得好。③ 尽管语文教育也一直在强调读、写、听、说并重，但长期以来，我们的语文考试，包括中考和高考，只考识字写字、阅读、写作等能力，很少考查学生的口语交际能力，这在客观上导致口语交际教学不受重视，教学大纲和教科书中有关口语交际的内容形同虚设。人们普遍重视书面表达，忽视口语表达。其实，口语交际能力是一种重要的语文能力，在当今时代越发显得重要。西方政客必须有出色的演讲、辩论能力，从选民、媒体到竞选对手，谁都可能在琢磨着，怎么给你出个难题，你别指望用外交辞令，或王顾左右而言他。有时候一场精彩的演讲胜过多少年的努力，美国总统奥巴马就是一个成功的典范。

---

① 顾之川：《中小学生应该学点儿繁体字》，《光明日报》2013 年 3 月 23 日。

② 陈佳民：《高中语文要加强写作教学》，《语文月刊》2011 年第 2 期。

③ 顾之川：《口语交际能力是一种重要的语文能力》，《小学语文》2010 年第 4 期。

（五）关于“理想的语文教材”

理想的语文教材必须符合以下几个条件：第一，符合学生个性与人格发展规律。第二，符合学生学习语言文字的规律：（1）通过识字写字，积累知识，养成习惯；（2）通过阅读，培养语感和阅读鉴赏能力；（3）通过写作及口语训练，培养表达能力；（4）通过科学训练，全面提高语文素养。第三，有助于教师专业发展；第四，教材选文典范多样：小学全用现代作品，初中古典作品与现代作品的比例为1：1，高中古典作品与现代作品的比例为2：1；第五，教材语言生动活泼，充满情趣；第六，封面、版式及插图精美，能够吸引学生。

犹太王大卫在戒指上刻有一句铭文“一切都会过去”，契诃夫小说中的一个人物在戒指上也刻有一句铭文“一切都不会过去”。三十多年的语文教育研究在历史的长河中不过是一朵小小的浪花。子在川上曰：逝者如斯夫。一切都会过去。语文教育工作者虽历经艰难曲折，但以其坚忍不拔的努力，用心血和生命写成的文字，也必将在中国语文教育史上留下雪泥鸿爪，吉光片羽，一切都不会过去。

（责任编辑　周国华）

EDUCATION SCIENCES IN CHINA

Vol. 2, 2013

Contents

Abstracts

Cultural Study on Education

Gu Mingyuan
(*Beijing Normal University*, *Beijing* 100875, *China*)

Abstract: Education has a close relationship to culture, the influence of which on education is more profound and enduring than politics and economics. Education is also a key way to preserve culture. Culture has an effect on the value, content, and method of education, while education plays the role of transmission, selection, and transformation to culture. Educational phenomenon always takes place within a certain culture. Therefore, cultural study of education is a major methodology of educational research. Cultural study of education needs to incorporate on the following basic methods: balancing qualitative and quantitative research, objectivity, comprehensive systematicness and considering the evolution of problems.

Key words: education; culture; cultural study of education

On the Special Contributions of the "Special Type" Professor

——A Brief Analysis of the Academic Achievements of Professor Gu Mingyuan

Xiang Xianming
(*School of Education*, *Renmin University of China*, *Beijing* 100081, *China*)

Abstract: Mr. Gu Mingyuan is a special type of professor who is playing a unique role in educational circles of China. He has built the paradigm of a whole-view of the world based in China for Chinese educational sciences research, especially for comparative education studies in China. He has also proved a theory on the subject status of students in educational actions in the 1980s, which has encouraged and deepened ideological emancipation in Chinese pedagogical communities. Professor Gu consistently advocates the thought of people-oriented education, which has made the human being one of the themes of educational studies in contemporary China. Professor Gu not only theorizes about educational theories, but also puts his theories into practice to develop education in China. Even at the age of 75, he still works with perseverance to explore the cultural foundation of Chinese education for the future development of pedagogy and comparative education in the China.

Key words: Gu Mingyuan; pedagogy; comparative education; character study

Questions about Pedagogy

Hu Dehai

(*School of Education*, *Northwest Normal University*, *Lanzhou Gansu* 730070, *China*)

Abstract: In recent times, a subject grouping of pedagogy, consisting of multitudinous pedagogic disciplines—namely a pedagogic system—has emerged on a global scale and is growing in popularity. The emergence and development of great education and great pedagogy has become a necessity of historical development. Pedagogy and educational science are actually synonyms, referring to the same matter. In the pedagogic system, disciplines of educational law and principle and method should be called "principles of pedagogy" rather than "pedagogy". Principles of pedagogy in a pedagogic system are its irreplaceable backbone and basic underpinning of other disciplines, with the philosophical ability to analyze all of education. The main task of principle of pedagogy is to make clear the objective of research and its range, to set forth terms and concepts, to set forth objective facts, and to reveal the basic laws of education. The relationship between each part of the pedagogic system and principles of pedagogy is the relation of the whole to the local, while the relationship between the other branches of educational theory and the education system is the relation of the general to the special. The whole system of pedagogy should not be confused with the principles, nor should the principles of pedagogy be confused with other branches. This is the basic requirement for understanding the pedagogic principle within the pedagogic system, and also an important prerequisite to the construction of pedagogic system and understanding of the role and task of the principle of pedagogy.

Key words: pedagogy; science of education; pedagogic system; principle of pedagogy; subject grouping; overall perspective of pedagogy

Achievements Made by Mr. Hu Dehai in Educational Academics in China

Gao Runqing

(*Jiaozuo Teachers College*, *Jiaozuo Henan* 454000, *China*)

Abstract: Mr. Hu Dehai, a renowned contemporary educationist in China, has made great accomplishments and offered profound insights in the field of educational research in China. This paper sums up Mr. Hu's main achievements, positions and goals in educational thought, particularly focusing on the two fundamental questions of educational theory raised by Mr. Hu: what is pedagogy, and what is education? Mr. Hu Dehai has built a pedagogic system based on a scientific definition of research objects, and proved and established the need to underpin pedagogy by connecting it to human social life. According to the evolutional history of human development, he classifies the existence and development forms of education into leisure education and self-education. In addition, he also clearly and strongly puts forward that education activities, system and thoughts make up the educational forms of humankind. By means of understanding education and human beings and their social relationships, it becomes clear that for the individual, education is designed to produce a talented person, while for society its function is to improve the cultural qualities of the nation and cultivate talent at all levels. Hu also creatively proposes that the means to inherit human culture lies in both traditional education and self-education.

Key words: Mr. Hu Dehai; pedagogy; pedagogic principle; academy; achievements

Perspectives on the Relationship between Modern Curriculum and Teaching from a Developmental View

——Concurrently on the Relationship between Modern Curriculum Theory and Teaching Theory

Liao Zhexun

(*School of Education*, *Central China Normal University*, *Wuhan Hubei* 430079, *China*)

Abstract: Modern curriculum and teaching have different essential properties. As two subordinate systems within educational system, modern curriculum and teaching have shaped such a relationship that they are simultaneously joined to each other, conditioned upon each other and contradictory to the other. Their interrelation is visible in three areas: (1) Matter, information and function are exchanged between them both. (2) Curriculum provides a guide for teaching, while teaching provides main settlements for curriculum implementation. (3) Contradiction between the curriculum and the teaching frequently emerges in the operational process. This contradiction propels both the curriculum and teaching forward. Finally the article analyzes the transverse relations between modern curriculum theory and teaching theory, recognizes the consistency and difference of the two disciplines at each transverse coupling point, and expounds the relationship between the two disciplines in which they maintain close links to each other, condition each other, and promote each other.

Key words: curriculum teaching; curriculum theory; teaching theory; relationship

Construction, Research Progress and Development Trends of Learning Sciences at Home and Abroad

Ren Youqun[1], ZhanYi[2]

(1. *Institute of Curriculum and Instruction*, *East China Normal University*, *Shanghai* 200062, *China*; 2. *Department of Educational Information Technology*, *Shanghai* 200062, *China*)

Abstract: Learning sciences focus on human learning in the real world. However, learning is a complicated human behavior which cannot be interpreted by any one discipline alone. Therefore, though emerged from cognitive science and artificial intelligence areas, learning sciences are ultimately doomed to be an interdisciplinary research field. The learning sciences community has matured and globalized in the past 30 years. The main mission of learning sciences in the near future is to link to practice, solve the challenge of digging out more in-depth information about learning, and resolve issues about the changes and possibilities of new media in relation to education.

Key words: learning sciences; construction; research progress; development trend; challenge

The Discipline of Learning: Its Course of Development, Circumstances of Time and Society and Future Prospects

Ding Nianjin

(*College of Education*, *Shanghai Normal University*, *Shanghai* 200234, *China*)

Abstract: The discipline of learning researches the learning phenomenon. The development course of this discipline can be roughly divided into four pre-discipline stages, a narrow-small discipline stage, a discipline expanding stage and a discipline integration stage; but this division is relative. The current circumstances that have affected this discipline mainly include: first, learning has become more important as the core activity of human society; second, school innovation needs all-round guidance from this discipline; third, the realization of the Chinese Dream needs the contribution of this discipline. In order to greatly develop this discipline, we should pay special attention to making definite the discipline's proper location and research scope, accelerating its development and avoiding three inclinations.

Key words: the discipline of learning; development course; circumstances of time and society; prospect

Re-discussion of Research on the History of the Disciplinary System of Education

Zhou Hongyu

(*School of Education*, *Central China Normal University*, *Wuhan Hubei* 430079, *China*)

Abstract: Research on the history of the disciplinary system of education is important and has attracted the widespread attention of scholars in recent years. However, opinions on it vary. After analyzing and comparing previous research achievements, this article suggests a new disciplinary system framework according to the object of study, the discipline's nature and the level of discipline development and educational historiography. That is, to divide the disciplinary system of educational historiography into specific education historiography research and abstract education history research. Specific education historiography research includes the history of educational activities, history of the education system, and education and thought history research, while abstract education history research includes the historical science of education, the educational historiography theory, and methods and philosophy of educational history research. In the end, the article makes a comprehensive and in-depth description about how to strengthen the disciplinary construction of education historiography, through orientation and planning, updating of concept, function, resources integration, research focus, team construction, academic thoughts, and genres construction.

Key words: re-discussion; education history research; disciplinary system; construction

Theory of Historical Changes in Western Education during the 20th Century

Shi Jinghuan[1], Yan Jianlin[2]

(1. *Institute of Education*, *Tsinghua University*, *Beijing* 100084, *China*;

2. *Consulting Service Center*, *Chinese Academy of Engineering*, *Beijing* 100088, *China*)

Abstract: This paper introduces a key research project on *Theories and Paradigm Changes of Educational History in the West during the 20th Century*. It starts by changing historical memory and then reflecting on education as the function of research, then takes up the major themes within that century's development of educational history in western countries; using multi-angled case studies of different countries, individual scholars and special issues and showing the richness and colorful changes of the theoretical paradigms of education history within the 20th century. The last part focuses on the lessons which we may learn from western countries and what future efforts should be made to promote historical research of education in China.

Key words: history of education; history of education in the West; a century; reflection

Thirty Years of Chinese Educational Research in Primary and Middle school

Gu Zhichuan

(*People's Education Press*, *Beijing* 100081, *China*)

Abstract: This article divides *Chinese Educational Research since Reform and Opening Up* into two periods. The first is "the Great Discussion on Chinese Education" in 1997, beginning with "the Two Urgent Problems in the Current Chinese Teaching" by Lyu Shuxiang, published in *People's Daily* in 1978. It analyzes the historical background, makes the representative achievements clear, records influential Chinese characters and events, and most importantly summarizes the lessons from them. The main features of the previously noted period are as follows: it became mainstream to set wrongs right and unite language and morality; great masters of Chinese language and literature played leading roles; Chinese language teachers sparked enthusiasm for teaching reform and research; the National Chinese Associations of Middle Schools and of Primary Schools successfully serve as a bridge and bond. The main features in the later period are that Chinese education has received more serious attention, the regional teaching research on Chinese education has become increasingly active, and that Chinese educational research still has some shortcomings. In the end, it reflects on educational reform, Chinese education, reading and writing, literature education, oral communication, and ideal Chinese teaching materials. Some specific opinions and suggestions for improvement are also put forward.

Key words: Chinese language; Chinese education; primary and middle school; curriculum textbooks

(Editor Fu Lei)